丛书编委会名单

主　　编：石本秀

　　　　　石　磊

编委主任：毛建华（四川大学文新学院教授，四川大学锦城学院文传系系主任）

编　　委：何建华（上海文广集团副总裁）

　　　　　吴信训（上海大学中国艺术产业研究院院长，

　　　　　　　　　上海大学新闻传播系系主任、教授、博士生导师）

　　　　　欧阳宏生（四川大学新闻传播研究所所长、教授、博士生导师）

　　　　　孙洪康（上海报业协会会长）

　　　　　刘为民（四川日报报业集团副总编辑）

　　　　　郭建新（四川网络电视公司总经理）

　　　　　张立伟（四川省社科院新闻传播研究所所长、教授）

　　　　　邵晓红（四川公用信息产业有限责任公司总经理助理，

　　　　　　　　　四川省电子政务外网运营中心副主任）

　　　　　牛　泊（《电脑商情报》总编辑，成都华好网景公司经理）

　　　　　刘　骞（四川毕业集团《华西手机报》总编辑）

　　　　　范美俊（四川大学锦城学院文传系副教授）

新媒体理论与实务系列教材

主编 石本秀 石 磊

新媒体采编实务

王 洁 王贵宏◎编著

中国传媒大学出版社

·北京·

目　录 *Contents*

第一章
新媒体采编导论

【学习导引】

保罗·莱文森是美国著名的媒介理论家,除了著述也喜欢教书。2007年夏天的时候,他正在美国福德姆大学任传播与媒介系主任。有一天他与分管研究生教学的系副主任兰斯·斯特雷特讨论,为什么选修他们开设的研究生课程"新媒介"的学生那么少。突然间他意识到,这些顶着"新媒介"名字的课程,讲述的重点其实已经陈旧了——如何用超文本链接标示语言(HTML),网络和电子邮件的影响等等——这些课程在20世纪90年代中期还算是新颖的,但是到了2007年夏天,学生和一般人早就热心于议论博客网、脸谱网(Facebook)和优视网(Youtube)了。在当年的春季学期甚至上一年的秋季学期里,许多学生已经在社交媒介(Social Media)写博客。于是,2008年保罗·莱文森给研究生们新开设了一门关于"新新媒介"的课程,审视2008年的总统大选,研究博客网、脸谱网和优视网如何为竞选造势。

"不是我不明白,这世界变化快。"——用这句大白话歌词形容信息传播技术日新月异的发展演变,毫不为过。因为,当新浪、搜狐、网易这些门户网站从上世纪末互联网泡沫中艰难存活下来,才领风骚不过几年的时间,"新媒体"这个词就已经被打上了传统的烙印——曾经相对于报纸、期刊、广播、电视等传统媒体而被称为"新媒体"的第一代互联网站,已经遭遇到更新的媒介如博客、即时通讯群组、网络社交平台,尤其是微博这种新新媒介的强烈冲击。

作为第一代互联网站代表的各门户网站,其信息发布其实并没有从根本上超越旧媒体时代一对多广播式传播的模式。只不过因为网络技术的特点,使得信息传播更加快捷并且突破了时空的界限,信息的集纳也不再受版面限制而变得异常丰富。但是认真细究起来,Web1.0形态的媒介,其信息内容的筛选、加工和传播,仍未完全脱离由网站编辑驱动的传统格局。

在这期间,以 BBS 为代表的网络互动方式,的确在内容生产上突破了编辑部主导的架构,信息的接受者同时成为生产者。但是在生产和传播的便捷性上,BBS 论坛仍然受制于第一代互联网平台的技术特点,无法完全突破时空的限制。只是当博客以及微博为代表的新兴媒介异军突起之后,因为与移动通讯工具的高度融合,信息生产与传播模式终于发生了颠覆性的变化,真正实现了信息生产与传播的无时不有与无所不在。微博是一个基于用户关系的信息传播及分享平台,具有信息传递迅捷、复制分发简便等特点,创造性地解决了点对点信息传递的问题。2010 年以来具有重要影响的人物与事件,多从微博上发酵并最终形成巨大的传播声势,微博成为网民高度聚焦的信息聚散平台。

可以说,新新媒介为众声喧哗与万众传播奠定了革命性的技术基础,去中心化的结果为媒体采编带来了更加广阔的空间,同时也带来了巨大的挑战。在这样一种变化万千、异彩纷呈的传播格局下,作为职业的媒体采编人员,需要对各种传播技术手段的发展和各类媒介形态的演变保持敏锐的观察、深入的了解和透彻的研析,以开阔的视野紧跟媒体演进趋势,适时进行知识更新和技能更新,以适应瞬息万变的传播环境。

短短十数年时间,新媒体的发展突飞猛进,以至于还来不及给予准确的定义就呈现出异常纷繁的局面。在归纳和描述新媒体发展不同阶段及不同媒介类型时,各方说法不一。有的以 Web1.0 与 Web2.0 这种数字表达式来界定新媒介的不同版本;有的则用新新媒介(New New Media,如保罗·莱文森)来区别较早出现的新媒体(New Media);另外还有用社交网络或者社会化媒介(Social Media)来概括新兴媒介的情形。为了表述上的统一和理解上的方便,本教材将自新媒体诞生以来出现的各类新型媒介形态统称为新媒体,并从最早的新媒体即网络媒体切入,大体按照其出现的时间顺序,渐次展开对新媒体类型与特点的探究,并对相应的采编实务进行研判,以为有志于新媒体采编的后来者描摹出尽可能接近现实的框架,并提供一点参考。

【学习目标】

了解新媒体格局下受众心理行为成因和舆论形成机制,认识新媒体采编技术发展演变和媒体应对策略,为本教材后续新媒体采编各专项技能的学习做好初步的知识积累。

第一节　新媒体发展概述

【情景导入】

1987 年 9 月，CANET 在北京计算机应用技术研究所内正式建成中国第一个国际互联网电子邮件节点，并于 9 月 14 日发出了中国第一封电子邮件："Across the Great Wall we can reach every corner in the world.（越过长城，走向世界）"揭开了中国人使用互联网的序幕。这封电子邮件是通过意大利公用分组网 ITAPAC 设在北京的 PAD 机，经由意大利 ITAPAC 和德国 DATEX-P 分组网，实现了和德国卡尔斯鲁厄大学的连接，通信速率最初为 300bps。

2011 年 7 月 12 日，中国社会科学院新闻与传播研究所、社会科学文献出版社在北京联合发布了《中国新媒体发展报告（2011）》，盘点 2010 年以来中国新媒体热点。报告指出 2010 年是迄今新媒体发展史上极具标志性意义的一个时期。在发展广度上，互联网和手机等新媒体继续高歌猛进，快速向全球扩张。在发展深度上，新媒体的社会化水平进一步提高，并全面渗透至政治、经济、文化、军事等诸多社会领域的各个方面与各个角落。基于此，从某种意义上，新媒体的性质已发生了根本性的改变，不仅远远超越了传统媒体的属性，而且大大突破了互联网和手机的传媒和通讯工具角色，成为与人类社会深度融合并促进国家发生全面变革的社会化媒体。

经过十几年发展，中国新媒体的本土化特征日益鲜明，具有中国特色的新媒体发展道路逐渐成形。2010 年全球互联网网民已突破 20 亿，手机用户超过 50 亿，中国互联网网民超过 4.5 亿，普及率达到 34.3%，手机用户近 9 亿，成为名副其实的全球新媒体用户第一大国。根据互联网世界数据中心 2010 年 6 月的统计，中文语种网民从 2000 年到 2010 年增长率达到 1277%，仅次于英语网民（5.37 亿）。

随着中国 3G 继续推进，三网融合开始启动。在门户网站、搜索引擎、即时通信、新闻网站、电子商务、网络购物、网络论坛、博客、微博、移动通讯、网络视频等新媒体的诸多领域，百度、腾讯、阿里巴巴、新浪、搜狐、网易、人民网、新华网、中国移动等民族品牌已成长为新媒体世界的"强者"。

表 1-1　2010 年 12 月至 2011 年 12 月各类网络应用使用率

（据 CNNIC 第 29 次中国互联网发展状况报告）

应用	2011 年		2010 年		
	用户规模（万）	使用率	用户规模（万）	使用率	年增长率
即时通信	41510	80.9%	35258	77.1%	17.7%
搜索引擎	40740	79.4%	37453	81.9%	8.8%
网络音乐	38585	75.2%	36218	79.2%	6.5%
网络新闻	36687	71.5%	35304	77.2%	3.9%
网络视频	32531	63.4%	28398	62.1%	14.6%
网络游戏	32428	63.2%	30410	66.5%	6.6%
博客/个人空间	31864	62.1%	29450	64.4%	8.2%
微博	24988	48.7%	6311	13.8%	296.0%
电子邮件	24577	47.9%	24969	54.6%	−1.6%
社交网站	24424	47.6%	23505	51.4%	3.9%
网络文学	20267	39.5%	19481	42.6%	4.0%
网络购物	19395	37.8%	16051	35.1%	20.8%
网上支付	16676	32.5%	13719	30.0%	21.6%
网上银行	16624	32.4%	13948	30.5%	19.2%
论坛/BBS	14469	28.2%	14817	32.4%	−2.3%
团购	6465	12.6%	1875	4.1%	244.8%
旅行预订	4207	8.2%	3613	7.9%	16.5%
网络炒股	4002	7.8%	7088	15.5%	−43.5%

【知识要点】

　　粗略的划分，从 20 世纪 90 年代中期开始，国内新媒体发展大致以 5 年为一个台阶递进，随着网络传播技术的演进，书写着自己的历史。本节尝试对国内新媒体的发展进行一个粗略的断代。

　　一、20 世纪末中国网络媒体借助全球互联网技术推动破壳而出

　　国内最早出现的新媒体是网络媒体，即借助于互联网平台提供新闻信息服务的一种传播媒体。凭借信息发布形态、容量、时效及流程上呈现出来的全新特点，相对于报纸、广播和电视等传统媒体而言，网络媒体被称作"新媒体"几乎是毋庸置疑的事情。

　　全球计算机网络技术的迅猛发展及其日常应用的快速普及,为中国互联网的应用发展提供了现成而丰富的样板,而这同样也是当时中国网络媒体诞生的一个技术背景。从 1994 年开始,互联网正式由科研教育服务为主向商业性计算机网络转变,一批以提供搜索引擎为主要服务内容的公司如雅虎(Yahoo)等应运而生。同年 11 月,美国网景公司推出互联网浏览器 Netscape Navigator1.0,随后微软公司的 IE 浏览器更是后来居上并取而代之,成为主流的用户浏览工具,彻底改变并培养了用户习惯,主导了其后至今新媒体用户的应用。随着各国对网络基础设施建设投入的加大,互联网在全球迅猛拓展,资本的大量流入导致互联网经济极度"发烧",甚至迎来其第一次泡沫破灭。

　　互联网虽然具备多种功能,但传播新闻信息仍是其最重要的功能之一,因而,以此为技术平台演化出网络媒体成为一种历史的必然。西方传媒发达国家特别是美国的网络媒体实践,为中国网络媒体的产生提供了重要启示。20 世纪90 年代初期,《纽约时报》、《华盛顿邮报》、《华尔街日报》等著名报刊先后上网,到 1995 年底,互联网上的电子报刊迅速增长到一千多家。美联社、法新社、路透社、合众社、俄通社－塔斯社等,美国的 ABC、CNN 和英国的 BBC 等大型广播电视公司也纷纷在网上开通新闻服务。随着计算机技术和网络技术的发展,已开始出现多媒体新闻媒介的状态。

　　中国新闻传播媒体的网络化进程,虽然从个体上最早可以追溯到 1993 年12 月 6 日的《杭州日报》电子版,但真正拉开序幕的还是 1995 年中国公用计算机因特网的开通。到 1995 年底,中国有了第一批网络媒体。1996 年是中国互联网商业化快速发展的一年。1 月 2 日,《广州日报》和《中国证券报》的电子版在网上正式发行。1 月 13 日,《人民日报》综合数据库国际平台开始正常运行,读者可以在互联网上阅读当日出版的《人民日报》、《人民日报·海外版》和《市场报》的全文和部分图片。到 1996 年底,有三十多家报纸在互联网上发行了电子版,另有二十多家杂志上网。1996 年 10 月广东人民广播电台开通网站;同年12 月中央电视台开通网站,中国新闻社香港分社上网。1997 年 1 月 1 日,《人民日报》正式开通网站,定名为《人民日报·网络版》。新华社于 1997 年 11 月 7日正式开通自己的网站。到 1998 年底,全国电子报刊总数为 127 家。到 1999年底,全国上网报纸近一千多家,上网的广播电视机构近 200 家。到 2000 年底,全国总共一万多家传播媒体中,共有两千多家传统媒体上网。

　　与官方新闻网站相对应,商业门户网站网易与搜狐在 1998 年开通了新闻频道,与国内多家著名媒体建立了合作关系。新浪网在 1999 年 4 月推出新闻中心,吸引了大量网络用户。另外,2000年前后还诞生了一批省级地方新闻网站。2000年12月底,一些商业性门户网站如新浪、搜狐等取得了登载新闻业务的许可证。

在此期间,国务院新闻办成立了网络新闻管理局,负责对网络新闻传播相关事宜的管理。国家相继出台了《互联网信息服务管理办法》、《互联网电子公告服务管理办法》、《互联网站从事登载新闻业务管理暂行规定》等一批法规,初步实现了对我国网络媒体的规范化管理。

二、21世纪初中国网络媒体借助移动无线增值业务的粗放扩张走出低谷

中国互联网在走过激情澎湃的萌芽期后,迅速遭遇世纪末的泡沫破灭打击,不少互联网公司因为财务问题面临被摘牌及破产清算的危险。就在各互联网公司的CEO与CFO们为资金链焦头烂额之际,以手机短信为主要形式的无线增值业务横空出世,拯救了包括新浪、搜狐、网易在内的中国第一代网络媒体。

1992年,世界上第一条短信在英国沃达丰的GSM网络上通过PC向移动电话发送。1993年,一名诺基亚的实习生用手机打出了"圣诞快乐"后用短信发给了另一部手机。当时谁也不会想到,这项服务竟会在多年后对人们的经济、文化、社会甚至政治生活产生如此巨大的影响,当然更不会想到它将为8年后的中国互联网公司雪中送炭。

无线增值服务是除手机基础通话外的其他应用。中国移动在2000年4月成立之初即推出短信服务。当时一毛钱一条的短信业务看来毫不起眼,因为服务繁琐,被放开交给服务提供商(Service Provider,SP)经营,约定运营商与服务提供商按15∶85分成。这一举措激发了一批包括新兴互联网创业公司的激情。

2002年,联通CDMA网开通。2002年5月,中国移动、中国联通实现短信互通互发。手机短信业务的大爆发,让三大门户网站第一次找到了盈利方向。在纳斯达克面临摘牌危险的网易,率先依靠短信和网络游戏,一举成为首个盈利的门户网站,并让其股票成为中国概念股的领头羊。随后,新浪于2003年初以2400万美元收购了广州讯龙(依靠短信,讯龙早在2002年度就有了近1000万美元的营业收入),完成收购后一年,新浪的股价也飙升到45美元。与此同时,搜狐、TOM等网站,包括一些省级网络媒体,也都依靠短信和各自的SP身份,获得不菲收益。一些业绩出色的SP甚至登陆纳斯达克上市,如空中网和掌

上灵通在美国成功上市,成为新一代中国高科技概念股童话。

在中移动开放政策和技术进步的推动下,国内 SP 数量激增,到 2004 年,与国内各大运营商签约的 SP 数量已突破 9000 家。伴随各种业务蓬勃发展的是泥沙俱下,违规和欺诈成为当时 SP 的代名词。早期的 SP 和用户之间几乎是赤裸裸的诈骗,SP 们肆无忌惮地通过各种漏洞挣钱。与此同时,短信诈骗、乱扣费、黄色信息泛滥等问题也接踵而来。为了赚钱,很多 SP 不择手段,到处找中移动技术上的漏洞违规操作,甚至出现"有用户刚买卡开户,就被扣费数百元"的恶劣情形。

2004 年 5 月,信息产业部针对 SP 的管理问题,专门发布了《关于规范短信息服务有关问题的通知》,中移动相继出台了一系列极为严格的 SP 监管措施。搜狐的公告显示,中国移动通信集团公司将从 9 月 1 日开始暂停该公司作为其多媒体信息服务供应商的资格,期限为一年。遭到中移动同样处罚的还包括上海美通、上海四方和广州睿时通信这三家 SP。这是国内 SP 遭到的最为严厉的一次处罚,此前,新浪和腾讯也因为违规而各有 IVR 业务号码被中移动叫停。根据当时的最新 SP 入网审核标准,SP 想要加入"移动梦网",必须拥有电信增值业务经营许可证(即 ICP 执照)。一些无牌经营或者通过挂靠、加盟方式参与经营的 SP 因此被拒之门外,或者被清除出局。一批违规 SP 在 2004 年的严打中死去。2005 年,SP 开始出现更多的业务形势,单一的依靠短信业务诈骗越来越难。但是,一批网络媒体借助这种粗放和野蛮的业务扩张,获得了现金流,度过了财务危机。经过"原始积累"的一些大型互联网企业逐渐将重心转移到增长迅速的网络游戏和互联网广告业务上,完成了历史使命的电讯增值服务收入比重逐年下降,直到成为无足轻重的业务。

与经营上惊心动魄的起伏转折相比,网络媒体在内容传播领域的拓展可谓一帆风顺。在一系列重大事件特别是如美国"9·11"恐怖袭击、第二次海湾战争这类突发事件的报道中,网络媒体以其超越传统媒体的技术特点,爆发出惊人的传播效果,强烈地吸引了受众注意,更成为年轻用户群体接收信息的主要选择。与此同时,以天涯社区为代表的 BBS 通过网络爆料以及人肉搜索等崭露头角,吸引了大量网民;以网易为代表的新闻跟评则在新闻的二次传播及舆论场的构建上独辟蹊径,创造和发展了另类传播的样式。

【实例分析】

"9·11"事件成就新浪新闻品牌

图 1-1　2001 年 9 月 12 日新浪新闻中心首页截图

　　凭借对"9·11"这一突发事件的报道,新浪网的浏览量大幅上升,其中,新闻首页的流量次日上升 4～5 倍,达到 4500 万次。新浪当日推出的调查在短短几天内就有 60 多万人次参加投票。与此同时,由于在此期间上网人数大增,和其他门户及新闻网站一样,新浪网的网速大大减慢。游龙科技的实时监测报告显示,新浪网、新华网等国内门户及新闻网站网速骤减。"9·11"事发当晚,新浪网"时事论坛"开通"寻找美国恐怖事件中失踪亲属专题"讨论区,成为新浪网最热门的讨论区之一。许多网友通过在该论坛中发布寻找亲友的帖子,这些帖子中所包含的信息,不少成为新闻的重要来源。①

---

① 　陈彤著:《新浪之道》,福建人民出版社 2010 年版。

以今日的眼光来看,当时新浪对美国"9·11"恐怖袭击事件的报道自然显得简陋而粗糙,没有如今网络专题华丽的页面设计、精致的内容策划和丰富的栏目搭配,大体上就是按照消息的重要性与时效性,在视点位置进行罗列排放。但是相对于当时传统媒体僵化的发布流程,这种 24 小时不停更新滚动播报的方式,极大地满足了受众的信息渴求,给人以耳目一新的强烈感受。虽然新浪并没有新闻采访权,但是以论坛起家的新浪,依托论坛这种受众可以广泛参与上传内容的方式,聚集了大量的信息,形成了人气十足的舆论场。借此一役,新浪一举奠定了其新闻传播的地位,"看新闻上新浪"成为当时许多网民的不二之选。

三、2005 年以后社会化媒体异军突起促使新媒体"升级换代"

2005 年以后,互联网应用不断推陈出新,促使新媒体不断"升级换代"。迄今为止,在国内向国外发达国家学习先进科技的进步史中,信息技术的跟进可以说是最紧密、时差最短、模仿最成功的。往往是国外有了一个新的形态,用不了多久,国内就会有模仿者或追随者出现,甚至因为特殊的市场结构,还会后来者居上。一个匪夷所思却显而易见的事实是:几乎国外所有成功的互联网模式都能在中国市场找到成功的"克隆版"——新浪、搜狐之于 Yahoo,腾讯 QQ 之于 ICQ,淘宝之于 eBay,人人网和开心网之于 Facebook,优酷网和土豆网之于 YouTube,美团网之于 Groupon,新浪微博之于 Twitter,立方网之于 Foursquare……暂且抛开模仿与创新的争论不谈,这样一种快速的引进,使中国新媒体形态的变化非常剧烈。一个新的应用引领风骚两三年,马上就会有更新的形态出现,形成一波又一波新的应用热潮。

(一)博客服务风生水起

2003 年 6 月,中国博客网(blogcn. com)用户"木子美"发表网络性爱日记,给中文博客网站带来了巨大访问量,这一标志性事件,让博客这个新的应用首次为中国公众广泛认识。2005 年 9 月到年底,各大门户网站纷纷举行中文博客大赛,知名学术研究机构集中召开专题研讨博客的各种论坛和年会。可以说,2005 年下半年,是博客应用爆发的前夜,此时,技术、理论和舆论上的条件都已具备。博客这个"少数人写给少数人看的"网络应用,终于从寡众走向大众,成为一个颇具杀伤力的新传播工具。

（二）SNS 社区风头强劲

比博客稍晚一些兴起的网络应用是社会性网络服务（Social Networking Services,SNS）社区服务。2005 年以后进入快速发展期,校内网、人人网、QQ 空间等具备更加丰富功能的社交平台相继出现。到 2010 年进入成熟期,发展格局稳定,出现行业龙头,用户形成规模并持续攀升。随着 SNS 社区的发展,人际传播这种传统的信息传递方式搭上了网络的快车,成为个性十足的新传播载体。

（三）视频分享（播客网站）风起云涌

2005 年初国内第一家播客网站土豆网（www.tudou.com）开播,随后各大商业门户以及各新闻网站相继推出播客服务。搜索浏览视频迅速上升为网民的一个主要应用。据 CNNIC 发布的《第 27 次中国互联网发展状况统计报告》显示,截至 2010 年底,在国内 4.5 亿互联网用户中,有 62.1％的用户即 2.83 亿网民为网络视频用户。

（四）微博服务风光无限

2010 年被称为中国的"微博元年",微博服务成为中国互联网发展最快的应用。诸多热点事件如犀利哥、凤姐、3Q 之争、唐骏学历门、"7·23"动车追尾事故、方舟子大战韩寒等引发一轮又一轮关注。各级政府部门也纷纷开通官方认证微博,冀望以此通道开展政务信息公开,增强与公众的互动与交流。

（五）官方网络媒体与政府管理机制与时俱进

2006 年 1 月 1 日,中国中央人民政府门户网站（www.gov.cn）正式开通。5 月,国务院发布《信息网络传播权保护条例》,规范网络信息传播行为。2007 年底,中央、省、市三级新闻网站布局完成,占据中国互联网 85％的时政类信息发布。2009 年,人民网、新华网、央视网三家中央重点新闻网站,北京千龙网、上海东方网等七家地方重点新闻网站被列为全国重点新闻网站转企改制试点单位。2010 年 5 月,人民网、新华网改制方案获国务院新闻办公室批准,千龙网、华声在线等改制方案进入报批程序,其他试点网站也在加紧制订方案。同年 10 月,第十届全国网络媒体论坛在南京召开,中央重点新闻网站达 12 家。

2011 年 5 月,中国国家互联网信息管理办公室成立,负责网络新闻业务及其他相关业务的审批和日常监管。这标志着中国网络媒体的管理进入新的局面。2012 年 3 月 31 日,新浪微博和腾讯微博因信息清理需要同时宣布暂停微博评论功能。2012 年 4 月 16 日起,北京地区实施微博后台注册实名制。社会化媒体的规范管理进入实质性推进阶段。

第二节 新媒体环境下信息传受行为的变化

【情景导入】

据上海文广集团在各地参与 IPTV 运营、试运营的数据统计分析:IPTV 用户中,视频点播占 63%,时移点击占 7%,收看直播电视的用户只占到 30%。同时,用户对互动节目需求旺盛,使用频繁。运营 IPTV 的百视通公司聘请市场调查公司进行专业分析,同时自己进行月度调查,最后得出的结论是:"用户逐渐从对电视节目的需求转为对更多互动服务的需求,而且,互动的消费需求将随着时间的推移更加突出。"[①]

在这种自主和参与的背后是用户对媒体"开放性"的强烈要求。新媒体使用者主要是年轻、时尚的人群,要迎合他们的需求,新媒体内容的提供者就不仅要改变产品形态,还要改变产品的内容和叙述方式。比如互动电视,给用户提供多条线索和多种可选择的结局,显然就比单线的叙述更能让用户满意。

【知识要点】

新媒体完全冲破了传统媒体固有的传播模式,无论是对媒体传播还是对受众行为都产生了难以估量的影响。

一、新媒体的特征

(一)从传播方式上来看

1.传播迅速:时效性强,可以 24 小时持续更新。

2.无界传播:依靠国际互联网的特点突破了地域限制。

3.交互传播:传者与受者双向传播,相互之间既是传播者也是接收者。

4.容量无限:可容纳无限量的内容,完全突破了报纸版面、广播电视时段的

---

① 张垒、吴长伟:《需求拉动创新——从受众使用看新媒体发展》,《中国记者》2006 年第 11 期。

限制。

5.便于检索:数字化的产品为搜索查询提供了基础条件。

6.传播简便:随着手持设备及移动终端的普及,信息的生产与传播更加方便。

7.多媒体化:实现图片、文字、音视频以及动漫等传播手段的有机结合。

还有更多的特点正随着新媒体技术的发展不断出现,有待继续观察与总结。

(二)从受众角度来看

1.传受自由:受众可以在任何时间与地点应用新媒体终端接收或者传播信息。

2.大众参与:新媒体从信息生产、传播、接收到反馈,逐渐突破了传统媒体编辑部驱动的模式,个体成为信息生产和传播的中心,最大限度地实现了大众化与个性化相结合的传播。

二、新媒体内容生产与传播结构的转变

总结新媒体的特征,不难发现其核心的转变是形成了以个体为中心的网状传播结构,这种结构使得人人都可能成为信息的生产者、消费者与传播者。媒体的内容生产与传播不可避免地进行革命性的调整与转变,简要概述包括以下内容:1.从以编辑部为中心向以受众为中心转变;2.从精英办媒体向精英与大众共同办媒体转变;3.从封闭式的结构向开放式的结构转变;4.从提供单一新闻产品到提供综合信息服务转变。

三、新媒体受众应用习惯的演变

回顾中国新媒体不长的发展史,构成新媒体主流用户群体的使用习惯,大体上可以归纳为早期的信息接收阶段、中期的意见表达阶段以及现在的实际应用阶段。

(一)信息接收阶段

早期以三大门户网站为代表的第一代新媒体,以全新的范式提供了及时丰富的信息,这对长期生活在内容被严密管控的传统媒体环境中的用户群体而言,无疑是一个极大的刺激和满足。这个阶段可以用"看"来归纳。

(二)意见表达阶段

当信息日益丰富甚至出现过剩的情况下,用户自我表达的欲望开始迸发,通过论坛、新闻跟评以及博客这些互动方式,进行自我意见表达和情绪抒发成为这一时期的主要特点。人人都想并可能成为网络意见领袖,这个时期可以用"写"来概括。

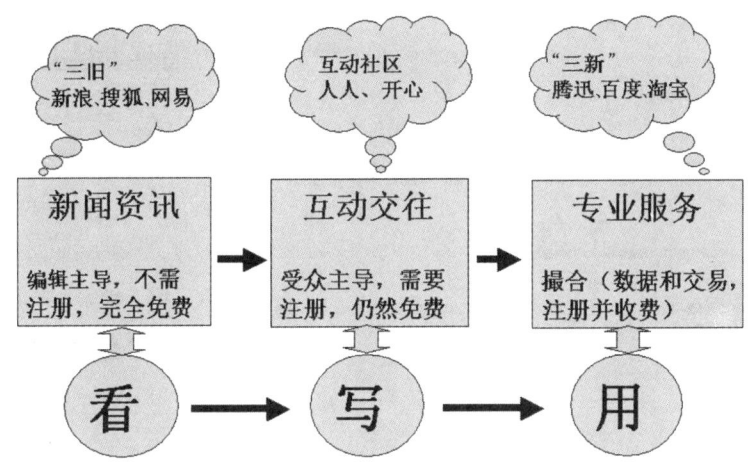

图 1-2　新媒体主流用户使用习惯变迁示意图

(三)实际应用阶段

当信息浏览和意见表达习以为常之后,互联网的应用越来越融入普通用户的日常生活。即时通讯、数据查询、电子商务及网购等,成为越来越多用户(尤其是年轻用户)的选择,甚至成为与生活消费息息相关的日常应用,"用"字可作为这一时期的概括。进入这个时期,新媒体的形态异常多元,受众行为呈现出离虚拟社会越来越远、离现实社会越来越近的趋势。基于真实地理位置信息的切客等新的服务模式开始冒头。

【实例分析】

全国人大称将审慎研究女性退休年龄问题引发网民激烈争论

新闻跟评是网络互动功能中一个重要的方式。有别于传统媒体只能接收而不能表达的环境,网络新闻跟评给受众提供了异常简捷的反馈途径。在传统

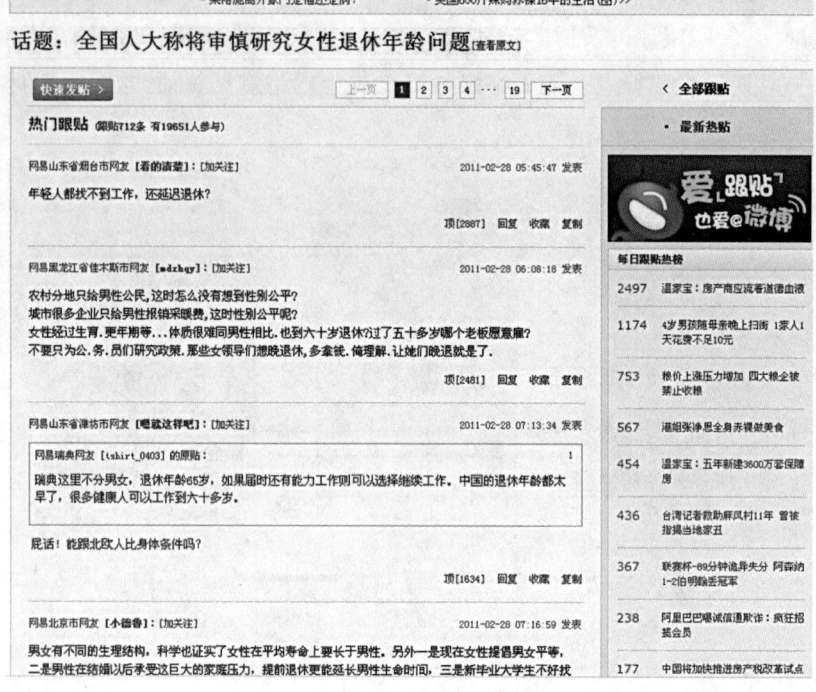

图1-3 网易新闻跟评界面截图

媒介上,所发布的信息对舆论的影响需要经过曲折而漫长的过程才有可能间接地收集到,而在网络媒体上,这种反馈不仅是即时的,并且是公开的,可以让浏览者直观地看到其他人对这条信息的态度,迅速感知到这条信息产生的影响。不仅如此,所有浏览到这条信息的人还可以在这个平台上展开讨论,直接进行观点的交锋,表达意见或者宣泄情绪。原来分散于个体受众中难以把握的心理反应,有了迅速聚合的机会,舆论的形成因而有了完全不同的机制。许多时候人们对跟评的关注远远超越了对信息本身的关注,使其成为了解网络民意和观察舆论走向的一个重要参考窗口。

网易这条"全国人大称将审慎研究女性退休年龄问题"的消息,短时间里就吸引了700多条跟评,有19000余人参与表态,关于女性退休年龄问题的人心向背可谓一目了然。在传统媒体看来似乎难以想象的事情,在网络媒体上轻而易举就得以实现。当然,这种传播特点同时也对信息发布的准确性提出了极高的要求,由于从信息发布到引发舆论的时间极短,信息一旦发布,影响瞬间形成,很难有效挽回。因此,管理部门对新闻跟评的管理越来越严格,并在技术实现方式和内容审核要求上作了相应的规定。

新媒体一次又一次的技术创新,彻底改变了传受行为,也为信息传播的革命性演变奠定了技术与社会基础。这对传统媒体甚至不太新的新媒体,都构成了巨大的压力和挑战。

第三节　新传播格局下的媒体因应

【情景导入】

美国报纸业不敌网络冲击深陷倒闭潮①

2009 年 2 月 27 日,美国丹佛,即将迎来 150 岁"生日"的《洛基山新闻》在出版了最后一期报纸后宣布永久停刊。美国知名政治网站 Real Clear Politics 此前刚刚评出了随时可能倒闭的美国十大报纸,包括《纽约每日新闻》和《洛杉矶时报》等知名报纸,《洛基山新闻》也榜上有名。就在这份榜单出炉的第二天,《洛基山新闻》就宣布停刊。2008 年 12 月,美国资本市场信用评估机构——惠誉国际信用评级有限公司,在一份评估报告中称,经济衰退的影响可能会持续到 2010 年,媒体特别是报纸、杂志 2009 年的光景尤其不容乐观,甚至在一些城市,日报将有可能消失。

美国多家报纸杂志近年来都受到网络媒体的严重冲击,以往的广告客户纷纷转向受众更广、影响力更大却又更经济实惠的网络媒体,金融危机对传统出版业的影响更是令媒体巨头们度日如年。美国《纽约时报》公司近日发表声明说,将出售公司位于纽约曼哈顿的总部大楼部分楼层,以筹集 2.25 亿美元缓解资金紧张。同一天,美国报业巨头麦克拉奇报业公司宣布裁减 1600 个工作岗位,裁员比例达 15%。

在过去的两个半月内,美国已有 33 家日报的 4 名所有人申请破产保护,最让人震撼的是 2008 年 12 月 8 日,拥有《洛杉矶时报》、《芝加哥论坛报》等知名

---

① 《美国报业不敌网络冲击深陷倒闭潮》,http://tech.163.com/09/0315/17/54FCB5MR000915BF.html

大报的美国第二大报业集团论坛报业公司申请破产保护。这家拥有 161 年历史的报业巨头旗下有 12 家日报和 23 家广播电视台,因为不敌广告严重下滑与网络媒体的冲击,正式向法院提交破产保护申请,成为网络普及以来首家申请破产的美国主要报业集团。

【知识要点】

传统媒体背景的网络媒体有自己的优势,比如拥有原创新闻信息资源、相对权威的公信力、传统媒体品牌形象以及成熟的采编团队。但是受体制限制,观念陈旧,机制不活,在资金、技术和人才方面也处于相对劣势。而商业门户网站在运行观念、机制、资金、技术及人才方面,体现出巨大的优势。原来制约商业门户发展的最大困难是没有新闻采访权,没有自己的采访团队,缺乏权威的原创新闻资源,只能依靠与众多传统媒体签订信息资源合作协议来保证信息产品的加工。两种媒体在一个共生平衡的环境中,按照各自特点错位发展。

但是博客,尤其是微博等新媒介应用的出现和普及,打破了这种平衡。此前形成的官方网络媒体与商业门户网站共存的竞争格局,正面临社会化媒体的剧烈冲击。面对传播格局的剧烈变化,不单传统媒体的转型步伐在加快,甚至以商业门户网站为代表的第一代新媒体,也纷纷开始再度创新。

纸质报纸的生存空间日益被数字报纸压榨,百年大报《纽约时报》也未能幸免。纽约时报公司董事长小阿瑟·苏兹伯格(Arthur Sulzberger Jr.)表示,纽约时报公司未来将停止出版印刷版报纸。[①]《纽约时报》是对报纸进行数字化改造比较成功的国外主流媒体。其网站 NYTimes.com 开设了令读者自定义新闻的功能,以及可以快速检索新闻中关键字的互动功能。国外很多传统主流媒体都对社会化分享非常重视。CNN 开通了 iReport 网站,欢迎普通网民上传视频报道,并会编辑在 CNN 频道播出;MSNBC 花重金购买了 Twitter“突发新闻”账号[②],以期从中获取更加及时与丰富的信源。

一、传统媒体的新媒体转型

(一)基于采编技术手段的形式改进

媒体改变最易想到并采用的是形式上的改进,集纳了图文、音视频和动漫

---

① http://www.techweb.com.cn/world/2010-09-09/678416.shtml

② http://tech.163.com/10/0910/11/6G7FECJM000915BF.html

的新媒体采编技术手段,成为各传统媒体向新媒体转型的一个主要抓手。各类媒体都在报道中引入了尽可能多的新媒体元素。但是,新媒体的传播效应并不是将所有介质形态组合到一起就自然实现的,多媒体元素只是新媒体最易为人所见的外在形式罢了。有时候一条简短的短信、一句口播新闻或者一张分辨率很低的手机照片,都可以引爆网络的巨大关注。这是新媒体发展过程中需要辩证看待的一个问题。

（二）基于新媒体应用服务的业务创新

新媒体层出不穷的应用,让传统媒体对新的业务模式也跃跃欲试。新的应用包括 BBS 开放式论坛、新闻留言跟评、网络调查、搜索引擎等,直到博客和微博。

从传统媒体中生长出来的网络媒体,虽然在技术、资本、人才等方面不如大型商业网站,但是也没有放松过追赶的步伐。人民网的强国论坛和新华网的发展论坛,聚集了不少关注时政信息的网友以及网络意见领袖。许多省级甚至地区一级的新闻网站,也都纷纷将论坛作为网站的重点项目进行建设。事实证明,互动是吸引网友、增加网站黏度的重要功能,是对网站内容的有力补充,同时也是许多网站吸引流量的重要组成部分。

在网络应用排位中,搜索引擎服务位居第一,已成为信息获取的重要途径。搜索引擎本身只是一种网络技术,但是对搜索内容进行聚合展示,就是典型的媒体行为。人民网与新华网先后推出了自己拥有专利的人民搜索与盘古搜索。2010 年 12 月 20 日,人民搜索创新性地推出基于事件的新闻搜索服务,并在此基础上同期发布了 GOSO 移动新闻客户端,支持 Android 和 iPhone 两种平台。不少报纸也纷纷开始将自己的电子版挂上 iPad 商店供人免费下载,或者针对 iPad 开发了 HD 版的阅读器。

（三）组织架构和业务流程再造

为了适应新媒体发展,传统媒体在实践中逐步意识到,新旧媒体内容生产的组织架构和业务流程是完全不同的,因此传统媒体纷纷对各自的采编资源进行整合,从组织架构上进行调整,对业务流程进行再造,以期顺应新媒体发展的需要。从报网互动到报网融合,再到报网一体化的全媒体实验,由浅入深的体制机制的改革,成为传统媒体向新媒体转型过程中不约而同的选择。

二、新媒体继续嬗变、再度创新

随着新的业务应用不断涌现，号称"三新"的腾讯、百度、淘宝，在用户体验和营收数字上全面超越了"三旧"网站——新浪、搜狐和网易。较早的商业门户网站不得不加快业务结构转型的步伐。搜狐和网易通过大力发展网络游戏业务，突破了"新闻＋广告收入"为主的模式，据 2010 年年报显示，搜狐网游收入已经占总收入一半以上，网易更占到九成。新浪则抓住了微博应用的机会，有效提升了自己的市值和股价，扩展了自己的影响。2011 年 9 月 2 日，康泰纳仕集团旗下《智族 GQ》"年度人物（MEN OF THE YEAR）"颁奖典礼上，新浪首席执行官曹国伟被评为"GQ 年度国际影响力人物"。《智族 GQ》认为，曹国伟带着新浪在中国开创了一个微博时代，微博的出现使得信息传播方式、集体话语方式、社交模式和名利场规则骤然改变。颁奖词评价说："新浪微博已超出商业领域，成为推动整个时代理性发展的重要力量，不但被评价为中国最为开放的网络平台之一，还被众多意见领袖评为'时代的脉搏'和'媒体之王'。2011 年也将因微博的出现而载入历史。"①

在传播格局剧变的环境下，无论是传统媒体还是曾经的新媒体，都背负着创新的焦虑与压力，同时满怀着希望与憧憬，继续前行。而新媒体采编也因此有了巨大的开拓创新空间。

【思考练习】

1. 简要回答中国新媒体发展各阶段具有代表性的事件。
2. 简述新媒体较之传统媒体所呈现的特点。
3. 分析新媒体环境下受众行为发生的变化。
4. 简述传统媒体的新媒体转型路径。

---

① http://news.xinhuanet.com/newrmedia/2011-09/02/C-121958550.htm

第二章
新媒体采访

【学习导引】

随着互联网及各种数字化技术的发展与普及,传统的新闻采访已不能适应时代和受众的需要。新媒体采访借助这些数字化媒介从内容到形式都呈现出新的特征,这也对新闻从业人员提出了更高的要求,要求从业人员从单一型成长为复合型人才。在享受数字化媒介带来的便捷时,也出现了一些新的问题,如采访内容的丰富多彩削弱了新闻的深度,网络资源鱼龙混杂导致采访面临真实性考验,法律法规对传统媒体的规范在新媒体的语境中是否等效。新闻从业人员除了要充分了解新媒体采访的特点,还应思考如何将新媒体采访纳入法制轨道,促进我国新媒体采访制度的完善,这是当代新媒体从业者与管理者所要面对的共同课题。

【知识目标】

充分了解新媒体采访的基本概念和基本特征,了解新媒体采访的过程与要求,掌握新媒体采访的方法论和技巧。

【能力目标】

能运用新媒体技术进行采访,并完成符合新媒体要求的报道。

第一节　新媒体采访的基本特征

【新媒体故事】

数字化媒体采访不是科幻

一位采访北京奥运会的美国记者的装备包括成套先进的采访设备,有摄像头、戴在眼镜上的微型显示器、挂在手臂上的微型键盘、话筒、挂在腰间的微显示器、数码影像传输设备和电池等。用这套异常轻便的设备,不仅可以采集一般的文字和图像新闻,还可以独立完成现场直播。如果你以为这只能出现在科幻电影当中,那么你错了,这是 21 世纪新媒体采访的现实写照。运用数字化媒体进行采访的时代已经到来了!

一、新媒体采访概述

"新闻采访是指新闻工作者为了报道新闻而进行的对客观事实的调查研究活动。"[①]新媒体采访依然秉承这一原则,但是在传统的文字、图像和录音采访之外,还需要充分调动新媒体技术手段(如搜索引擎、信息抓取软件、下载工具、数据统计等)介入采访。具体如利用网络资源、数据库、数字图书馆等寻找新闻线索,收集和核对数据,利用电子邮件、邮件列表、电子公告牌(BBS)、新闻组、网络视频聊天工具等进行全球性、即时性的采访。由于信息采集与发布的环境不同,新媒体采访有诸多不同于传统采访之处。

二、新媒体采访的基本特征

(一)工具数字化

在新媒体技术出现之前,新闻记者的采访多是在同一时空中,新闻记者只要带上纸、笔就可以完成采访,这要求记者必须在采访的同时迅速记录所需信息。彼时如果进行远距离采访,因受技术限制,需花费极大的人力、物力和财

---

① 何志武:《新闻采访》,武汉大学出版社 2006 年版,第 6 页。

力,且难以保证新闻的时效性。

随着网络媒体技术的发展与普及,采访工具也实现了数字化。新媒体采访所用的工具主要是全数字化的计算机网络以及与这一媒体相通的一系列数字化的采访和传输工具。这些数字化工具分为硬件和软件两部分。硬件包括:电脑(台式电脑、笔记本电脑)、数码相机、录音笔、摄像机、移动硬盘、调制解码器、具有浏览网页和收发电子邮件功能且可与电脑连接的手机、平板电脑等。软件包括:操作系统(如 Windows 系列)、文字图表处理软件(如 Word/Excel)、图片处理软件(如 Photoshop)、音频处理软件(如 Sound Forge)、视频处理软件(如 Adobe Premiere)、文件传输工具(如 CuteFTP)、网页浏览器(如 IE)、网络论坛 BBS、即时通讯工具(如 ICQ、MSN)、网络会议系统(如 Net Meeting)以及电子邮件、新闻组、邮件列表、联网数据库、搜索引擎等。这一系列功能强大完备的数字化工具,为新媒体时代的采访提供了全新视野。采访工具的数字化已成为媒体激烈竞争中取胜的一个重要因素。

(二)内容多媒体化

报纸以文字、图片资源见长,但缺乏音视频等动态素材;广播有丰富的音频资源,但无文字、图片、视频等可见元素;电视集图文、音视频于一体,但在文字方面缺乏深度;而网络则是多媒体的融合,涵盖了三大传统媒介的内容,既包括静态的文字、图片,又包括动态的声音、视频。新媒体采访以多媒体新闻素材为对象,采访内容不仅包括文字和图片,还有声音和视频的采访、摄录。这就要求从业者除了具备传统的文字记者的素质,还要成为摄影记者和录音、录像记者,除了能熟练操作各种硬件,还应掌握网页制作、超文本编辑等基本操作技巧。新媒体记者不仅要利用各种数字化媒体在采访现场或网络中迅速捕捉到各种信息,而且还要利用新媒体技术将这些信息编辑成多媒体产品进行发布。

(三)方法的交互性

传统新闻媒介一直被认为是单向交流的渠道,广播电视的一个最重要的特点就是信息的单向流动,传播者很少或几乎不能迅捷地了解接受者的各种反应。而网络最大的特点是其交互性。美国学者艾利沃特·金将交互性分为“作为对内容进行控制的‘交互性’”和“作为反馈的‘交互性’”,他比较倾向于第二种解释,即交互性指信息消费者与生产者之间的双向交流。① 在网络传播中,交互性体现在受众能借助各种平台与传播者和其他受众进行一定范围内的双向交流。从传播模式来看它是这样一个过程:传者发出讯息并通过受者的反馈来确认传播的效果,受者不但接受讯息也会根据自己的理解做出相应的反馈。这一特点同样能从网络记者和网络采访方式中体现出来。从时间的角度来看,新媒体采访的交互类型可以分为同步交互和异步交互。同步交互是一种实时性的交互,即网络记者可以利用视频聊天工具、网络电话、语音信箱、网上会面或其他媒介与被采访者进行交流,从而保证了素材的完整性和准确性。采访过后还可以通过音视频文件或聊天记录进行确认。如采访有遗漏或有不明确的问题,网络记者可以通过移动电话、ICQ 或电子邮件等方式加以追问。新媒体采访的同步交互性不受真实时空界限的阻隔,即使远隔万里,只要双方有联网的电脑、有可以视频聊天的媒介就可以完成采访,这是传统媒体采访所无法企及的。异步交互是指被采访对象在接收到网络记者发出的信件后相隔一段时间再进行反馈,如 BBS、电子邮件、网上民意调查等。

(四)范围的全球性

全球化时代的到来促使新闻记者的采访不能局限于物理空间限制。这不仅是时代发展的需要,也是市场经济中媒体提高自身竞争力的要求。网络的全球性满足了记者全球化采访的需求。全球各地每时每刻都有重要事情发生,记者不可能时时事事都到达现场采访。对于一些不能、不宜或因空间阻隔无法进行现场采访或调研的新闻事件,记者就可以通过网络进行全球性的实时采访。

(五)资源的丰富性

随着技术的进步,各种资料不再仅以纸质形式保存于某一固定场所,而是传输到网络上共享。网络、数据库、数字图书馆等都是新闻工作者可以挖掘利用的信息资源库。网络上不仅有专业性强的学术著作,也有网友对某些新闻事件的个人意见。掌握利用各种数据库检索文献的功能,就等于是拥有了一个流动的、与时俱进的、庞大的图书馆。网络浩瀚的文献资料都可以为记者所用。通过对专业性资料的搜索、阅读,网络记者可以及时了解所要采访对象的研究领域、基本学科知识,有助于更好地搜集素材。

---

① 〔美〕艾利沃特·金著,彭兰译:《关于网上媒体的交互性》,http://www.people.com.cn/GB/14677/ 22100/28506/28507/1939507.html

【特别提示】

新媒体采访的出现,是新媒体时代发展的结果。新媒体技术体现了现代科技的飞速发展。要成为一名合格甚至优秀的记者,需要熟练掌握新媒体的技术要求。但另一方面,在运用网络资源的过程中,还要培养信息筛选鉴别能力,去粗取精、去伪存真。

【新媒体故事】

新华社摄影部为奥运厉兵秣马①

2001 年 7 月 13 日 22 时 11 分,时任国际奥委会主席的萨马兰奇在莫斯科宣布,北京以 56 票获得 2008 年第 29 届夏季奥运会的主办权。2006 年 10 月 26 日,国际奥委会正式授权新华社成立国家奥林匹克摄影队。

虽然新华社摄影记者有着丰富的大型国际活动的报道经验,但对举世瞩目的奥运体育盛会的全面报道,还是第一次。怎样完成国家奥林匹克摄影队的任务?怎样才能报道出北京奥运会的特色?怎样向全世界传播奥林匹克精神?怎样在与美联、路透、法新和盖帝等世界知名通讯社的同台竞技中取胜?……一系列问题摆在了国家奥林匹克摄影队的面前,压在了新华社摄影部主任、国家奥林匹克摄影队总指挥徐祖根以及摄影队全体队员的心头。

新华社对入选国家奥林匹克摄影队的图片编辑进行了严格的选拔和培训。这 32 名图片编辑能流利地使用中英文两种语言,对图片有一定的鉴赏能力,精通体育赛事,电脑操作炉火纯青。

"工欲善其事,必先利其器。"新华社花两千多万元为采访奥运的摄影记者们配置了世界最先进的相机,同时每位摄影记者还装备了最先进的电脑、手机、对讲机等设备,平均每位记者的装备价值达三十多万元。此外,为保障摄影记者的发稿以及图片编辑现场签发的需要,新华社还在奥运会所有赛场租用专线,在技术上保障了照片的即拍即传,实现了奥运照片现场采编签的"一条龙"发稿模式。

---

① http://arts.cphoto.net/Html/zixun/110643667_5.html,略有删改。

第二节　新媒体采访要求

【新媒体故事】

"三国门"事件真相揭秘[①]

2010年端午节期间,在著名游戏网站"游侠光荣论坛"上出现一篇名为《中国のネットゲーは日本から出て行け(中国网游请滚出日本)》的帖子。帖子的作者——MiuraNamo号称是一位日本玩家,他认为国产三国游戏在日本运营造成《三国志OL》的停运是由于中国网游的恶性竞争造成的。网友为找出发帖者,运用网络资源开展调查,其过程如下:

首先搜索原帖的ID:MiuraNamo。直接搜索这个名字,是什么也搜索不到的。但翻译过来,Miura是"三浦"的意思,而Namo则是"夏郎"。继续搜索"三浦夏郎",百度搜索毫无相关资料,但在人人网中可以搜索到此玩家的MSN。根据这个线索,网友进一步搜索发现这位玩家不久前曾在某个同城交友聚会的网站上寻找球迷一同看世界杯开幕式,上面披露了电话。根据这个手机号码,网友在一个国安球迷的百度空间留言版里,找到了这位申花球迷与其的口水战,露出了该玩家的另外一个ID:"XXX粉丝"。

进一步搜索"XXX粉丝",发现他在媒体有同名博客。同名博客中,提到了和北京球迷对骂以及一些与"三国门"事件相关的博文。里面还有几篇文章和一些照片,透露出了其真实身份。原来他是刚刚上线了一款三国游戏的上海某网游公司员工。有网友认出博客中的某张照片就是上海张江某网游公司。而另外这两篇博文似乎也能说明此人是制造这起事件的背后黑手和他的一些目的。"三国门"事件至此真相大白,原来是中国喷子自己制造的事件。

以上这个故事虽然是网友追查事实的过程,但从一个侧面体现了新媒体调查功能的强大,这对新媒体从业人员无疑是一个生动的启示。

[①]　http://game.163.com/10/0622/12/69PISD9100313MMO.htm,略有删改。

一、熟练运用数字化工具

传统媒体采访中,文字记者、摄影记者和录音、录像记者分工明确,文字记者无需掌握摄影、录音等技术,并且采编分离,即记者主外,一般按照编辑部的意图外出,编辑则主内,负责审查记者的新闻稿件,做好把关人工作。而新媒体则对记者提出了更高的要求。新媒体的特点之一就是上网者可以通过互联网在第一时间了解通过传统媒体无法或难以呈现的新闻。网络新闻传播以高新科技为其物理基础,新媒体采访工具的数字化、内容的多媒体性等特征要求网络记者必须是复合型的记者,集文字记者、摄影记者和录音、录像记者于一身,只要有一套笔记本电脑和数字式摄像机、数码相机,就可以只身闯天涯。具体而言,网络记者应具备计算机和网络基础知识以及摄影、录音、录像等方面的相关知识。若没有一定的科技水平,想要在网络传播上有所成就是很难的,传统的单一型记者如不及时转变观念,将会在数字化的趋势中陷入困境。

二、调整知识结构

在当今知识经济的大背景下,在全球范围内搜寻新闻素材的网络记者首先需要具备极高的敏感度。其次,网络新闻受众具有较高的文化素质及专业水平,他们在网上的阅读往往带有某种专业需要。面对这样的受众,新闻从业人员必须具备更高的文化修养,更丰富的知识积累,及时更新知识结构,能跟踪、了解某个或几个学科的前沿动态,更多地关注时代文化和思想前沿,才能做出更好的更有价值的新闻。此外,网上信息资源分散无序,鱼龙混杂,记者在面对网络上的海量信息时,不仅要能去粗取精、去伪存真,而且还应根据基本常识引导受众获取正面信息,识别错误言论,树立正确的舆论导向。这就要求记者具备很高的新闻理论素养以及正确的价值观,能在信息的海洋中捕捉到重大新闻题材和热点新闻题材,并根据网络新闻的特点、受众的心理拟定采访计划,完成采访内容。

三、职业素质和职业道德

记者作为沟通大众与世界的中介,担负着比一般人更重要的责任。新媒体从业者虽然在采访的手段与方法上有全新的突破,但是在职业道德要求上与传统媒体一脉相承,在职业素养上则因为环境的改变而有更高的要求。

(一)职业素质

1. 政治素质

网络媒体从业者在政治上的要求,与传统媒体别无二致。具体而言,网络记者在选取新闻素材、采访、撰写稿件(包括文字、图片、音频、视频)的过程中,同样需要具备高度的政治鉴别力和敏锐的政治观察力,须时刻保持清醒的头脑,要以对时代负责的态度和关注政治的热情,努力避免政治性的差错给个人和所从业的媒体造成危害。

2. 理论素质

信息化时代的新媒体在新闻事实的了解上不相上下,新闻报道的竞争不是弱化而是强化。谁能选取一个更新颖、更深刻的角度进行报道,谁就有可能获得先机。而这不仅有赖于从业者的采访实践经验,同时也有赖于理论的指导。网络媒体以及知识全球化的趋势要求一个优秀的网络媒体从业者具备较高的职业素养和理论修养,具备新闻理论知识,以及包括文、史、哲、经、法及社会生活等在内的基础知识,拓展视野,增强嗅觉的灵敏度,从而挖掘出有价值、有亮点的新闻。

(二)职业道德

职业道德是同人们的职业活动紧密联系的符合职业特点要求的道德准则、道德情操与道德品质的总和,它既是对本职人员在职业活动中行为的要求,同时又是职业对社会所负的道德责任与义务。新媒体时代,只不过是采访报道的效率与手段发生了变化,但真实、客观、准确、公正的报道原则并没有发生任何改变。相反,因为新媒体传播的特性,在追求时效与关注的同时,媒体自律以及新闻伦理更需要加以重视。真实是新闻的生命,这在新媒体中尤其重要。网络的虚拟性、匿名性使得虚假信息泛滥。因此,新媒体从业者应恪守新闻职业道德,树立媒体公信力,维持新闻灵魂的纯洁。

【特别提示】

在这个日新月异的数字媒体时代,新闻从业者应紧跟时代潮流,熟悉各种新媒体应用技术。面对鱼龙混杂的海量信息,每一个媒体从业人员需借助广博的知识结构、良好的职业素质和职业道德打造阻挡虚假信息的铠甲,对社会及网络中的各种观点与事件,要培养独立的鉴别能力,以免在新媒体传播中误入歧途。

【新媒体链接】

跨越摄影的数字鸿沟①

摄影数字信息技术的发展给人们带来极大便利的同时形成了一道鸿沟。

电脑、摄影数字化技术,是新时代摄影人必须掌握的知识。对我而言,电脑知识就像数字时代的一只"拦路虎",让我进不得,退不得。打字,是人人学电脑的第一关,我却没有过去。多年来,因患多种疾病,身体极度虚弱,甚至到了集中精力就浑身难受的程度。直至今天,我仍然不会用键盘打字,面对别人熟练地操作电脑,尤其是看见技术人员用电脑制作出一幅幅新颖的数字化图像时,只能是"望屏兴叹"。转眼进入了新世纪,数字化技术汹涌澎湃,我与信息时代的距离被越拉越远:虽然学会了用电脑发稿,但只要出现一点问题就无法解决;到野战部队采访,发现 ACDsee 数字化看图软件已经广泛地运用于科技练兵,而我这个新闻单位专业摄影工作者电脑看图居然还只能从"资源管理器"进入;到数码彩扩部制作照片不知道 K、MB 为何物;做编辑工作时,不会收发E-mail;部队摄影同行在数字技术上遇到难题请教"乔老师",更把我置于尴尬境地。数字技术就像一道深深的鸿沟横在我的面前。

要跨越摄影的数字化鸿沟,必要的物质技术装备是不可或缺的。电脑、数码相机在今天的经济、社会条件下正在迅速地普及。而下笨功、下苦功,以老老实实的态度学习是真正熟练掌握这门技术的必由之路。舍此,无捷径可走。

数码照片广泛地被运用于新闻报道领域,这是一个历史性的技术革命,它极大地提高了新闻的时效性和生产力。数码新闻照片遵循的原则仍然是一个"真"字。电脑只是为人服务的工具。尽管用电脑修改照片比较容易,但广大新闻摄影工作者在享受数字化快乐的时候仍然必须严守职业道德和法律的底线。数字化时代,出现在媒体上的假新闻照片并不比过去多,新闻摄影记者大多爱用数码相机,与坚持用传统胶片的摄影者相比,职业需要他更多地用抓拍的手段获取影像,从这个意义讲,数码比胶片更真实。不守规矩的人任何时候都可能有,偶尔出现了用电脑制作的假新闻照片,责任在造假的人而不在电脑,不能冤枉数字化技术,更不能因噎废食,这是我在这篇文章中最后想讲的一句话。

---

① 乔天富:《跨越摄影的数字鸿沟》,《军事记者》2004 年第 8 期,略有删改。

第三节　新媒体采访方法论

　　方法论是人们认识世界、改造世界,即用以观察事物和处理问题的一般方法。在自然科学中,人们常把各种科学分成基础理论、应用基础理论、应用技术三类。新闻采访方法论就属于新闻学中的应用基础理论。采访的具体方法因人而异,因时空而异,但采访的基本规律却是贯穿始终的。懂得了基本规律,既便于学习,又利于自我创新。新媒体时代的采访并没有因为其应用技术的改变而突破新闻采访方法论的理论基础。因此新媒体采访活动,仍然需要新闻采访方法论的指导。

【新媒体故事】

"记者要有坚持真理的风骨"——听老报人王宪斌谈监督报道①

　　4月26日,《山西日报》60周年社庆大会上,王宪斌作为在报社工作30年以上的老报人受到表彰。记者有幸采访了这位群众爱戴、报人尊敬的新闻前辈。

　　"您搞监督报道的胆量从何而来?"面对记者的追问,王宪斌直言当记者必须有独立的人格,要有只认真理不认人的风骨。他认为,只有把"是非"而不是"利害"关系作为判断事物的唯一标准,才能真正做到"真理在胸笔在手,无私无畏无所求"。

　　尽管已是72岁高龄,王宪斌仍然身体硬朗、思维敏捷,还是当年一身正气、铁骨硬汉的豪爽。"社会上不公平的事很多,搞舆论监督应该如何选目标呢?"对此,王宪斌的回答很是风趣。他说,"打死了老虎,武松才能出名,打死只绵羊算什么呢? 被我批评的人有'五个条件':要民愤很大、后台很硬、红得发紫、县团以上、群众还不敢惹的。舆论监督就是要'打老虎',要围绕党和政府的中心工作搞监督。"

---

① http://www.daynews.com.cn/sxrb/aban/A2/752600.html,略有删改。

王宪斌的监督报道至今无一翻案,真正是经得起历史考验。怎样才能把批评监督做成铁案?

王宪斌说,舆论监督首先要有确凿的证据,记者需要像搞专案那样在调查研究上下工夫。在他的监督报道经历中,曾受到三任省委书记的召见。面对稿件内容是否属实的质疑,确凿的证据是他最终取胜的法宝。更重要的是,王宪斌认为,报纸的监督是为了救人而不是整人。所以,他曾将写好的报道复印20份,主动送给上级领导、相关部门甚至是当事人审阅,王宪斌称这是先打"官司"再见报。这样做不仅避免了事实上的失误,同时也更有利于促进事情的解决。在被监督对象确实积极改正后,他还正面宣传整改结果,始终将"解决问题、治病救人"作为监督报道的最终目标。

王宪斌的经验再次告诉大家:记者手中的笔是手术刀而不是杀人刀,监督报道要始终坚持一个"救"字。

一、新媒体采访方法论的概念

艾丰先生的《新闻采访方法论》以其哲学思辨性著称受到同行的普遍赞赏,并因此荣获"吴玉章奖金"。艾丰在书中指出:"新闻采访方法论是研究新闻采访活动中所含矛盾以及正确处理这些矛盾的科学。"[①]新闻采访方法论不是介绍或集成具体的采访经验,而是着重阐述这些经验所包含的规律性东西。新媒体采访依然遵循这一方法论的原则,无论新旧媒体,掌握新闻采访的基础理论都有助于拓展和深化记者的思考维度,提高采访者的思辨能力、归纳能力和解决问题的能力。

二、新媒体采访方法论的基本原则

(一)新闻采访的唯物主义原则

真实是新闻的生命,因此新闻采访过程应是记者观察事实、了解事实和采集事实的过程。任何新闻都必须源于事实,严格地遵循事实,记者必须认真地采集事实,靠近真相。人眼所看到的并非都是本真的事实,通过网络资源搜集得到的信息,更需要有去伪存真的过程。所以除了多看、多听、多调查之外,记者还应多思考、多分析、多研究。在感性认识的基础上,进行科学的抽象并上升

---

① 艾丰:《新闻采访方法论》,转引自尹韵公《占尽风情向小园——评艾丰的〈新闻采访方法论〉》,载《新闻战线》1988年第8期。

到理性认识,从而得出能反映事物本质的结论。

(二)新闻采访的实践与认识的辩证关系原则

实践是社会生活的本质。实践决定认识,认识对实践具有反作用,网络时代仍应坚持实践第一的观点。只有通过实践才能挖掘到好新闻,才能认识事件的本质。诚然,网络资源的丰富性使得新闻从业人员足不出户就能搜集到大量的资料,但这并不意味着可以忽略实地采访的重要性。对于一些重要的事件,记者必须亲身实地采访才会做到客观公正,而只有切身感受现场的氛围,触景生情才能写出贴近民心的新闻作品。

(三)新闻采访的矛盾对立统一原则

新媒体时代众声喧哗,社会价值体系多元并存,社会矛盾不仅在现实生活中存在,同样也通过网络渠道展现无遗。遇到矛盾时,记者需要保持头脑清醒,认识到矛盾的普遍性是事物的共性。解决矛盾时应注意坚持"两点论"和"重点论"的统一。分析事物时既要看到主要矛盾和矛盾的主要方面,也要看到次要矛盾和矛盾的次要方面。在全面分析矛盾的复杂关系的前提下,抓住主要矛盾和矛盾的主要方面。

【新媒体链接】

"五路一桥"收费问题系列报道[①]

四川在线关于"五路一桥"收费的系列采访是针对网友的质疑以及国家出台的相关政策而进行的。在采访过程中,为了解答网友的诸多疑问,带着"自'五路一桥'费实施以来,成都市究竟收了多少钱?这些钱的用途如何?还要收多久?"等问题,四川在线记者走进了成都市相关部门,希望为公众寻找一个准确的官方数据。

记者走访了市交委、市建委、车管所、财政局,然而并未找到答案。针对四川在线网友对五路一桥"搭车"强行收费的质疑,成都市交委回应"'五路一桥'费都是车主主动申报,我们没有强行收取"。记者进行了隐性采访,在采访中记者发现了"五路一桥"收费环节的漏洞以及与交委发言相悖之处。在全国新闻

---

① http://news.qq.com/a/20081218/001394.htm

http://news.sina.com.cn/c/2009-01-09/013717006131.shtml,略有删改。

界的关注下,最终成都政府部门回应民意,公布了"五路一桥"通行费收支情况。在四川在线记者及网友的坚持下,市交委总算是做出了一个交代。

第四节　新媒体采访过程解析

【知识要点】

虽然相比于传统媒体,新媒体表现出很大的优越性,但其采访仍延续了传统采访的具体过程,学界根据实际情况将采访分为两种方式:隐性采访和显性采访。

【新媒体故事】

明察暗访,揭露真相

明察与暗访的结合可以有效地查出事实的真相。纵观中国新闻界,运用明察暗访的方式报道的新闻举不胜举:打黑扫黄行动在全国四处开花,有关部门事先明察暗访;"医疗质量万里行"启动,将对全市 30 家医疗机构进行明察暗访;记者暗访毒贩交易;整治脏乱,督察组到基层明察暗访;暗访记者死里逃生,等等。由此可见,虽然新媒体技术给记者带来极大的便利,但现场采访仍是搜集第一手新闻素材的有效方式。如果能将现场采访与新媒体技术相结合,记者的采访效果就会事半功倍。

一、隐性采访的过程解析

隐性采访指记者不公开身份、不暴露采访目的,在采访对象毫不知情的情况下,以获取公开采访不易甚至不能得到的新闻材料。一般而言,隐性采访适用于揭露某些违法乱纪、不法行为或为新闻的真实性对某些人物、部门的采访。不论是参与到事件中的介入式隐性采访还是冷眼观察的旁观式隐性采访,具体过程中记者都是通过对话、暗访的方式进行。在新媒体的介入下,又增加了偷拍、偷摄、窃听等。

"随着数码产品的普及,摄影爱好者越来越多,随之出现的'街拍'一族也越来越多。但是'摄郎'们注意了:这种打望偷拍并公开传播的行为,一不小心就可能构成侵权——几天前,朱小姐就发现自己逛街时被人偷拍,照片被上传到网站,面对网友的评头论足,很不爽的朱小姐咨询律师后,欲找网站和'摄郎'讨说法。"①现在很多网站"为了捕捉美丽瞬间"吸引网友眼球,街拍成为一种风尚,然而被拍者却浑然不知自己的照片已经被公布传播,摄影者追求自然美与被摄者捍卫肖像权形成了冲突。

隐性采访必须遵循公共利益原则、道德原则、安全原则、适度原则,具体操作过程中有一些禁区如涉及商业秘密、公民通信秘密、公民个人隐私领域等,记者须予以注意。

二、显性采访的过程解析

显性采访指记者在采访中向采访对象公开自己的身份、表明采访目的的采访方法。这种采访的特点是行为的公开性、记者对采访对象的依赖性以及采访对象对记者的制约性。显性采访有书面采访、问卷采访、座谈采访新闻发布会采访、直面采访、电话采访几种类型。在新媒体的作用下,又新增了网上采访。网上采访的方式也是多种多样的,此处仅列举几种实用性较强的以供参考。

(一)网络问卷调查

这是一种全新的调查研究方式。调查者把问卷发到相关的论坛,有兴趣者自愿填写相关内容,调查者可以在最短的时间内得到反馈。我们经常在一些新闻网站上看到网民关于社会热点问题的问卷调查,网民只需选择"是"或"否"后提交,一份调查报告就完成了。

(二)电子邮件采访

由于新媒体采访范围的全球性,记者在有限的时间和精力范围内很难做到事事到场,并且有时面对面采访存在一定的困难,如受访者不愿露面、面谈时间有限、有些问题的回答需要思考等,这时采用电子邮件采访就可以有效地解决这一问题。电子邮件有效地突破了时空的限制,时效性也能够得到保证。

(三)QQ采访

由于采访范围的全球性以及实地采访的某些困难,记者不得不运用QQ进

---

① http://my.newssc.org/china/system/2009/08/13/000489704.html,略有删改。

行采访。这种采访形式没有面对面交流的尴尬,过程很流畅,采用一问一答的方式,而且它比电子邮件快捷,问答同步。有时为保证新闻的真实性,还可以进行视频采访,这样在网络的虚拟空间里也实现了面对面采访,而且还避免了采访对象面对记者时的拘谨。这种方式为越来越多的网站、记者所采用。编辑把网站的邮箱或 QQ 号码公开,网友可以通过在线聊天的方式与记者交流想法或提供信息。

4.电话采访

现代社会电话几乎覆盖了世界的每个角落,在网络受限或时间紧迫的情况下,记者可以通过电话采访报道新闻。这种采访给人留下的印象是新颖、活泼、生动真实。如中央电视台《新闻联播》中常常使用与前方记者"连线"的方式报道无法进行现场直播的突发事件。

【特别提示】

无论是隐性采访还是显性采访,都要视具体情况而定,各种方式交替使用,取长补短。另外,记者要始终坚持正确的方法论和价值观,这样在采访过程中才能把握好度,使自身与采访对象和谐相处,保证采访的顺利进行。

【新媒体链接】

我用 QQ 采访维和官兵[①]

吃过晚饭后,我换上便装,走进驻地附近的一家网吧。

开机,输入用户名和密码,登录 QQ。此时,驻黎巴嫩中国维和工兵营政工组长李春年已经按邮件里约定的时间在线等候接受我的采访。这是我又一次在网上用 QQ 采访远在万里之外的驻黎巴嫩中国维和官兵。

去年 3 月底,由我所在部队的工兵部队为主组建的中国维和工兵营,前往中东地区参加维和行动。临出发前,经报请领导同意,我与政工组长李春年约定:一旦有什么新闻或突发事件,用邮件发过来告诉我。

2006 年 7 月 12 日,黎以拉开了近十年来最大的冲突序幕,而且冲突不断升

---

① 邓忠开:《我用 QQ 采访维和官兵》,http://www.chinamil.com.cn/site1/2007ztpd/2007－02/13/content_734635.htm

级。我立即以电子邮件方式与李春年联系,他及时给我回复邮件介绍了当时情况。

当我得知在维和部队驻地上网比较方便,而且李春年也有 QQ 号以后,我请示领导同意后立即上网申请了一个 QQ 号,并约定好在网上采访的时间。

我通过 QQ 采访李春年,他按采访提纲逐一回答问题,我则随时将他的回答复制保存下来。

一个小时过去了,两个小时过去了。我在网上通过 QQ 了解到了许多维和工兵营所发生的事。李春年还将其拍摄的图片传过来供我选择。

下线以后,我立即加班加点写稿,并把初稿通过邮件发给李春年送维和工兵营领导审查。当他把审好的稿件发过来后,我再送给部领导审阅后发稿。

没过几天,我采写的《黎以战火中的中国蓝盔部队》、《中国维和官兵亲历黎以战火》很快被《中国国防报》、《中国青年报》等报刊采用,并被包括中国军网在内的 20 余家网站转载。

首次尝到在网上采访的甜头后,我继续与李春年合作,通过 QQ 采访他和维和工兵营作战参谋唐俊,相继写出了一系列稿件。

在黎以冲突的 34 天时间里,我采写的《中国驻黎巴嫩维和工兵营从容应对黎以冲突》、《中国维和工兵亲历黎以战火》、《驻黎巴嫩维和工兵紧急出动救援》、《中国驻黎巴嫩维和工兵营执行战后排爆任务》、《中国"蓝盔"在危机四伏的黎巴嫩》等 50 余篇(幅)稿件被近 10 家报刊采用,其中,《炮火下,他们为祖国增光》在《中国青年报》头版头条刊发。

一些同行和战友看到我不时有维和部队的稿件见报,便打电话来问我:是否去黎巴嫩采访了? 我告诉他们:没有,我是通过网络采访的。

回顾我在网上用 QQ 采访维和官兵的经历,有颇多感受:部队有军人不能随便进网吧的规定。但如果出于工作需要,又经领导批准,在遵守保密纪律的情况下也能走进网吧。新闻,需要记者到现场,但在没有条件的情况下,利用网络这个平台进行远程采访也是一条路子。

第五节　新媒体采访技巧

新闻采访处于新闻传播活动的首端,没有采访就没有新闻媒体的传播活动,所以采访成为决定整个新闻传播成功与否的关键。新媒体传播的及时性、工具的数字化、内容的复合性,要求记者在采访过程中做到随机应变与及时快捷,注重多媒体在采访中的有效运用,同时充分利用网络的开放性资源,为采访做好数据和背景铺垫。

【新媒体故事】

一位年轻记者从《北京晚报》上看到一条消息,说德国人巴蒂斯所搜集的有关南京大屠杀的一些资料存放在耶鲁大学神学院,于是他通过雅虎找到了这些资料,并发现了一个专门传送巴蒂斯手记原文的站点。这位记者通过邮件与该网站联系,第二天便获得了所需信息。信息时代,计算机和网络等资源对于新闻报道的作用至关重要,它使记者看得更远,听得更清,想得更深,写得更快。①

一、及时快捷又有条不紊

在新媒体的辅助下,新闻的播出报道速度用"迅雷不及掩耳之势"来形容丝毫不为过,从事件发生到报道播出相隔时间极为短暂。记者不仅要第一时间到达现场,并要迅速进入状态。采访现场情况多变、事件复杂,记者往往来不及了解或无法了解事件的全貌,就要将获取的信息第一时间发回,不断滚动播报事件进程。因此,记者在采访中应随机应变,恰当处理好现场的各种矛盾,保证采访顺利进行。与此同时还要仔细探究事件背后的本质,整理编辑好新闻稿件,以最快的速度将稿件发回才算是成功地完成了新闻采访。

二、合理运用多媒体手段

采访中拥有多媒体数量的多少不是重点,重点是能物尽其用,有效地运用多媒体往往会达到意想不到的效果。现场采访时,记者在用眼睛观察的同时要能将观察到的新闻点用数码相机、摄影机、电脑及时记录下来。另外,当采访陷

---

① 卜卫、刘晓虹:《新闻记者的网络站使用:〈人民日报〉、新华社、〈中国日报〉记者使用计算机和互联网的报告》,《新闻传播与研究》1998 年第 3 期。

入僵局时,记者可以适当运用多媒体手段调节气氛。

三、充分利用网络开放资源

在进行网络采访时,记者要尽量最大化地利用网络资源,采访前对背景充分了解,采访后利用网络的记忆功能整理编辑资料,争取做出全面、深刻的报道。随着网络的发展和网络新闻资源的不断丰富,网络采访将在全世界的新闻界逐步盛行开来。开放的互联网为新闻工作者提供了可资开掘利用的巨大信息资源库。运用强大的搜索引擎等功能,新闻从业人员可以方便地检索到某一题材的背景资料,快速获得所需要的新闻资源。美国哥伦比亚新闻研究生院和纽约米德博格协会对全美主要传统媒体的新闻从业人员进行的有关网络媒体的一项年度调查表明,在所调查的 3400 名新闻从业人员中,将上网作为获取新闻线索进行新闻采访手段的比例,仅次于报纸记者的面对面采访和杂志记者的电话采访。[1]

【特别提示】

多媒体只是报道的一种辅助手段,所以运用要适度,一味加入图片、音视频等会削弱新闻的深度。在考虑采访的个性化与创造性时,不能忽视新闻的真实性,避免因盲目追求新颖而导致报道失真。

【新媒体链接】

犯罪团伙入侵国家级教育网站改数据制售假学历[2]

济南市公安局近日成功侦破一起新型制售假证大案。令人吃惊的是,与一般的制售假证件犯罪不同,这伙犯罪分子采取黑客攻击手段,入侵国家级教育网站和多所高校网站,篡改数据后大肆制作和销售假学历、假证书。

今年 3 月,济南市公安局接到公安部、山东省公安厅通报:1 月 8 日,一个国家级教育网站的成绩查询系统出现异常,国家计算机二级和公共英语三级的考试数据成绩出现网上查询的成绩与实际考试结果不符,部分不合格人员和未报名参加考试人员经查询显示为合格人员,部分涉嫌网上办理假学历的犯罪嫌疑

---

① 李希光主编:《网络记者》,中国三峡出版社 2000 年版,第 101 页。

② http://www.chinanews.com.cn/edu/news/2010/06－27/2365497.shtml,略有删改。

人位于济南。

接到通报后,济南市公安局局长刘杰高度重视,立即指挥抽调精干网监民警全力展开案件侦查,抓获 6 名主要犯罪嫌疑人,共缴获赃款 50 余万元,扣押作案用电脑十余台。

"与以往假证制售多采取私刻教育部门或高校公章,私自加盖不同,这一犯罪团伙利用黑客手段直接入侵教育部门和高校的正规网站,按照个人和教育培训机构提供的信息数据,在网站后台数据库添加不存在的学历和证书信息。披上高科技'外衣'的假证制售,隐蔽性很强,给打击防范带来很大难度。"逄建说。

黑客吴某就是整个犯罪实施的重要一环。据济南公安机关审查,吴某利用自己掌握的计算机技术,多方攻击存储学历和各种证书信息的教育部门、高校网站,寻找到网站平台内部的细小漏洞,进入网站后台数据库中,直接向里面添加买家要求的各种学历数据,并从中收取佣金。

经公安机关查明,从 2009 年 11 月份至今,吴某先后攻击"陕西招生考试信息网"、"江南大学网络教育学院"等网站,向网站数据库添加公共英语三级、计算机二级、自考等各类信息 2200 余条,每条提成 20 元至 80 元不等,共获利 10 万余元。

专家建议,各级教育主管部门和高校应提高防范意识,实时更新升级网站防护系统,及时发现并堵塞网络平台漏洞,增强防入侵能力,提高数据库的安全性。同时,有关部门应加强力量部署,加大对传播黑客技术、利用黑客技术犯罪等高科技犯罪的打击力度,严肃追究犯罪分子的刑事责任,维护网络安全。

随着互联网应用的普及,带有网络"科技含量"的犯罪现象也逐渐增多。在采访这类新闻的时候,除了听取公安机关的情况介绍外,还需要了解黑客操作的原理,观察被黑网站的数据安全状况,与刊登欺骗信息的人进行联系,以及请有关专家提出防范对策和建议,等等。这一系列采访活动,需要编辑记者对网络的基本应用有一定程度的认识和了解。采访知识的储备可以通过网络完成,甚至局部采访活动也可以通过网络实施。

【思考练习】

1. 新媒体采访有别于传统采访的特点有哪些?
2. 新媒体采访对记者有哪些要求?
3. 新媒体采访有哪些途径和工具可以利用?

第三章
网络媒体编辑

【学习导引】

　　网络媒体作为新媒体的滥觞,虽然正受到新兴传播模式的巨大影响,但它至今仍然是用户访问量最大、提供信息最多、表现手段最丰富的一种媒介。网络媒体的信息采编知识与技能,是新媒体从业者进阶的基础。

　　网络编辑最基本的素养,是对新闻(信息)价值的判断能力。其工作性质一言以蔽之,即根据所在媒体的定位和特色,从海量信息中筛选出合适的内容,根据其新闻价值排序决定其编发方式。判断新闻价值,网络与传统媒体并无大的差异,仍然主要依据时效性、重要性、接近性、显著性和趣味性等要素予以判定。新闻素养是一个长期培养和积累的过程,另有专门的课程解读,本教材不做过多叙述,仅着重讲解新媒体编辑的具体实务。

第一节　文本编辑

【学习导引】

　　文本编辑在网络新闻编辑中的地位极为重要。严格说来,这项工作囊括了网络新闻编辑工作的大部分内容。一般人理解,网络编辑多数情况下无非是在做搬运工的工作。但是简单的复制粘贴,其实早已不能满足网络媒体竞争发展的需要。鉴于目前网络文本主要源于平面媒体,而平面媒体文本又不符合网络传播要求这样一个现实,文本的网络化加工就成为网络编辑的必修课。网络文本编辑主要包括标题拟定、提要制作以及文本主体修改等。

【知识目标】

了解网络文本的基本特征,掌握网络文本编辑的基本要求。

【能力目标】

掌握网络文本编辑的基本技能。

一、标题拟定技巧

网络新闻标题的重要性,随着网络技术的日趋发展得以彰显。网络媒体图、文、声、像兼备的优势以及信息的海量化,对传统媒体造成了极大的冲击。然而,这样的情况有利也有弊。对于网络新闻编辑来说,消息的条数太多了,展示起来就不容易安排;网络新闻太过庞杂,读者也很难做到条条新闻都关注,很难分清楚什么才是自己最想得到的信息。因此,这就需要网络新闻编辑对标题进行加工,尽可能让受众看到标题就能对文章内容知晓大概。一个好的标题会吸引受众点击链接,索取下一层新闻内容,而不好的标题则是新闻内容展示的直接障碍。因此,标题是否具有新颖性和创造性,事关整个新闻文本乃至专栏与网站的前途和命运,其重要性超过以往任何媒体的新闻标题。

(一)网络新闻标题的形态与分类

在网络新闻中,大多数网站基本上采用的是"目录列表"的形式,将网络新闻标题排列在固定的板块上。但是,不同的板块和新闻,要求有不同的标题类型。下面简单介绍一些比较常用的网络新闻标题类型。

1. 单行题

单行题在网络上的表现方式又分为一段题和多段题两种:

(1)一段题,即用简洁的一句话来概括、表述新闻事实。一段题被广泛运用在各大新闻网站中,是一种最常见的网络新闻标题形态。例如《我国西沙群岛旅游即将对普通游客开放》和《温家宝抵达东京开始对日本进行正式访问》。

从以上举例我们可以看出,一段题要求简洁明了,直奔主题。也就是说,标题要直接点明事实。但是,其缺点也很明显,由于一段题字数受到限制,因此必然要高度概括。如此一来,有时候甚至需要舍弃一些主要甚至很关键的新闻事实。因此,容易出现以偏概全、突出一点不及其余的弊端。

(2)两段题或者多段题,就是利用多段标题并列一行,中间一般用空格隔开,以更完整地表述新闻的内容。多段题一般采用"主题＋副题＋背景(专题或评论入口)"的结构,主题概括揭示内容,副题进行补充、说明或者链接评论与专题等。如《美校园枪击案嫌犯疑曾遭开除 细节:人质被排成排枪杀》。

多段题还有一种类型,就是将多个单行标题并列放在一行,即一行多题。各段题既可以是同一主题的相关新闻,也可以是不同主题的新闻。这样做的目的,一是便于受众浏览新闻,二是能够避免某些标题过短,影响版面的整齐与美观。例如《南京明天公祭抗日外交九烈士 微博关注 清明节专题》。

2.标题＋内容摘要

一段题由于字数限制通常很难将新闻关键内容概括完全,不能完全展示新闻最吸引人的亮点,而两段题又显繁琐,不利于网络用户的快速浏览。因此,部分网站开始采用"标题＋内容摘要"的方式来弥补单行标题的不足,以求提供更多丰富的浏览体验。内容摘要可以突出、补充和支撑标题,能够有效地吸引读者阅读,弥补和完善网络新闻传播因题文分离而陷入的弱势情境。这一形式可使用户在只浏览主页及各分类新闻主页的情况下,就能对当日要闻要点有大致的了解。

3.新闻标题集群

所谓新闻标题集群,是围绕某个主题或事件,在一个大标题统率下,由多种传播符号(文字、图片、影像、声音等)构成,即时滚动播出多个存在相互关联的新闻小标题的集合,形成强势发布效果。但这种形式仅适于表现重大题材,选题要具备重要性、显著性,题材层次要丰富,传播符号多样化,才不致单薄或者虚张声势。

这种特殊类型,一般出现在网站新闻页面的显要位置,标题集群的小标题一般是加"[]"标志,在一些网站也采用"大字号标题＋小字号标题"形式。通常来说,"小字号标题"一般是副题,"大字号标题"是主题。例如,5月12日,四川发生特大地震之后,关于四川救灾的网络新闻报道,许多网站都用这种标题集群类型,用大标题将新闻事件发展过程中最新、最重要的事实突出,用简洁明了的关键字统率多个新闻小标题,将不同的新闻事件有机地整合在一起,充分展现新闻事件的动态性和新闻事件间的相关性。例如新浪网新闻中心2008年5月27日发布的一则标题集群:

文家坝堰塞湖放水泄洪

最新：[施工武警称唐家山堰塞湖暂不实施爆破近日不会泄洪]

[唐家山堰塞湖已疏散逾 7 万人 卫生部正在介绍灾区防疫]

救援：[茂县至马尔康公交车开通][日救援队称回国后心情沉重]

[水利部：正监控 1000 多座震损水库 堰塞湖编制除险方案]

灾情：[什邡粮食只有 5 天储备 专家称地震将影响黄河流域降水]

重建：[震区恢复生活秩序 甘肃首所抗震小学将建成心理救助]

急需：[衣物棉被医药用品帐篷食品餐具 车辆及重工机械]

(二)网络新闻标题制作要求

网络新闻标题的一个显著特征是题文分开,因此要求将新闻事实或者观点直接融入其中,使得新闻标题具有"导航"的作用。标题的出现先于内容,阅读者首先接触的仅仅是标题。若一则新闻的标题没有做好,即使内容再好,也是吸引不了读者的。因此在形式上,网络标题需要遵循以下规律:

1.尽可能制作实题,简洁明快,突出整个新闻的核心要素

一个好的网络新闻标题应该力争第一印象就能够抓住读者,进而引导他完成整个阅读过程。网络新闻标题更需要的是一针见血,点出新闻最核心的要素。如果能够强调新闻中最新的变动,揭示变动中所蕴涵的最本质意义,旗帜鲜明地亮出观点,把最精彩、最吸引人的东西展示出来,就能吸引受众的眼球。

2.抓住受众心理,选好角度,突出核心要素

与传统媒体编辑一样,选择角度是制作网络新闻标题的一个基本要求。网络编辑应从受众最关心的问题入手,选择好视角,引导受众深入阅读。

3.注意关键词的使用

在现代信息传播中,搜索引擎是人们最常用的一种网络信息检索功能。从关注度来看,越是热门的话题,受到的关注度就会越高,也就越容易在搜索引擎中出现。在当前信息爆炸的环境下,利用搜索引擎检索关键词成为一个常用的选择。如果关键词没有选择好,将不利于搜索引擎的捕捉,从而影响网站的浏览量。因此编辑需要随时关注各大搜索引擎关键词的分类标准以及热词排行榜变化,以便随时加以修正和调整。

4.树立超链接意识,善打"组合拳"

网络媒体具有一大优势,就是在同一页面上能够实现多媒体的融合。这是传统媒体所不能媲美的。但是,倘若网络编辑沿用"来料加工"单修改标题的做法,将会失去网络新闻的这一优势。因此,编辑应具备超链接意识,把层次复杂的新闻报道变为多标题组合的短新闻。

5.树立网络新闻专题意识

新闻专题是对某个关注程度较高或持续时间较长的新闻事件、人物、现象、问题等进行的集合式报道。与传统媒体相比,网络新闻专题具有跨时空、超文本、多媒体、容量巨大、互动传播、影响力强等特点和优势,这也是网络媒体的又一大竞争利器。尤其是新浪、搜狐、网易等商业门户网站,本身虽然不具备新闻采编资质,但在同行业竞争中非常注重新闻专题制作。

(三)网络新闻标题的形式表现

在具体制作标题的时候,可以采用一些美术手段来进行美化,最常见的是标题套色、加粗、照片图案的运用及排列形式的组合,以形成视觉冲击效果。

1.标题颜色

极少数网站会将网络新闻标题做得五彩斑斓,绝大多数网站的新闻标题是以蓝、黑、灰色系为主,间或有套红。这样做的好处是避免色彩过于花哨,做到既醒目又不刺眼。

2.图文搭配

网站可以使用图文相配合的形式制作标题,以达到吸引受众眼球的目的。以《今日美国》为例,它的主页上部通常是与一则新闻图片配发的两条醒目的新闻标题,字体粗黑,是整个页面上最突出抢眼的部分;在主页上右侧的"要闻"栏目中以及新闻主页上,各分类新闻标题字体都加粗,而且相当简洁。

3.多种元素

充分利用多媒体元素对网络新闻标题进行组合。随着网络带宽的改善,图片与视频内容越来越受关注。在标题前后标有图(或视频)标志的标题,更易吸引受众点击。各大网站的新闻标题都纷纷把多媒体(图片与音视频)标识符号组合在标题当中,以说明此条稿件配有多媒体内容,这样不仅可以对整体版面起到美化作用,还能吸引受众浏览。

(四)网络新闻标题制作禁忌

随着人们阅读需求的提高以及技术水平的发展,对网络新闻标题的制作标准和效果也提出了更高的要求。但是,不管其标准和要求如何提高,始终有两点是不会改变的,其一是题文相符,其二是突出重点。只要将这两点有机结合起来,就是一个值得推崇的标题。否则,新闻标题就偏离了既定的轨道,出现相反的效果。

1.防止出现标题制作类型化

新闻标题的生命是真实,而标题真实的要义之一就是完整准确地传达新闻事实信息。但是,网络新闻传播中,有的编辑为了迎合一些受众的心理与趣味,借势提高新闻点击率,往往生拉硬扯地套用一些标题模式,如"史上最牛的……"出现了类型化趋势。

2.防止新闻标题娱乐化、庸俗化

网络新闻编辑对标题中新闻关键信息的弱化与次要信息的强化,导致大量题文不符现象,与网络受众娱乐化的新闻收受观念契合,大大消解了网络新闻的严肃性。事实上,当前新闻受众浏览网络新闻时往往不再以信息的真实可靠为首要关注,而是以信息的趣味性作为取舍标准的状况,也与许多网站和网络编辑有意无意地"剑走偏锋"存在密切的关系。网络新闻收受中"姑妄听之"的娱乐心态,对网络新闻的公信力是极大的伤害。

3.防止信息检索偏离化

目前,国际互联网上的大型搜索引擎一般是根据文章中的关键词进行数据库的收集与编录,因此,"重要结论前置"、"重要关键词前置"是网络新闻写作的基本要求。由于新闻标题是"重要结论"和"重要关键词"最先出现的平台,网络新闻标题往往容易最先被搜索引擎捕捉,这就意味着,网络新闻标题是信息检索者识别与查找新闻信息的最初标识。新闻标题的准确性与完整性必然关系到新闻在搜索引擎上呈现的面貌。而网络新闻"标题党"的标题制作往往违背了新闻标题制作的准确性要求,无形中增加了网络信息准确有效检索的难度,最终形成检索过程中的信息遗漏或信息冗余,造成网络信息检索的偏离化倾向。

二、文本改写技巧

粘贴、加工、组织、解读是网络新闻的四个层次。网络编辑要从提供新闻转变为提供资讯。当人们上网看新闻时,想知道的不只是所发生事件的简单介绍,而是该事件为什么重要,产生了什么影响,以及如何应对。在现有条件下,网络媒体间在信源的掌握上都是平等的,谁的后期加工解读做得好,谁就有可能赢得更多的关注。

虽然网络媒体能够提供海量信息,但在当今社会中,繁忙的工作和生活节奏使很多人很难有时间和机会能够全部识别和吸收这些信息,网络编辑必须学会运用各种新媒体技术,通过适当的筛选、策划、设计、加工,将无序的海量信息转换成有内在逻辑、易于理解和阅读的产品,以改善传播的效果。

(一)网络新闻的结构

与传统媒体不同的是,网络新闻的编辑不受版面的限制,报道的内容也具有更多的灵活性,这源于网络空间的无限容量与技术的优势。但是与此同时,网络受众也是更缺乏耐心的群体,网络新闻的文本不能照搬平面媒体的结构,而应当按照网络传播规律和网民的阅读习惯进行必要的改写。一篇完整的网络新闻报道主要包含四方面的内容:标题、内容提要、正文、相关新闻。

(二)拟写内容提要

内容提要又称为"内容大要"、"内容摘要"、"内容简介"等。在网络新闻编辑工作中,由于页面安排的原因,内容提要的作用举足轻重。读者通过阅读内容提要可以窥一斑而知全貌,了解此则新闻报道是否适合自己的需要。内容提要的形式多种多样,纵观国际国内各大新闻网站,值得学习和借鉴的主要有两种:

1.内容提要和形式

英国BBC网站在各个栏目的每条新闻标题下面都排出简短的概要,类似于报纸上常用的小标题形式。读者浏览BBC新闻时需要拖着"竖拉条"一路看下去。这样做的结果,虽然新闻网页的长度增加了,但是在标题和提要的组合作用下,信息浏览过程还算通顺和流畅。

有一些网站还采用了"弹出式标签"技术,当鼠标滑过某条新闻标题时弹出文字框显示该条新闻提要,移开鼠标后自动消失。这样既节省了页面空间,同时读者也无须点击就能知晓此条新闻的大概内容。

2.内容提要拟写原则

(1)抓住文章内容实质,概括全面、准确。要用凝练的语言将稿件中的主要信息或观点概括出来,使读者可以迅速地把握稿件的主要内容。对于以传达新闻信息为主的稿件来说,就是要明确涵盖新闻的五个要素。

(2)概括精准,切忌歪曲或夸大。内容提要旨在帮助受众尽快了解信息梗概,以吸引用户继续关注,但是不能因此而操之过急,使提要与正文不符。

(3)要文字精练,简洁明了,字数一般在300字以内。

(三)正文的修改

由于网络新闻从业者大多数都未经过专业训练,素质参差不齐,文字稿件的错误比比皆是,因此,修改文字稿件是网络编辑的一项重要工作。

1.文字稿件的常见问题

(1)辞章性错误,如错别字、标点符号、语法错误等。

(2)结构性问题。消息的结构性比较明显,常见的结构有倒金字塔式、沙漏式以及按逻辑顺序组织材料。由于消息的结构非常严谨,不容许出现错误,因此,一旦遇到结构性错误,编辑就应该对其进行相应的修改。

(3)知识性错误,如诗词引用错误,历史事件与历史人物、科学名称引用错误等。

(4)事实性错误。各类稿件中涉及的任何事实,包括细节都必须真实无误。编辑可以通过调查核实或分析推理等手段,对稿件中涉及的事实的真实性及准确性做出判断,改正事实性错误。

(5)观点性错误。新闻报道是客观与主观相结合的产物,报道中少不了记者的观点,但观点的判断是否正确需要做出认真的斟酌。

2.修改文字稿件的常见方法及手段

在厘清文字稿件中经常遇到的问题和错误后,我们便可有的放矢地对其做出修改。包括:修改文字稿件中的错别字,语法错误(常见的语法错误有用词错误、搭配不当、指代不明、成分残缺、成分赘余、句式杂糅、词语位置不当、数量表达混乱等),标点符号错误,注意稿件中的单位与数字使用,校正稿件中的逻辑错误(包括由错误的数字等带来的逻辑错误、由错误的因果关系带来的逻辑问题、由表达方式带来的逻辑问题),发现稿件中的知识性错误(常见的有概念或用词上的错误、夹带出现的错误、相似性带来的错误、成语或固定说法引用差错等)，审查稿件中的事实性错误。

从总体上来看，修改稿件可以采用"绝对性修改"和"相对性修改"两种方式。绝对性修改是指在原稿中的确存在着观点、事实、辞章等方面的错误，网络新闻编辑的任务就是要发现并改正这些错误。相对性修改是稿件本身没有太大缺陷，但是在篇幅、角度等方面与网站的定位、要求存在一定的距离，或者不完全符合网络新闻传播的要求，需要通过对稿件角度、内容等进行调整，使之更符合网站的传播目标，适应网络传播的特点。

3.修改文字稿件的步骤

具体来说，稿件修改又包括稿件的改正、增补、改写、加工以及补充等步骤。

对于文字稿件的改正，最常用的是替代法，即用正确的替代错误的。还有一种则是删除法。道理很简单，就是把有问题的内容删掉。尤其要注意的是，我们在修改文字稿件时，经常会发现其中有不少抒情和议论成分。从新闻理论上来说，这些内容将会影响到信息的客观性。如果我们觉得文中的确存在这样的问题，就应该将其删除。当然，还有一些内容也许涉及国家机密，也应删除。在删除过程中如果影响到内容，则可以采用替代法，将某些内容用一种委婉隐蔽的语言来表达。

关于文字稿件的增补，主要是指对于稿件中所缺乏的一些信息内容进行补充，增补内容包括资料和背景材料。例如，对于一些重大新闻的背景，我们在编辑时应该对其有所交代，以免遗漏；对于一些受众不明白的概念和科学名词，应该加以适当注释，如直接加入文字内容或者添加超链接。资料的增补有助于加强受众对于新闻事件的理解，使受众能够全面了解事件的发生、发展过程。

对于文字稿件的改写，可以根据网站的特殊需要，对稿件从篇幅和角度等方面做出调整。如果篇幅太长，显得比较累赘，这时，我们就要对文字稿件进行缩减。如果是按照倒金字塔结构撰写的稿件，可以从后面开始删除，直到满足要求。如果不是严格按照倒金字塔结构的，则可以把累赘的内容删掉，留下最有价值的部分。当然，我们在修改文字稿件时，也不是一成不变的，更不是必须完全按照原创者的思路进行，编辑可以改变角度，在尊重素材的基础上进行裁剪，重新确定从什么角度来传达信息。

(四)文字稿件修改的原则

严格地说，没有经过编辑加工处理的新闻稿件只能是原材料，只有经过编辑精心整理后的稿件,才能真正算得上新闻产品,这时也才能进入传播领域。不管是传统媒体还是新媒体,编辑最日常的业务就是对来稿进行整理和修改。一般来说,网络新闻的编辑与传统媒体的编辑在修改文字稿件上并没有多大的区别。编辑对稿件的加工主要包括对新闻事实的核实、订正,对思想政治上的差错的校正,对文字的修改和对辞章的修饰,等等。

然而,与传统媒体不一样的是,网络新闻具有"全时化"的特点,编辑任务比较繁重,一些未经认真整理的文字稿件仓促地进入新闻传播领域,漏洞百出、惨不忍睹的现象是屡见不鲜的。这就要求网络编辑不仅要熟练掌握和运用计算机和多媒体技术,同时在文字编辑上也要有比较高的造诣。修改文字稿件除了运用恰当的方法和程序,还要注意一些基本原则。

1. 全局着眼

从全局出发,才能居高临下,把握稿件的主题,分清稿件的主要事实、次要事实及相关与无关的材料,从而运筹帷幄,合理安排材料,更好地表现主题,突出主题。局部再好、再生动,如果脱离了全局,与主题无关,也要忍痛割爱,将其内容删除。

2. 内容服务至上原则

一个网站赖以生存的基本条件,就是所提供的内容一定要符合受众的需求。否则,一切都是枉谈。因此,不管我们采用什么样的表现形式,对网页的设计要求如何高,这些都是为内容服务的。虽然形式对内容具有能动作用,也许可以增强或削弱内容的效果,但最终获得受众的认可,更多地取决于内容的重要性、权威性、丰富性。

3. 尊重稿件的基本事实与风格

一般来说,一篇新闻报道是作者在采访了一定的人和事,获得了第一手材料的基础上完成的。就是说,作者比编辑更了解实际情况,更接近事实的真相。因此,编辑要尊重稿件所写的事实。尽管我们刚才说到,编辑在修改文字稿件时,可以对其进行一定程度的角度改变,也可以运用分析法、核对法或调查法去校正、删节,但不能任意改变或增加事实,更不能拔高、歪曲客观事实。

与此同时,编辑还应尊重作者的写作风格。作者写稿件都有自己的思路,有的严谨,有的疏放,有的简约,有的丰满,只要是健康的、有利于内容表现的风格,都应加以保护,不可要求都统一为一种风格。

4. 不能违反语言规范

媒体是一种大众传播工具，不同地区、不同民族、不同阶层的人都能阅读。因此可以这么说，媒体同样担负着推广社会规范语言的职责，以使大家的交流没有障碍。编辑首先要以现代汉语为行文标准，少用古汉语、英文；必须使用生冷语言时，应该对其加以适当注释，以适应广泛的读者阅读。其次是推广普通话。编辑在修饰文字时有必要把一些生僻难懂的文言和地方语改为现代汉语和普通话，否则，读者阅读起来很不方便。

5. 注意新生语言的应用

在网络高度发达的今天，新生语言层出不穷。就拿近年来出现的网络语言来说，"犀利哥"、"凤姐"、"豆你玩"、"蒜你狠"等等词汇随处可见，对于媒体来说，这些网络语言的意义是比较生动丰富的，适当选用流行的时代语言来传播新闻信息，不仅可以领风气之先，同时能激发受众的兴趣。但是编辑在选用时要把握一个度，不可滥用。

(五)相关新闻的选取与组合

添加相关新闻是丰富网站内容、聚合网络新闻的又一大法宝。如果在文章里能够自然地融入一些关键词，合理分布好相关新闻的密度和深度，对网站吸引读者的作用是非常大的。制作相关新闻的具体原则有以下两个方面：

第一，添加内容时必须和自己优化的关键词密切相关。例如《成都今起水价上涨 油价下跌》，这其中物品、价格、地名等关键词都要尽可能包含在相关新闻里面。同时应注意关键词的密度与分布。

第二，在制作相关新闻时，要考虑到用户对页面阅读和理解的需要，绝不能简单堆砌关键词，而应合理、自然地把关键词融入文章描述当中。至于简单与复杂，则要依文章内容而定，并不是每一条新闻都需要设置相关新闻的。

从技术层面来看，各大网站的新闻发布后台都有很大的改进，使用起来相当方便。在其编辑平台上，不仅设置了内容对话框，同时也设置了"关键词"、"相关新闻"等对话框，编辑只需要在对话框中加入与文章内容相关的字词，系统即会自动生成标题含有该字词的相关新闻。

第二节　图片编辑

【学习导引】

图片在网上出现的频率仅次于文字,许多网站还专门设置了图片频道。在日常编辑实践中,网络编辑发现,在同等条件下,通常带有(图)标识的新闻标题,其点击及被转载率高于不带标识的标题。尤其在"眼球资源"稀缺的网络时代,图片引起受众关注的作用更加凸显。图片编辑是网络编辑的一项重要技能。图像选择和编辑水平,直接关系到整个网页的外观设计及传播效果。

【知识目标】

了解新媒体图片的特性与图片编辑的基本要求。

【能力目标】

树立新媒体图片鉴别意识,掌握网络图片选用与编辑的技巧。

一、新媒体图片的特性与编辑要求

(一)新闻图片

新闻图片的价值,主要根据其特征和性质来判定:

1.新闻性

新闻图片本身就是新闻。尽管其呈现给读者的仅仅是一幅画面,而不是清晰的文本,但其所传达的信息完全符合新闻要素的要求。在选择新闻图片的时候,首先要确认的是这幅图片是否具有新闻价值,没有新闻价值的图片就不能放置到新闻频道或者栏目里,也不能使用在新闻稿件中。图片的新闻价值,主要看时间、地点、起因、经过、结果等信息在图片中体现出来的状况,同时要看是否具有时效性。新闻图片与一般的艺术图片不同,对时效性的要求比较高。

2. 真实性

众所周知,新闻图片是现场拍摄得来的。随着科学技术的发展,尤其是数码产品的应用和电脑的普及,越来越多的人能够运用"PS"等手段,通过加工、合成等方式制造大量假图片,一度使假新闻泛滥。我们可以从近年来发生的假新闻图片事件中窥见一斑。因此,在编辑新闻图片时,要求网络编辑不断提高鉴别水平,防止出现假新闻图片。

3. 形象性

与文字新闻不同,新闻图片具有很直观的形象性,能够将事件现场、人物特征等一览无遗地呈现给受众,从而带来很强的视觉冲击力。一幅要素齐全的新闻图片能够把新闻中的人和物生动地展现出来,比如人的表情、物的状态等等。读者通过浏览新闻图片,不仅能够了解到有关图片所透露出的信息,同时还能有一种"参与其间"的感受。这种形象性是文字新闻难以表达出来的。在编辑图片新闻时,需要对画面信息进行分析,挑选最有表现力的图片。

(二)非新闻类图片

非新闻类图片,如人文景观、自然风光、人像写真等,是对新闻图片的重要补充,可以增加媒体内容的趣味性与吸引力,主要考虑其观赏性。

二、新媒体图片编辑技巧

新闻图片是传播新闻信息的一种重要形式。20世纪90年代,我国报界提出"图文并茂,两翼齐飞"的要求后,新闻图片开始大量地占据报纸版面,图片编辑的工作任务随之大大增加。随着新媒体的发展,新闻图片的编辑在传统媒体的基础上又有了新的要求。

(一)新闻图片在新媒体中的作用

1. 报道性作用

新闻图片具有再现新闻现场、记录真实瞬间的作用,能以文字新闻报道所不具备的非语言符号,形象再现新闻发生现场的细节,使读者得以直观、全面、真实地看到事物的全貌。

2. 证明性作用

新闻图片对于新闻资源的充分挖掘,对提高新闻报道的可信度具有重要意义。一般来说,配发新闻图片的文字新闻报道更具有可信性。

3.补充性作用

在网络新闻编辑中,常常会用到图表、示意图、地图、漫画等元素,统计和描绘新闻报道中的某些内容,相比枯燥的文字表述更容易让人理解。

4.美化性作用

在网络新闻编辑中,尤其是在网络新闻专题的策划与制作中,新闻图片的美化性作用非常突出。除内容要求之外还有对版面的要求,具有较强视觉冲击力的图片更容易引起受众的兴趣,最终获取网站所需要的点击率。

(二)新闻图片的选用标准

1.新闻性标准

新闻图片应最大限度地追求照片的新闻信息量。

图 3-1 2009 年 10 月 25 日,法国马赛,球迷躲避警察发射的催泪弹 新华社/法新社

2.真实性标准

新闻图片应符合事实以及人物的本来面目,应拍摄人物在特定环境中自然流露的瞬间神情,避免受"导演"、"摆拍"等因素的影响。

3.直接性标准

新闻图片应直接来自现实生活和新闻事件发生现场,并直接呈现给受众,除了对无关紧要的内容进行局部裁剪、对图片大小进行压缩外,不能更换主题,更不能"偷梁换柱"。

4.及时性标准

新闻摄影同样是对新近或正在发生的事实的报道,因此必须注重其时效性。

图 3-2 2005 年 10 月 25 日,上海选手刘翔在第十一届
全运会男子 110 米栏决赛中 新华社记者 摄

5.质量标准

从新闻摄影的技术层面上来说,一般要选择成像清晰、曝光准确、反差适中、构图合理、富有新意、主体突出、色彩还原正确的作品。

(三)非新闻类图片的选择

非新闻类图片,主要根据其观赏性与趣味性进行选择,同时必须重视图片的版权因素,因为非新闻类图片在版权要求上比新闻类图片更加严格。除此之外,还要考虑图像隐私、内容禁忌等,避免触犯相关法律,或者违背新闻伦理。

三、图片在网络新闻编辑中的运用实例

目前,图片在新闻网站中的运用非常广泛,针对不同的类型,新闻图片在网站上的运用又存在不同的组合。

(一)简单图文组合

这类图片运用得最多。一种是以文字为主,照片配合文字(见图3-3)。这样能够恰当地陪衬消息、烘托文字新闻的气氛,对文字内容起补充或说明的作用。这种将图片嵌入新闻页的组合,通常要避免将图片插入到新闻正文的最前面,因为图片文件搜索引擎不友好,如此放置不利于搜索引擎抓取结果的内容显示。通常来说,第一幅图片至少应放在新闻提要或者导语之后。

砍大树种小树 江西湖口225亿绿化工程遭质疑

2010年05月31日 06:52:50 来源:新京报 编辑:李志强 【字号 大小】【留言】【打印】【关闭】

近日,在江西省湖口县牛湖公路两旁,不时可见被砍掉的大树。据介绍砍掉大树是为了推进该省"一大四小"绿化工程。"一大"是指到2010年全省森林覆盖率达63%,"四小"是指县城和市府所在地、乡镇政府所在地、农村自然村、基础设施等区域改善绿化现状。记者陈宁一 摄

图3-3

还有一种类型是以图片为主,文字说明配合图片(见图3-4)。图片文字说明写作的基本要求是:解释与补充图片未能充分揭示的信息,图片中已有的信息在图片说明中无需简单重复;说明要简洁、准确,与图片的基调一致。

5月30日,在美国首都华盛顿,美国退伍军人参加一年一度的"滚雷"摩托车大游行,以纪念美国阵亡将士。 新华社记者张军 摄

图 3-4

(二)焦点新闻图片

焦点新闻图片是目前国内各大新闻网站在其首页或新闻频道的首页普遍采用的一种图片表现方式。它出现在页面的显著位置,形成页面的一个视觉中心。焦点图片是表达编辑意图、吸引受众注意力的一种重要方式(见图 3-5)。

图 3-5 世界最高的马拉松赛

选择与处理焦点新闻图片时,应突出新闻价值,同时充分考虑受众的需求;还要考虑是否具有足够的视觉冲击力,能否对整个网站起到恰当的烘托作用。

（三）新闻图片专题

由许多张照片加上相关文字构成的一个专题报道。从专题中图片的内在关系角度,可将其分为组合报道专题、图片故事等等。

在制作图片专题时,首先要做好选题策划。图片专题常针对的选题有:重大新闻事件、热点问题、人的生存状态、人与自然的关系、人文与自然景观等。其中,重大新闻事件或热点问题是各个媒体都会关注的题材。在制作图片专题时应尽量避免同质化竞争,尽量体现符合自身网站的定位。这类题材的策划需要思维更加发散,视野更加开阔。同时还要适当安排内容结构,尽量将全景、中景、近景、肖像、关系照片、典型的瞬间、过程照片、结论性照片等结合起来展现。

在制作新闻图片或图片专题时,图片说明的使用至关重要,符合图片主题的说明能起到积极作用,相反,则起到消极作用。因此,精心配写图片说明,是对每一个网络新闻编辑的一项基本要求。图片专题中的文字说明可用来解释照片中难以表现的思想、情节和背景材料,体现主题的深度、广度等。

再有,在网络图片专题策划与制作时,还需要强化版面设计。新闻网站中,大多数图片专题都没有固定的版面设计模式,因此在加强学习的同时,应注重审美性和创新性。

（四）图片幻灯

这是网络新闻编辑中的一种特有形式,也是其他传统媒体实现不了的呈现方式。主要是运用 FLASH 等技术将图片组装成一个可连续播放的单元,能起到丰富页面的作用。随着网络带宽的改善,高清图片更多地被运用到图片幻灯中,带来更具震撼力的效果。

四、特别注意

（一）新闻图片造假

纵观近年来出现的新闻照片造假事件,其产生的最直接、最主要的原因是利益的引诱。一张照片若能够获得国内甚至国际摄影比赛的大奖,给作者带来的直接好处太多。这是不少人前赴后继地制造假新闻图片的原因之一。

其二是造假成本低。数字技术令新闻摄影的工作重心发生了转移,使新闻摄影的操作难度得以降低。数字摄影时代,摄影记者按下快门仅仅意味着获取这张新闻图片的开始,图片的曝光、色温、明暗对比度、裁剪等都可以通过特定的计算机软件进行后期调整。这也使从事新闻摄影前期拍摄的技术难度大大降低。全新的数字技术,使以往复杂的事情一下子变得简单,轻而易举地便可以在电脑上加工制作出一幅完美的照片来。

其三是媒体间的激烈竞争。媒体间激烈的竞争使得各媒体不得不持续地制造卖点。有时候原创新闻图片很难达到完美的效果,网络新闻编辑便通过软件对其进行造假来实现。

因此,一名称职的网络新闻编辑,在制作和处理新闻图片时,必须坚守真实性原则。从拍摄者的角度来讲,一定要严格控制摄影技术技法的运用,不用"技术技法"造假,不对原始数据做任何有悖真实的改动。从社会层面来讲,对假照片一定要形成"过街老鼠,人人喊打"的局面,一经发现定要严肃处理,决不手软,令造假者面对沉重的造假成本望而却步。同时应制定相应的技术规范和标准加以防范。一方面可以运用类似于微软浏览器中关于网站内容分级的软件,对网上的新闻照片进行可信度分级;另一方面还可以利用一些程序,对收到的经过电脑处理的照片进行过滤和提示,帮助鉴别图片的真伪。

(二)血腥、恐怖、暴力图片

2004 年 6 月,国内部分电视台播放了未经处理的美国卡车司机被伊恐怖分子斩首的全过程。第二天,《北京青年报》的头版及第三版分别刊登了该卡车司机身首分离的照片,照片中卡车司机的头颅被置于他的背上。与该照片同时刊发的还有被害人妻子痛哭流涕的照片。

1963 年 6 月 11 日,美联社从西贡发回一张少见的触目惊心的照片:一位73 岁的佛教徒坐在西贡街上,把汽油浇在自己身上,安详地擦着火柴把自己点燃,以自焚来抗议当时的南越政权。摄影记者去拍了照,照片显示这位老人端坐在地上,熊熊的火焰在他周身燃烧,吞噬着他,已经发焦的躯体清晰可辨。对于这张令人震惊的照片,当时全美各报编辑反应不一。《纽约时报》的特纳·卡特雷奇说:"毫无疑问,这张佛教徒自焚的照片是一张了不起的照片,远远超过一般的新闻照片。然而,在这张照片发来的那天,《纽约时报》的值班编辑们一致决定不用它。理由是这张照片有点恐怖,多年来我们一直遵循阿道夫·奥克斯的一句老格言:《纽约时报》上的东西都应适合早餐桌上的气氛。而这张照片,我们的编辑觉得不符合这一格言。"而另一家报纸《施里夫波特时报》的立场更是明确:"难道早餐食品是橘子汁和烤佛教徒吗?"

之所以屡屡出现这样的现象,一是由于社会发展中各种冲突和突发事件的增多;二是由于媒体政策的放开,媒体数量的增多,报道信息量的增大,市场竞争短期利益的驱使。有的媒体在求生存、谋发展的过程中,需要在市场竞争中不断地凸显自己,以吸引受众的注意,获得更多的关注。而且,由于我国新闻职业道德规范不完善,记者编辑队伍的素质良莠不齐,有些自律意识不强的媒体可能使用血腥、恐怖的图片来吸引眼球,寻求短期利益。

第三节　音频编辑

【学习导引】

以互联网和手机为代表的新媒体出现在人们的生活中后,音频的传播范围更加扩大了,新媒体音频一改传统媒体音频转瞬即逝、不易保存的特点,使受众可以随时随地选择收听,音频的普及率和使用率都有了极大的提升。但是在新媒体音频大量发展的同时,也带来了音频低俗化的问题。因此,有必要了解新媒体音频的特点、要求,掌握如何编辑新媒体音频,这应是当代大学生的一门必修课。

【知识目标】

掌握新媒体音频的知识、特征和编辑要求;了解音频流媒体技术。

【能力目标】

掌握网络音频编辑的一般技能。

一、新媒体音频的基本特征

(一)音频的概念

我们每天都会听到许许多多的声音,这些声音都是由空气的振动所产生的。当空气振动所产生的频带在 $300\mathrm{Hz}\sim3400\mathrm{Hz}$ 之间时,就会产生人耳所能听见的声音。如果这些声音被储存在媒体文件中并转化为数字信号或模拟信号，再在媒体中进行播放，声音文件就被我们称之为音频。

最早的音频使用于广播媒体之中。广播音频传播的迅速性和强烈的感染力使其得到迅速发展，随后电影、电视媒体相继引入了音频，音频技术得到了广泛的应用。现在大部分的媒体都在使用音频。纸质媒体的未来替代品——电子报纸，也有可能会在其中加入音频。

（二）新媒体音频的内容

新媒体中存在着大量的音频，单就音频的内容来说，与传统媒体的音频有着很大的相似性，大致可以分为资讯类音频、音乐类音频、读物类音频等。

（三）新媒体音频的基本特征

1.随意性播出

新媒体音频一般采取的方式是即点即播。传统媒体的音频通常采取的是顺序播放，受众在收听音频的时候只能够即时顺序收听，基本无法进行选择。与此相反，新媒体的音频一般没有一个固定的播放顺序，而是按照音频文件的内容进行划分，然后由受众自由地选择收听，受众通常按照自己的喜好进行选择，不必像传统媒体一样要在固定的时间进行收听。

2.声情并茂，感染性强

音频最大的特点就在于具有极强的感染力，除了音频本身的内容，更传达出一种情感与想象力。语言学家说过，我们所说的内容只传达出30%的信息，剩下70%的信息依靠说话时的语气和其他因素表现出来。而音频中多种元素的运用也使得音频信息更加丰富，充满了感染力。美国著名的广播剧《大战火星人》就由于感染力过强而导致全美范围内出现恐慌，不少听众打电话到警察局询问下一步该怎么做，整个美国陷入一片惊恐的状态，最后不得不由电台反复中断广播剧播出，提醒大家这一切都是假的。虽然现在的媒介环境发生了变化，已经不可能出现这样的状况，但音频的强烈感染力和带给人的想象空间依然存在。随着媒体的发展，新媒体音频声情并茂、感染力强的特点越发显得突出。

3.保存性好

新媒体音频的保存性优于一般传统媒体的音频。在传统媒体上听到的音频一般都是转瞬即逝的,如果没有记录工具无法进行保存,想要再次收听通常比较麻烦。而新媒体的音频则要方便得多,受众可以收藏音频播放的页面,也可以直接下载音频内容,现在流行的 MP3 音乐的下载就极大地方便了受众对自己喜欢的音乐的收藏。

4.受众范围较小,为新媒体的部分使用者

新媒体音频的受众只是新媒体受众的一部分,且使用者多选择音乐有声小说读物之类的娱乐音频,新媒体的资讯类音频很少。一些新闻类网站曾经试图推出资讯类的音频,但由于其效果很不理想,最终被取消。另外,新媒体中由于有着丰富的文字和视频,真正广泛使用新媒体音频的受众还是比较少的,新媒体的音频不如传统媒体那样有着固定的收听群体。因此新媒体音频的受众范围相对较小。

5.传播效率弱于传统媒体,内容多偏向于娱乐性

大部分人对新媒体的音频应用仅限于 MP3 的下载和收听方面,而且这种下载具有很大的随意性,对于新媒体音频的其他使用则很少。而通过新媒体音频所产生作用的广告则少之又少。

二、新媒体音频的基本要求

新媒体音频主要是指网络和手机等新媒体上的各种音频,在考虑新媒体音频的基本要求的时候,需要认识新媒体音频与传统媒体音频一个最大的不同之处在于,新媒体的音频是按需点播或预定的,而传统媒体的音频是顺序播放的。因此新媒体音频不像传统媒体的音频要求有一个很完整的结构,而是根据内容来决定音频的播放。新媒体与传统媒体的不同决定了二者音频格式的不同。

(一)要有特定的格式

与传统媒体的带播不一样,新媒体音频是以文件的形式播出的,要有特定的格式。关于音频有哪些特定的格式,将在后面讲到。

(二)音质要清晰

音频一定要保证较好的音质。音质包括三个方面:声音的音高,即音频的强度和幅度;声音的音调,即音频的频率或每秒变化的次数;声音的音色,即音频泛音或谐波成分。谈论某音频的音质好坏,主要是衡量声音的上述三方面是否达到一定的水准,即相对于某一频率或频段的音高是否具有一定的强度,并

且在要求的频率范围内、同一音量下,各频点的幅度是否均匀、均衡、饱满,频率响应曲线是否平直,声音的音准是否准确,等等。新媒体的音频大多是经过多次转换,在此过程中容易造成声音质量的损失,所以最终成形的音频要保证有一定的音质。

(三)文件尽量小

新媒体音频多是以文件的方式进行接收。在接收过程中,如果文件所占的空间过大,则会极大地影响传输效率,对于手机等新媒体,所占空间的大小甚至影响传送是否成功。

(四)避免低俗化

新媒体的发展在带来大量音频内容的同时,也不可避免地混入一些低俗甚至黄色的音频,这些都严重地违反了国家法律法规。前段时间沸沸扬扬的"中国第一声优"被捕的新闻,就是低俗、黄色内容传播所造成的。

【新媒体链接】

网络"第一声优"播读淫秽小说获刑[①]

被网友称为"中国第一声优"的女孩马某(艺名叶倩彤,播音小姐)在 2008 年被全球最大的中文有声读物网站"动听中国"招至麾下专门播读黄色小说。因在网上播读淫秽物品,马某落入法网,近日被上海徐汇法院判处有期徒刑 2 年,缓刑 2 年,并处罚金 3 万元。她所属公司的负责人龚某等人也被分别判处有期徒刑。

据了解,马某来到"动听网站"时正在大学读书,她看到了网站招聘播音员的广告,每小时 40 元的报酬让她怦然心动。因此,尽管马某发现自己所要录音的内容完全是赤裸裸的性爱描写细节以及表达叫床声音的词汇,但她最终还是接受了这份工作。而"酥人入骨"的声音很快让马某荣升为网络红人,被称为"中国第一声优"。马某前后为"动听中国"工作了近 10 个月,先后录制了《金鳞岂是池中物》等一批淫秽小说的音频。

---

① 《海峡都市报》2009 年 11 月 4 日。

三、新媒体音频的编辑技巧

（一）新媒体音频的编辑

新媒体音频的构成因素比较单一，在编辑过程中，主要是对多种声音元素进行处理，具体有几个要求。

1. 短小精悍

音频切忌冗长。在收听音频的过程中，人的精力通常是容易涣散的，如果编辑的音频内容过于冗长，受众就很难有效地获取音频中的信息，反而会导致音频传播效率的低下。因此在进行新媒体音频编辑的时候，一定要尽量使音频的长度变短，以利于受众的接受。而且这样做也是保证音频文件所占空间尽量最小化，音频质量最大化。

2. 形象生动

音频最大的优点是声音所带来的强烈的感染力和想象力。作为新媒体音频，在这一点上继承了传统媒体音频的特点，音频中的各种声音元素相互搭配，产生组合效应，能够有效地提高音频的效果。

3. 通俗易懂

新媒体音频在编辑的过程中，用语应尽量简单、口语化，应以短句为主，特别是资讯类的音频，应避免复杂的专业化名词出现。如果需要介绍比较复杂的名词，应尽量以通俗易懂的话语说明。在音频编辑的过程中，要始终记住，受众是用耳朵在听，凡是不利于受众收听的元素都要去掉。

4. 适当重复

音频的播放具有转瞬即逝的特点。尽管新媒体音频可以重复收听，也很少有受众能够在极短的时间内记住音频的所有内容。因此在音频的编辑过程中，适当的重复将有助于受众对音频信息的接受。这个原则不只适用于一般的资讯类的音频，在流行歌曲中也通常总是有两次重复。

（二）新媒体音频编辑的基本流程

1. 素材采集

在进行编辑前，需要有一定的素材，因而编辑的第一步就是要获取素材，再将这些素材导入编辑软件中。常见的编辑软件有 Cool Edit Pro, Adobe Audition 等。

2.声音编辑

对采集来作为素材的各种声音进行剪切粘贴处理,使各种零碎的素材形成规模效应,以达到编辑的效果。

3.声音特效处理

声音特效处理有转场处理和声音效果处理,例如在歌曲中可以听到的"电音"就是一种声音特效。

4.声音合成

将编辑好的声音合并生成是编辑的最后一个步骤。通常在编辑的过程中会用到多条音轨,在各条音轨上有各自的音效,经过合成之后,就可以得到一个编辑好的音频文件。

四、流媒体技术的学习与运用

流媒体技术在新媒体中是一种广泛应用的技术,下面介绍流媒体技术在新媒体中的几种应用。

(一)IPTV

IPTV 也叫交互式网络电视,但是 IPTV 不止播放视频,音频也是 IPTV 播放的一个重要内容。IPTV 利用流媒体技术通过宽带网络传输数字信号给用户。IPTV 可以采用两种不同的方式提供用户服务,组播或者广播方式和点播方式。IPTV 的一个明显优势是基于现在互联网技术实现服务器和用户终端的连接,因此很容易同时提供现有的万联网服务,将各种音视频服务和互联网浏览、电子邮件以及多种在线信息咨询、娱乐、教育及商务功能结合在一起。

(二)无线流媒体

随着 2.5G、3G 以及超 3G 无线网络的发展,流媒体技术被广泛地应用到无线终端设备上,面向无线网络的流媒体应用对当前的编码和传输技术提出了更大的挑战。首先,相对于有线网络而言,无线网络状况更不稳定,除去网络流量所造成的传输速率的波动外,手持设备的移动速度和所在位置也会严重地影响到传输速率,因此高效的可自适应的编码技术至关重要。其次,无线信道的环境要比有线信道恶劣得多,数据的误码率也要高许多。而高压缩的码流对传输错误非常敏感,还会造成错误向后面的图像扩散,因此无线流媒体在信源和信道编码上需要很好的容错技术。尽管手机设备的运算能力越来越强,但是由于它是由电池供电的,因此编解码处理不能太复杂,并且最好能够根据用户设备的电池来调整流媒体的接收和处理,能源管理技术也是移动流媒体的一个研究热点。

(三)远程教育

互联网的使用开创了远程教育的里程碑,它促进了远程教育中的教学传递日趋现代化,这种教育形式能跨越校界、区界甚至国界。流媒体技术应用突破传统远程教育以文本为主、没有声音和视频的局限,解决了教学模式单一、交互性差的问题。教学模式的多样化体现在教师的在线直播授课和授课音视频的收听收看,学员可以有针对性地选择想要学习的章节和内容,极大地提高了学习的效率。此外,流媒体技术也使远程教育从单向通信方式发展到交互通信方式,如通过 E-mail、在线聊天、BBS 等。

(四)电子家庭

现代家庭中有越来越多的设备可以用来采集、接收、发送和播放多媒体数据。所有这些设备所收集到的多媒体数据如何在家庭网络和设备间共享,为流媒体的发展提供了一个更大的舞台,真正实现一种无所不在、随心所欲的多媒体服务,让多媒体真正地像液体一样自由流动起来。流媒体在家庭网络应用中的关键是如何使多媒体数据能够适应不同设备,如在电视和 PC 机中播放的视频可能是标清甚至是高清,但是同样的内容就可能需要经过流媒体系统有效的转换才能适合于手持设备播放。

流媒体技术作为一种新兴的、高效的媒体传输形式,在未来将会成为一种主流的媒体形式。

第四节　视频编辑

【学习导引】

"视频"这个概念的诞生可以追溯到 1925 年,苏格兰人贝尔德发明了电视。

伴随着电子媒体的不断发展,视频的应用越来越广泛,从最早的电视系统发展到现今的网络媒体、手机媒体的应用。视频的发展时间虽然不到一百年,但其对媒介以及受众的接收习惯都产生了深刻的影响。

以网络、手机为代表的新媒体的出现,极大地扩展了视频的平台,同时也改变了一般受众的收视习惯。视频制作的主角也由过去的专业媒体从业者发展到现在的普通大众。现在视频内容繁多,仅在某大型视频网站每天上传的视频就超过中国全年生产的电视剧总时长。当然目前网络视频的内容质量仍然参差不齐,视频制作显得过于随意、粗糙,因此,有必要了解新媒体视频的特点和要求,掌握新媒体视频的编辑技能,这是网络编辑的一门必修课。

【知识目标】

了解新媒体视频的基本知识、主要特征和编辑要求。

【能力目标】

建立网络视频编辑概念,熟悉网络视频内容编辑的基本标准。

【新媒体故事】

国内网络视频收看首超电视发展[①]

通过网络视频收看电视成新消费潮,且用户比重渐呈超越电视趋势,网络视频时代呼之欲出。但网络电视欲寻求长远发展,还需降低制作成本,寻求合理盈利模式。

近日,据市场研究机构益普索 Ipsos 的一份调查显示,在中国的一、二线城市当中,网络视频已较为普及,且内容观看比重渐呈超越电视的趋势,使用广度与深度在未来 1～2 年还将继续攀升。已有八成被访者目前经常用电脑观看互联网视频,其中 38％以互联网视频为主,45％观看互联网视频和观看电视的比重大体相当,相比互联网视频的受众,只有 17％还基本以观看电视为主。电脑正在逐渐取代电视成为家庭娱乐最核心的设备。

益普索 Ipsos 于 2010 年 5 月在北京、上海、广州、成都、沈阳、西安、武汉针

---

① http://tech.ifeng.com/internet/detail_2010_06_24/1665829_0.shtml

对中国市场家用电脑的应用趋势开展了此项消费者定量市场研究。调查预计，未来1～2年，网络视频的观看普及度将突破九成，而将互联网作为最主要视频内容来源的消费者占比将达到46%，将进一步挤压传统电视的收视比重。

与国内网络视频刚刚兴起的情况不同，国外的该项业务发展已十分普及，正逐渐取代电视，更深层次地融入了人们的日常生活中。据全球性互联网信息服务提供商comScore发布的2010年4月美国视频报告，该月美国共有1.78亿互联网用户观看了303亿个视频。这其中1.357亿观众在Youtube上观看130亿视频；Hulu观众平均每人观看24.7个视频，平均每人观看时长2.5小时。

从Google旗下的Doubleclick公布的全球网站4月份独立访问人数TOP1000排行榜可以看到，国内视频行业中有三家视频网站进入世界前50名。尤其是优酷网已进入该榜单的前20名，日均独立访问人数达到了8900万，日均访问量(PV)更是达到了17亿。流量甚至超过了知名网络门户搜狐。

2010年世界杯最大的不同之处是，它是第一届在各种网络上都可以流畅收看的世界杯。世界杯的到来为各大网络视频商带来了发展契机，谁能在这次世界杯期间抓住机遇，巧妙创新，吸引更多的眼球，谁将在未来几年的视频大战中掌握重要的筹码和经验。

有报告显示，截至2009年底，国内网络视频用户规模达到2.4亿。2010年视频首度超过P2P，足见目前视频网站增长势头之快。虽然中国人口基数大，视频用户所占比例不如美国，但随着互联网的逐渐普及，未来的几年，网络视频将迎来新一轮的增长高峰。

一、新媒体视频的基本特征与编辑要求

(一)新媒体视频的概念

根据视觉暂留原理，连续的静态影像变化每秒超过24帧时，人眼无法辨别单幅的静态画面，会产生平滑连续的视觉效果。将静态影像以电信号方式加以捕捉、记录、处理、储存、传送与重现的各种技术我们称之为视频。

新媒体视频主要是指网络媒体所播出的视频以及由此衍生出的网络电视视频、手机电视视频等相关媒体视频。

(二)新媒体视频的来源

新媒体视频的来源大致可以分为两类：复制视频和原创视频。

复制视频是指视频内容的采集和制作完全由传统媒体（主要是指电视媒体）完成，且视频的内容已在传统媒体上播出过。由于复制视频的时效性较差，所以新媒体对于复制视频的使用，其重点主要是放在整合各式各样的传统媒体视频，从而实现整合后$1+1＞2$的效果。

原创视频是指视频内容的采集和制作完全由网站自己或者网站的游览者完成。在大多数网站特别是新闻网站中，原创视频仍然是比较缺乏的。这一方面是因为新媒体处于发展过程中，缺乏专业的视频制作人才，另一方面也与国家广电总局对视听节目的认证许可制度有关。因此，即使是 IPTV 和手机电视这样专业的视频媒体，目前也主要将重点放在传播渠道的构建而非视频内容的生产上。

（三）新媒体视频的基本特征

相比传统媒体视频，新媒体视频具有以下特点：

1. 选择自由

与传统媒体只能进行顺序选择不同，新媒体视频的选择更加灵活。在网上一度很受欢迎的 IPTV 就是一个很好的例子。受众可以先看到频道的节目内容，根据内容来选择频道，并且在观看的过程中也可以随时回看与快进。

2. 保存性强

新媒体视频的保存性好于一般的传统媒体视频，受众可以对自己喜欢的视频进行收藏，也可以下载保存。相比于传统媒体视频转瞬即逝的不足，新媒体视频可以说是极大地方便了受众。

3. 生动形象

新媒体视频可以给人带来很强的现场感，让人亲眼见到并亲耳听到如同在自己身边一样的各种各样活生生的事物，给人以冲击力、感染力。

4. 新闻视频的时效性弱于电视

新媒体新闻的时效性很强，但新媒体视频的时效性却稍弱一些。一些重大新闻发生，新媒体往往是先以文字形式进行直播，再逐步跟进视频，而视频的主要来源也多为传统视频，尽管现在许多网站也在使用网友的原创视频，但时效仍然比较落后。造成这方面的主要原因，一是由于网站相对缺少专业的视频采编队伍，二是受网络带宽与信号覆盖的限制。

5. 对接受者有一定的要求

接受新媒体需要具备一定的工具，并且需要有一定的使用网络的能力。截至 2009 年 12 月,我国网民规模已达 3.84 亿,网民已成为一个重要群体。即使如此,中国仍有三分之二的人不会上网,可见网络的技术要求在一定程度上限制了受众的发展。

6.传播范围广,不受时空限制

借助网络,新媒体视频可以传播到世界任何一个角落。只要具备上网条件,任何人,在任何地点和任何时间都可以收看。这是传统媒体无法做到的。

7.新媒体视频具有更多的个性

传统媒体的视频由于竞争激烈,加之机构运作化相似,在视频的内容和形式上常出现同质化现象。而新媒体的视频来源广泛,加之其受限制少于传统媒体,所以新媒体视频,特别是一些原创视频十分具有个性。

8.新媒体视频的互动性强

视频的发展需要传者与受众的互动。传统媒体视频与受众的互动比较困难,以电视台为例,电视台如果想要获得受众的反馈,首先需要每月花费数十万元从专业的数据调查机构购买收视率,如果想要从中得出对视频节目的建议与看法,则需要开展受众问卷调查等一系列繁琐的工作。传统媒体视频要与受众产生互动是一件既费力又费时的事情。

与此相比,新媒体视频进行互动则简单得多。每一个收看视频的受众都会留下点击率,这样就能迅速地反映出新媒体视频的收视情况。受众在观看完视频后还可以在网页上留下自己的看法与评论,这样不仅加强了新媒体与受众的互动,更重要的是加强了受众之间的互动。对于现在一些颇有争议的新媒体视频,有人甚至说,要先看评论再看视频,这足以证明新媒体视频在互动方面的强大优势。

(四)新媒体视频与传统视频的差别

1.画面大小不一

包括网络、手机在内的新媒体,其屏幕通常都小于传统的电视。由于屏幕画面的大小不同,对视频画面清晰度的要求也不尽相同。

2.传输信号不一

新媒体的信号传输主要是依靠网络带宽,而传统媒体的信号传输则主要是依靠有线电视网络,两者的传输信号是完全不同的,决定两者传输的视频不相同。

3.机构运作不一

传统的视频媒体主要以制作视频为主,其主要经营业务也是围绕视频来做。而新媒体则包括的形式要相对多样,除视频外还有声音、文字等多种元素。

(五)新媒体视频编辑要求

1.所占空间尽量小

与传统媒体的播放方式不同,新媒体视频的播放形式多为硬盘播放,而传统媒体则多采用磁带播放。磁带播放的优点是画面清晰,缺点是播放的工序较为麻烦,且需要占用较大的空间;硬盘播放的优点是迅速快捷,缺点是在画面的质量上略有不足。

这一特点是由电脑和电视的屏幕大小决定的。电脑屏幕的尺寸一般在 15 英寸左右,而电视屏幕的尺寸通常都在 30 英寸以上。屏幕大小的不同决定了新媒体与传统媒体对画面的要求不一样。由于电脑屏幕较小,所以在清晰度上的要求小于电视,为了保证传输质量,文件要尽量小。我们注意到,新媒体视频即使采用高清技术,也要将视频分割为几个层次,以减少其所占的空间。

2.视频剪辑过程力求简单

为了方便受众观看,新媒体视频的剪辑不必像传统媒体那样严格要求节目的片头与片尾,只要能使受众迅速地了解视频内容即可。

3.保证声画同步

即传统媒体所说的"唇同步",保证画面和声音的同一性。由于在剪辑生成过程中可能会由于电脑自身问题,出现画面和声音不同步的现象,因此在生成视频后需要反复检查,以防止这种情况的发生。

4.画面清楚完整

视频画面应该尽量保证清楚而完整,以保证受众观看。

5.主体清晰,构图正确

视频画面要遵循基本的构图原则,主体位置要符合黄金分割比例。

【特别提示】

新媒体视频是传统视频方式的延伸,对新媒体视频的把握应从新媒体的特点入手。

【新媒体链接】

央企华录文化挺进网络视频业　预计 7 月正式上线[①]

经过两年多的筹划，华录文化产业公司的视频网站华录坞已于近日开始内部测试，预计 7 月初正式上线。华录坞的业务包括热播剧制作、高清播出、广告互动、电子商务、蓝光碟片、家庭影院等，旨在缔造国内首家融合电子商务业务的视频网站。

华录文化公司相关负责人透露，华录坞已与卓越、当当等国内外电子商务平台及知名商品品牌达成长期战略合作，今后，用户在观看华录坞影视节目的过程中，可通过华录坞购买影视节目中出现的心仪商品，而华录坞的在线即时互动评论功能则可以为同时观看影片的观众提供交流平台。

华录文化产业有限公司隶属于中国华录集团，后者是国务院直属管理的162 家企业中唯一立足于音视频行业的央企。有业内人士指出，目前国内民营视频公司除了要应对彼此之间的竞争外，还面临央视、上海文广、凤凰卫视、湖南广电等广电势力的挤压。如今，央企华录文化凭借着自身的影视剧资源以及"视频＋电子商务"的新模式进入网络视频领域，又让民营视频公司多了一个强大的竞争对手，无疑会拖延民营视频业的盈利步伐。

二、新媒体视频的编辑技巧

新媒体视频是由画面、声音、字幕所构成的。其中声音又可以分为同期声和配音。对新媒体视频的编辑主要就是对这三种元素进行合理的编辑组合。

【新媒体故事】

中国"播客"热：徘徊在草根与精英之间[②]

四年前，一部恶搞《无极》的无厘头短片《一个馒头引发的血案》在网上疯传，点击下载率一度超过陈凯歌的这部电影，其作者胡戈也串升为网络红人，像

[①] 《京华时报》2010 年 6 月 17 日。

[②] http://news. xinhuanet. com/society/2010－05/15/C－12105735_2. htm

胡戈这样满腔激情又富有创意,靠着一台电脑、一部 DV 甚至只是手机,就通过网络传播自己的创意和作品的人群被称为"播客族"。

2010 年 4 月,国家广电总局和深圳市政府主办了"金鹏奖"中国国际新媒体短片大赛,在大赛上,最高的奖励"最佳短片"奖金高达 30 万元,并且优秀作品将于 5 月的第六届文博会上进行参展与交易,一直围绕新媒体影视作品版权交易的问题将得到首次正面、官方的解决,这将使得新媒体视频短片走向市场,真正实现盈利化,也将帮助众多怀揣着梦想的播客们实现自己的理想。

在本次大赛上,共有 2 万部短片云集参赛,这其中甚至不乏德国柏林短片电影节、法国戛纳电影节的精彩作品。

(一)新媒体视频画面编辑的基本要求

画面是视频的主体,没有画面就不能称之为视频,视频中的所有元素都要为画面服务。画面编辑的基本原则是:注意画面内部形象组合的逻辑性及时空的合理性;遵循基本的蒙太奇手法,选择适当的素材并组合。

1.画面的选择要求

(1)根据视频内容选取画面。画面是视频最重要的构成元素,在视频中一切元素都是为画面服务的,对于画面的选择一定要符合视频的主题,即要考虑到画面与主题的关系,以便受众能迅速了解视频所要表达的内容、情节与结构。

(2)选择符合视觉习惯和思维规律的画面。画面所表达的内容如同观众的眼睛所看到的内容,所以,选取的画面一定要符合视觉欣赏习惯。例如想表达一个事物的细节时,使用推镜头就比其他镜头更符合人体的视觉特征。

2.画面长度的选择要求

画面长度选择的基本规律是:既要能让观众了解到画面所表达的内容,又不能让观众觉得拖沓。一般来说,固定镜头的长度一般控制在 3～5 秒,运动镜头则控制在起幅和落幅之间,但要根据镜头中具体的内容来决定镜头的长度。

(1)画面内容对长度的影响。画面构成复杂的,停留时间稍长一些;观众熟悉的镜头可以稍短一些。决定画面长度首先要考虑受众是否能看懂画面的内容,画面的滞缓或仓促都会影响画面内容的表达。

(2)画面景别对长度的影响。画面的景别可以分为远景、全景、中景、近景和特写。不同的景别包含的内容繁简不一,其画面长度也应该有一定的区别。远景、全景、中景所含画面内容多,停留的时间应稍长;近景、特写所表现内容较为简单,观众容易理解,可以稍短。一般来说,远景和全景镜头控制在5～8秒,中景镜头在4～5秒,近景3秒,特写镜头在1～3秒的范围之内。

(3)画面中主体的位置对长度的影响。画面主体在前部可以稍短些,反之则可以稍长一些;画面主体处于运动中可以稍短些,反之稍长些;画面主体处于明亮处可以稍短些,反之稍长些。

3.画面组接的要求

画面组接有两个基本要求:保持画面的逻辑性;画面之间要匹配。

保持画面的逻辑性有几个方面:(1)情节的逻辑性。在进行编辑之前,素材通常都是凌乱的,编辑的主要任务就是要将这些素材组合成一个完整的主题。(2)时空的逻辑性。主题一定是存在于一定的时空之中。在视频的编辑中要注意时空的可信度。在整体时空结构中,时空可以交错倒置,但在具体段落的编辑上,必须保持时间的连续性和空间的连贯性。同时,还需要考虑受众对画面的理解能力以及画面蒙太奇的表现形式。

画面之间的匹配主要是指这几个方面的匹配:(1)景别的匹配;(2)方向的匹配;(3)动静的匹配。

人眼通常有一个视觉习惯,看物体,通常是由大到小,或由小到大。因此在镜头的选取上,一定要保持渐近的选取方式,镜头的组接不能忽大忽小,要保持镜头的"度"。

方向的匹配要把握以下两点:一是应保持与画面中主体运动方向或对应关系的主体之间视线的一致性;二是要调节好主体运动方向,防止拍摄的运动方向发生变化,即通常所说的"跳轴"。

画面通常分为动态画面和静态画面。这两类画面的衔接要遵循"动接动"、"静接静"的蒙太奇剪辑手法。如果要让动静画面相接,则要保留住动态画面的起幅和落幅,从起落幅上衔接(动态画面的起落幅是指动态画面前后各留下3秒静态画面)。另外,在画面的衔接上,不要等画面运动到定住才接,这样会影响流畅感。

(二)新媒体视频声音编辑的基本要求

视频的声音包括同期声和配音。同期声指视频画面在拍摄过程中同时录下的声音,它在一定程度上属于画面的一部分,具有相对的真实性。配音则是在视频剪辑完成后重新配上的声音。不论是同期声还是配音,必须遵循的一个共同原则是:为画面服务。编辑时应选用最能突出视频主体、最能体现画面主题的同期声,要运用得恰到好处。

配音主要分为解说、音乐及后期音效。解说主要是对画面起补充说明的作用,在剪辑中需要谨记配音不能与画面内容相重复,同时避免解说变成简单的"看图说话",尽可能使用同期声而少使用配音。音乐和后期音效主要是用于烘托画面气氛,在适当的地方使用可以增强画面感染力,使用时一定要把握好度,不可以滥用。

(三)新媒体视频文字编辑的基本要求

视频文字主要是指视频的字幕,属于视频的补充部分。视频文字的编辑原则是:不能影响画面,同时又要清楚地传达给受众。字幕应处于屏幕的最下方,字幕的长短应以完整的一句话为标准,切不可以过长或过短。

三、新媒体视频编辑的效果

新媒体视频编辑的效果可以分为转场效果、视频效果、声音效果。

(一)转场效果

每个段落(构成视频的最小单位是镜头,一个个镜头连接在一起形成镜头序列)都具有某种单一的、相对完整的意思,如表现一个动作过程,表现一种相关关系,表现一种含义等等。它是视频节目中一个完整的叙事层次,就像戏剧中的幕、小说中的章节一样,一个个段落连接在一起,就形成了完整的视频节目。因此,段落是新媒体视频最基本的结构形式。段落与段落、场景与场景之间的过渡或转换,就叫做转场。①

(二)视频效果

视频效果是指对视频本身的修饰,常见的有以下几种:

1.画面亮度的处理

加强或减弱画面中光线的强度,以达到某种特殊效果。

2.插入二维动画

这种效果在综艺节目视频中会经常被用到,用来烘托视频想要表达的某种气氛。

---

① http://baike.baidu.com/view/230436.htm

3.画面的合成

通常我们看到视频中一些炫目的特技并不是一次拍摄完成的,而是分开拍摄,最后进行统一的合成。画面合成最常见的例子就是虚拟演播室效果。

4.三维画面的制作

三维动画是一种比较特殊的视频,不需要前期拍摄,完全采用后期制作。三维动画制作需要借助专业的软件,制作过程是一项极其耗时耗力的系统工程。如哥伦比亚旗下索尼公司曾制作出极为逼真的全三维动画《最终幻想》,其成本高达 1.2 亿美元。

(三)声音效果

视频中的声音处理分为杂音清除和添加音效,其主要目的是为了更好地表达画面,避免声音对画面产生干扰。

四、新媒体视频编辑的流程

视频编辑可以分为线性编辑和非线性编辑两种。

线性编辑是按传统的时间顺序对素材进行编辑,需要一定的编辑设备,即编辑机,编辑过程中无法对已经编辑好的内容进行处理,也不能优先处理后面的内容。线性编辑的主要优点是能迅速处理简单的视频,在传统媒体中,线性编辑也被称为"快编"。由于需要一定的编辑设备,线性编辑模式在新媒体视频编辑中已经较少使用,多使用的是非线性编辑模式。

非线性编辑模式跟线性编辑模式刚好相反,不需要按照传统的时间顺序来处理素材,编辑过程较为简单。

无论是线性编辑还是非线性编辑,编辑的流程一般分为:采集素材、剪辑、特效处理、生成。

(一)采集视频素材

"巧妇难为无米之炊。"进行视频编辑首先必须要有一定的素材。素材的来源可以分为两种:一是磁带素材,二是硬盘素材。前者是摄像机拍摄后从磁带里导出的素材。这种方式需要有一定的采集设备才可以使用,但相比线性编辑所需的编辑设备还是简单了许多。后者是选取已经导出或编辑的素材,无需二次采集,直接使用。

(二)视频的剪辑

非线性编辑需要使用一定的编辑软件,常用的编辑软件有 Premier、EDI-US、大洋、绘声绘影等。剪辑的基本原理是对素材的剪切、粘贴的重新排序,以实现所要表达的效果。视频的剪辑有一定的要求与原则,详细的剪辑要求请参考上一节"新媒体视频的基本特征"。

(三)视频特效的处理

视频的特效可以分为转场特技和视频特技。前者是指两个画面之间过渡时所使用的特效,后者是指画面本身所使用的特效。

比较常见的转场特技是淡入淡出,即前一个画面慢慢进入黑屏,再从黑屏慢慢进入下一个画面,这也是在新媒体视频使用最多的一种转场特技。此外还有翻页转场等。在使用转场特技时需要遵循的原则是:转场特技不宜使用过多,过于缭乱的特技反而是一种败笔,特技一般是在两个画面无法顺利衔接或出于某种表达的需要时才使用。

视频特技包括对视频中光线的处理以及画面中一些元素的修改。使用视频特技时一般要使用专业的特效处理软件(如 Affect Effect 等)或专业的视频编辑软件(如索贝、大洋等)。我们在电影中经常看到的那些令人眼花缭乱的特技就是专业的视频特技处理软件处理后的结果。

(四)视频的生成

视频编辑软件在编辑后并不会自动生成视频文件,而只是在原有的素材上打上标记,注明选取该素材的哪些段落,要想得到视频文件则需要进行生成。常见的生成格式有 AVI、WMV、MPGE 等。具体生成哪种格式的视频则要根据视频的运用来决定,如传统媒体生成的视频多为无损压缩的 AVI 格式,而新媒体则采用所占空间相对较小的 WMV 格式。

【特别提示】

学习视频编辑需要从编辑的一些基本规律入手,即便是新媒体视频,在视频的剪辑上,也必须符合传统视频编辑规律的要求,把握好视频编辑的原则,这样才能有助于解决新媒体视频粗糙、生命力不强的问题。

【新媒体链接】

《一个馒头引发的血案》:年度最红名词诞生记[①]

《无极》刚刚"轰轰烈烈"地在全国公映时,就有看完此片的网友在网上发帖称:"这个《无极》不如改名叫'馒头'吧,所有情节居然是由一个馒头引出的。"此话一出,众人纷纷跟帖,表示赞同。

一个名为《一个馒头引发的血案》的网络视频短片就在网络上迅速火爆,该短片以《无极》为蓝本,极尽搞笑之能事。短片的作者署名为"胡戈制作",大概20分钟左右,基本上都是剪辑《无极》的电影片段重新编辑而成,画面制作还算精良,人物配音都模仿片中人的口气,难得的是,配音者连普通话都说得很不错,看得出"制片人"花了不少心思。目前在 GOOGLE 上进行精确搜索"一个馒头引发的血案"能够搜出近万条记录——要知道这可是长达九个字的超级精确搜索啊!从搜索结果来看,大部分网络社区和论坛都转载过这个短片,甚至很多博客也对此片纷纷转载,这些都充分说明了网友对此片的热爱之情。

这个短片在开始前首先打出字幕"以下看到的东西纯属本人自娱自乐,内容纯属虚构,全是瞎编乱造的"字样,然后套用央视品牌栏目《法制在线》节目的形式展开整个故事。整个短片图文并茂,配乐也搭配得恰到好处,其中到处是精彩之笔——比如深受众人追捧的"张倾城作为圆环套圆环娱乐城名模,每天工作就是不断地穿衣服和脱衣服"一段,一边配上张柏芝在《无极》中迅速穿衣脱衣、穿衣再脱衣的画面,一边配上杨钰莹的《茶山情歌》,令人喷饭。还有被网友誉为最经典的"张昆仑自首"、"张昆仑与郎队长的同性恋情"、"满神牌啫喱水广告"等片段,都令人爆笑到肚痛。

就在人们笑到一片灿烂不亦乐乎的时候,竟然有好事者怀疑此种改编是否合法,于是,就有很不解风情的资深律师声称该短片侵犯了《无极》的作品完整权。于是,短片的作者胡戈发布了一个声明,称自己"做这个东西纯粹是为了个人自娱自乐,同时也是为了练习视频处理技术……我并没有四处传播这个作品。只是由于网友们的相互传递,这个作品才慢慢流传开来……现在网上四处流传这个东西,这种现象并非是本人的初衷。我的网站的论坛原本是设计成给极少数视频编辑爱好者进行技术交流的,现在竟然变成了'馒头'爱好者的天地。"

---

① 《国际先驱导报》2006 年 1 月 13 日。

第五节　网络在线调查

【学习导入】

随着信息技术的发展,电脑和网络逐渐成为人们工作与生活中的重要工具,由此衍生出一种新的受众调查方式——网络受众调查。这种调查方式有效地扩大了参与调查的人数及覆盖地域,让更多的人能够方便地参与到调查中。我们曾经表述过新媒体对传受模式的核心改变是从一对多的广播转变为以个体为中心的网状传播,受众不再只是被动的信息消费者,而是获得了平等的信息采集和发布的权利。在众多的表达途径中,网络在线调查是集中探寻受众内心意愿和倾向的一种有效方式。

【知识目标】

了解网络在线调查的基本概念和原理,把握常见的几种调查类型及其特点。

【能力目标】

熟悉网络在线调查操作的具体步骤,掌握网络在线调查的基本技能。

一、网络受众调查的定义

受众调查是由研究机构或媒体实施的,了解受众媒介接触行为、态度、意见和建议而进行的社会调查活动的总称。网络受众调查是指通过互联网针对特定话题所展开的受众调查活动,包括调查问卷设计、资料收集、数据统计分析等。

二、网络调查的特点与优势

网络调查能够充分利用互联网作为信息沟通渠道的开放性、自由性、平等性、广泛性和直接性等特征,具有传统调查手段和方法所不具备的一些特点和优势。

(一)网络调查的特点

1.及时性和共享性。网上调查是开放的,任何网民都可以投票,而且在投票信息经过统计分析软件初步自动处理后，可以马上查看到阶段性的调查结果。

2.便捷性和低费用。实施网络调查节省了传统调查中所耗费的大量人力和物力。

3.交互性和充分性。网络的最大特点是交互性，因此在实施网络调查时，被调查对象可以及时就问卷的相关问题提出自己的看法和建议，减少因问卷设计不合理导致调查结论出现的偏差。

4.可靠性和客观性。被调查者是在完全自愿的前提下参与调查，调查的针对性更强，因此问卷填写信息相对可靠，调查结论相对客观。

5.无时空、地域限制。网络调查是24小时全天候的调查，这就与受区域和时间限制的传统调研方式有很大不同。

6.可检验性和可控制性。利用互联网进行网络调查收集信息，可以有效地对采集信息的质量实施系统的检验和控制。

(二)网络调查的优势

与传统调查方法相比，网络受众调查的先进性具体表现在以下方面：

1.网络媒介可独立实施受众调查。相对而言，传统媒介的受众调查工程量浩大，自身难以实施，往往需要借助专门的调查机构进行。

2.网络在线调查的费用大大低于传统调查方法。网络调查通常都是采用在线调查方式，通过各种在线手段收集受众信息，费用十分低廉。

3.网络媒体几乎每时每刻都可以进行受众调查，这对传统媒体来说是难以想象的。受众调查工作已经与网站日常工作融为一体，网站工作人员几乎每天都在查看、分析当天、前一天或前一段时间的受众调查数据。

4.网络调查特别是在线调查具有实时性，调查的周期短，甚至可以即时进行，这样获得的数据能够反映受众的最新变化，便于网络媒介及时做出针对性调整。传统媒体的受众调查往往周期较长，调查结果只能说明一段时间以前的情况，难以跟上受众的最新变化，对受众的反应比网络媒体迟钝得多。

5.在线调查不受空间限制，能够展开跨地域的大规模调查。传统的受众调查受地域制约很大，特别是一些要在全国乃至全球范围内开展的大型调查，需要各个区域通力配合，操作起来颇有难度。在线调查则可以充分利用互联网全球覆盖的特性随时进行。

6.网络受众调查的手段丰富多样。它不仅可以吸收传统调查方法的精华，还可以利用其传播的高科技和互动性特点，综合网上网下多种调查手段，以尽可能保证调查结果的科学性和真实性。

三、网络调查的主要应用范围

网络调查的适用范围很广,包括个案调查和统计调查。对于从事专业调查的组织来说,可以开展营利性的网上调查业务,具体由面向全体用户免费开放的公众调查信息浏览服务、面向收费会员客户的调查信息数据库查询服务和面向特需客户的收费委托调查业务服务三个应用服务层次构成。对于政府机构、社会团体来说,可以开展非营利性的调查。政府机构和社会团体开展的网络调查工作,包括统计调查、市场调查、民意调查和研究项目调查等。

四、网络调查的实施步骤

网络调查与传统调查相类似,必须按照一定的步骤进行:

(一)确定网络调查目标

在确定网络调查目标时,需要考虑的是被调查对象是否上网,网民中是否存在着被调查群体,规模有多大。只有网民中的有效调查对象足够多时,网络调查才可能得出有效结论。

(二)确定调查方法和设计问卷

网络调查主要采用的是问卷调查法,因此设计网络调查问卷是开展调查的关键。根据互联网交互机制的特点,网络调查可以采用调查问卷分层设计。这种方式适合过滤性的调查活动,因为有些特定问题只限于一部分调查者,而借助层次的过滤可以寻找适合的调查对象。

(三)选择调查方式

网络调查多采取被动调查方法,即将调查问卷放到网站上等待被调查对象自行访问和接受调查。因此,吸引访问者参与调查是关键。为了提高受众参与的积极性,可通过提供免费礼品等方式吸引更多的受众积极参与。另外,必须向被调查者承诺并做到关于个人隐私的任何信息不会被泄露和传播。

(四)分析调查结果

与传统调查的结果分析类似,网络调查要筛选合格问卷,进行数理统计,做出综合分析与论证。

（五）撰写调查报告

撰写调查报告是网络调查的最后一步，也是调查成果的体现。应在分析调查结果的基础上对调查的数据和结论作出系统的或者探讨性的说明。

五、网络调查的注意事项

利用互联网开展问卷调查的确具有很多优点，比如快速、方便、费用低、不受时间和地理区域限制等。另外，由于不需要和用户进行面对面的交流，也避免了当面访谈可能造成的主持人误导倾向。尽管网络调查有其优越的一面，但也有一定的缺陷，主要表现在受调查问卷的设计、样本的数量和质量、个人信息保护等因素的影响。

（一）调查问卷设计

问卷设计水平的高低直接关系到调查结果的质量。由于在线调查占用被访问者的上网时间，因此在设计上应该简洁明了，尽可能少占用填写表单的时间和上网费用，避免被访问者产生抵触情绪而拒绝填写或者敷衍了事。

（二）样本的数量

样本数量难以保证也许是在线调查最大的局限之一。如果没有足够多的样本，调查结果就不能反映总体的实际状况，也就没有实际价值。足够多的访问量是网站进行在线调查的必要条件之一。

（三）样本的质量

由于网络调查的对象仅限于上网用户，从网民中随机抽样取得的调查结果可能与受众总体情况有误差。另外，用户地理分布的差别和不同网站拥有特定的用户群体也是影响调查结果的不可忽视的原因。

（四）个人信息保护

为了能在人们不反感的情况下获取足够多的信息，在线调查应尽可能避免涉及敏感内容，如家庭住址、电话、身份证号码等。

（五）被调查者的因素

被调查者提供信息的真实性直接影响到在线调查结果的准确性。所以，对于网上被调查者的某些信息（尤其是个人信息）的真实性和准确度要打一定的折扣。

（六）建立信息分析处理体系

信息收集到后必须进行有效处理。最好是由专人完成信息收集与处理的工作，用数据库对信息进行统计管理，以备将来查询。

六、常见调查类型

（一）媒体调查

随着网民数量的增长，通过网络调查民意成为媒体收集受众反馈行为的一种常见方式。网络上出现最多的是针对某一个公众话题调查受众的态度及倾向，以此体察民意，并作为补充和调整相关报道的参考和依据。一般做法是针对某个议题，设置几个简单问题供受访者作答，有些甚至简单到只有"支持"与"反对"两个选项，最后以百分比显示参与调查的网民对某一问题的态度。严格来说，这样的调查只是一种意见交换的平台，不能作为科学依据来引用。如CNN在其快速调查中就明确表示："该调查并不是科学的，它反映了参与调查的上网者的意见。调查的结果不能推广到所有的网民，当然更不能推广为普通民众的意见。"但是作为一种司空见惯的网络调查方式，媒体将这种调查结果作为报道的一种舆论上的补充，也是可以理解的，只是对其调查结果的科学性和代表性要持审慎态度。

【实例分析】

新华网就国家调整法定节假日方案设计的网络调查，总共包含七个问题。关于主题的有六个问题，每个问题包括"支持"、"反对"和"无所谓"三个选项。最后一个问题是关于被调查者个人身份的。在调查页面上还有关于法定节假日调整的相关报道与背景资料的链接。这样一种调查，所获得的只是一种粗略的倾向性结果，甚至只是一种情绪的宣泄。是否有足够的代表性，是否会为有关部门提供决策的参考，都是难以确定的事情。但是，通过这样一种方式，至少参与调查的这一部分群体的声音得到了传递，这个群体的样本可以同其他调查方式（比如电话抽样调查、现场随机访问等）取得的样本结合起来，再给予较为全面的分析，得出媒体关于这一话题报道的综合结论。

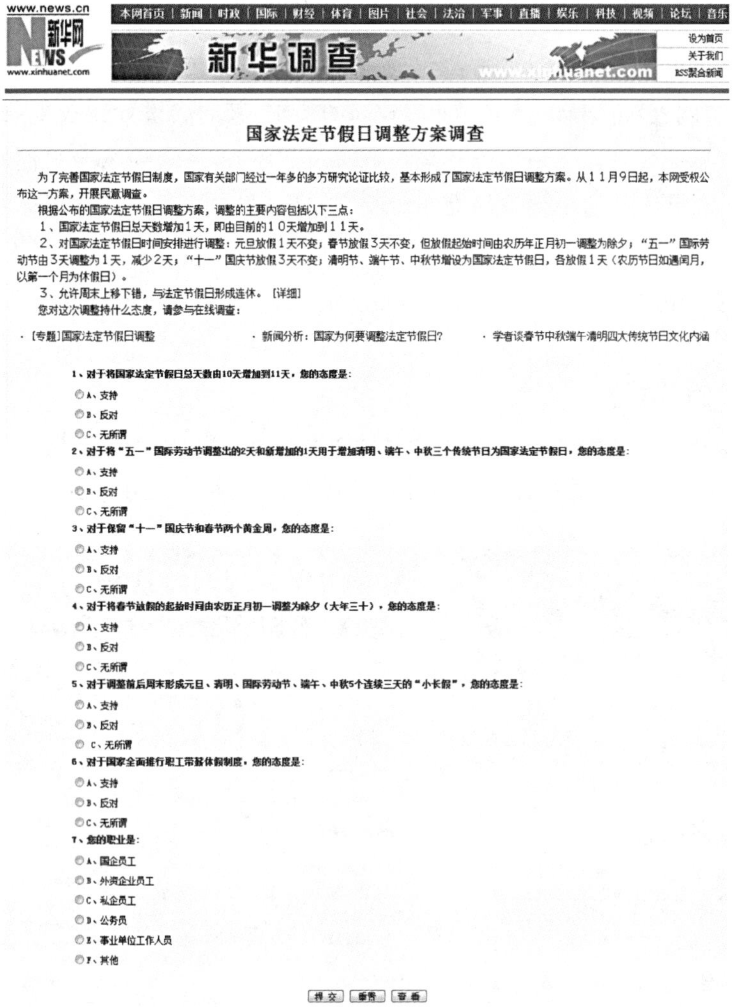

www.news.cn 新华网 NEWS www.xinhuanet.com

本网首页 | 新闻 | 时政 | 国际 | 财经 | 体育 | 图片 | 社会 | 法治 | 军事 | 直播 | 娱乐 | 科技 | 视频 | 论坛 | 音乐

新华调查 www.xinhuanet.com

设为首页
关于我们
RSS聚合新闻

国家法定节假日调整方案调查

为了完善国家法定节假日制度，国家有关部门经过一年多的多方研究论证比较，基本形成了国家法定节假日调整方案。从11月9日起，本网受权公布这一方案，开展民意调查。

根据公布的国家法定节假日调整方案，调整的主要内容包括以下三点：

1、国家法定节假日总天数增加1天，即由目前的10天增加到11天。

2、对国家法定节假日时间安排进行调整：元旦放假1天不变；春节放假3天不变，但放假起始时间由农历年正月初一调整为除夕；“五一”国际劳动节由3天调整为1天，减少2天；“十一”国庆节放假3天不变；清明节、端午节、中秋节增设为国家法定节假日，各放假1天（农历节日如遇闰月，以第一个月为休假日）。

3、允许周末上移下错，与法定节假日形成连休。［详细］

您对这次调整持什么态度，请参与在线调查：

· ［专题］国家法定节假日调整 · 新闻分析：国家为何要调整法定节假日？ · 学者谈春节中秋端午清明四大传统节日文化内涵

1、对于将国家法定节假日总天数由10天增加到11天，您的态度是：

A、支持
B、反对
C、无所谓

2、对于将“五一”国际劳动节调整出的2天和新增加的1天用于增加清明、端午、中秋三个传统节日为国家法定节假日，您的态度是：

A、支持
B、反对
C、无所谓

3、对于保留“十一”国庆节和春节两个黄金周，您的态度是：

A、支持
B、反对
C、无所谓

4、对于将春节放假的起始时间由农历正月初一调整为除夕（大年三十），您的态度是：

A、支持
B、反对
C、无所谓

5、对于调整前后周末形成元旦、清明、国际劳动节、端午、中秋5个连续三天的“小长假”，您的态度是：

A、支持
B、反对
C、无所谓

6、对于国家全面推行职工带薪休假制度，您的态度是：

A、支持
B、反对
C、无所谓

7、您的职业是：

A、国企员工
B、外资企业员工
C、私企员工
D、公务员
E、事业单位工作人员
F、其他

提交 重置 查看

图 3－6①

整体而论，由媒体主导的这种网络在线调查，主要还是倡导一种公众参与公共话题和公共事务的精神，不能用严格的概率统计方法来苛求。而媒体在进行此类调查时，对于问题及选项的设计，也要尽可能按照传统调查统计的原则，做到严谨、客观、公正，不要带有倾向性或者作诱导式的设问。

① http://www.xinhuanet.com/society/diaocha01/.htm

(二)机构调查

行政机构或者一些行业协会也时常借助网络开展调查。与媒体民意调查不同,这类调查对代表性与科学性有较高的要求,其问卷设计比较复杂,需要调查的内容也比较多。网络调查只是其中的一个环节,还需要结合其他的调查方式予以补充完善。这类调查的周期一般比较长,调查结果不是以简单的点击数据即时显示的。问卷通过后台回收,由专业机构对数据进行汇总分析之后,才会公布调查结果。

【实例分析】

中国互联网络信息中心(CNNIC)每半年发布一次《中国互联网发展状况统计报告》。通常是提前在各大网站发布调查问卷,动员网民在线回答。

图 3-7　搜狐网针对 CNNIC 第 26 次中国互联网发展状况统计报告所做的专题①

除了网络调查,调查机构还通过电话调查和网上自动搜索与统计数据上报等方式,完成数据的采集。其中,网络调查重在了解典型互联网应用的使用情况。如《第 27 次中国互联网发展状况统计报告》就是由中国互联网络信息中心(CNNIC)在 2010 年 11 月 19 日至 12 月 31 日之间进行的。在调查期间内,问

---

① http://it.sohu.com/s2010/cnnic26/

卷放置在 CNNIC 的网站上,同时在政府媒体网站、全国较大的 ICP/ISP 网站及各省的信息港上设置问卷链接,由网民主动参与填写问卷。回收问卷后,通过技术手段进行答卷有效性检验,筛除无效答卷。此次网络调查共收到有效调查问卷 89639 份。

(三)商业调查

由商业机构设置的各类网上商业调查,主要是围绕企业及其产品营销进行的。商业调查常以有奖方式来吸引用户参与,许多时候已经演化为直接营销品牌和产品的一种手段。

(四)个人调查

随着新媒体功能的逐渐丰富,以自媒体形式存在的微博也在网络调查中露出端倪。比如针对某个社会热点话题,微博用户可以发起或者参与某项投票,通过这种方式表达各自的意见。投票活动也可以通过转发以及@(微博的一种功能,即通知某个用户)的方式迅速传播,以吸引更多的用户参与其中。如果一个粉丝量上百万甚至上千万的用户就某个话题发起投票,其形成的舆论影响不可小视。

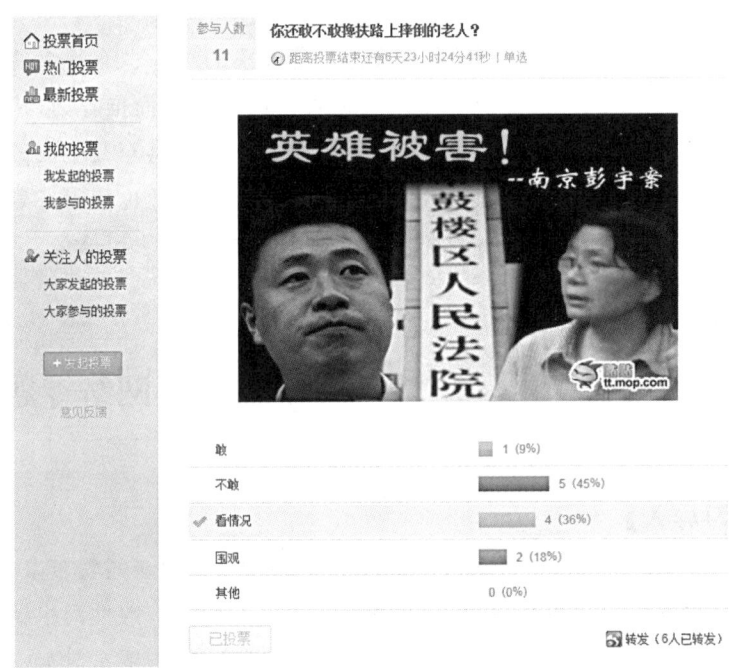

图 3-8　微博投票:你还敢不敢搀扶路上摔倒的老人

图 3-9　关于个税起征点提高的微博投票

与微博的碎片化传播特性相对应的是微博投票的结果也有很大的不确定性。比如,发起投票的用户的影响力以及是否被微博运营商推荐,直接决定投票的结果。参与投票的人达不到一定的数量,就是小圈子甚至几个人的自娱自乐。另外,微博投票的参与者多是发起者的粉丝,其倾向性也值得怀疑。但是不管怎样,这样一种新的网络调查手段,仍然值得媒体关注和研究。

第六节　网络专题制作

【学习导入】

借助网络技术的聚合功能,网络媒体的竞争除了常规新闻发布以外,现在更多体现在网络专题的策划、设计与制作上。网络专题与一般性网络新闻报道相对,是网络媒体表现形式中的一种主要类别。由于网络专题是对某一主题全面、详尽、深入的集纳式报道,在形式上相对独立于网站内容系统,可以集网络媒体多种表现手法和设计艺术之大成,进行精心的策划与设计,因此它被认为是具有网络媒体特色,同时也最能发挥网络媒体优势、代表网络编辑业务水平的一种表现形式。

图 3-10　全国"两会"期间各大网媒设计制作的专题页面截屏

每逢重大活动来临,各大网络媒体不敢怠慢,纷纷绞尽脑汁在创意和设计上一争高下。中国新闻奖也专门为网络新闻专题设置了奖项。

【知识目标】

了解网络专题的定义、特征及作用,掌握网络专题策划的基本要求。

【能力目标】

了解网络新闻专题的制作流程,掌握网络专题策划能力,可独立实施网络专题的选题、策划、栏目设置和框架设计。

一、网络新闻专题的定义

网络新闻专题是网络新闻的一种重要报道形式,是围绕某一特定主题(新闻事件),设计专门的网络呈现页面,调动多媒体手段对内容进行即时持续更新,对相关背景资料不断补充完善的集中组合式报道。

网络专题是体现网络编辑整体业务水平的一种重要的报道形式。因为信息集中,视觉冲击强烈,便于浏览,易于集中阅读,因此成为吸引网站流量的一个重要手段。编辑应当根据新闻事件的性质与属性积极主动开设网络专题。

二、网络新闻专题的立项原则及分类

网络专题的立项,由事件的关注程度决定。小型专题由频道编辑决定,报备后向技术部下单。大型专题需申报后由分管总编批准后实施。专题新闻信息要尽可能齐全,重要新闻要同时发往栏目和专题首页快讯位置。

(一)网络专题聚焦的主要目标

1.国际问题热点;

2.重大天灾人祸;

3.国计民生热点;

4.重要纪念活动;

5.社会热点问题;

6.大众文化焦点。

(二)网络新闻专题的分类

1.可预测性事件专题

图3-11 可预测性事件网络专题样式举例

可预测性事件专题指新闻事件已经有明确的发生时间,其事件的大体安排和走向也基本上可以确定的新闻专题,如围绕奥运会、全国"两会"、国庆60周年制作的专题。

2.突发性事件专题

突发性事件专题是以新近发生的重大突发性事件为对象,分为自然性突发事件和社会性突发事件。这类专题一般是围绕突发性新闻事件而推出的,随着新闻事件的进展不断进行更新,新闻事件结束也随之结束,如日本大地震、西方多国空袭利比亚等。

图3-12 突发性事件网络专题样式举例

3.策划类专题

策划类专题指围绕社会焦点、热点话题展开深入讨论,挖掘内在思想意义,剖析深层原因,揭示内在规律等而制作的专题(如图3-13所示)。

图 3-13

三、网络专题的制作流程

不同类型的专题,其发布流程是完全不一样的。可预测性专题如"两会"报道、大型赛事等,其内容及议程基本上都是固定的,且一般都有足够的时间进行筹备。其流程以创意设计为中心,在精工制作上下工夫。突发性事件专题则没有准备时间,一切以时间要素为中心,以最快的速度推出专题,所以只能选择固定模板快速搭建专题。策划类专题则以话题酝酿的成熟度为中心,同时兼顾热点的周期与时效。

（一）可预测性专题制作流程

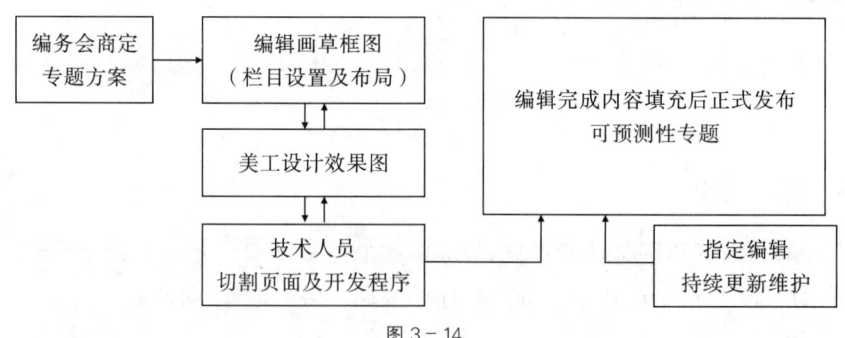

图 3-14

第一阶段(策划)——包括专题名称、栏目设置、页面风格、资料准备、人员
调度等。

第二阶段(准备)——资料准备与页面制作。

第三阶段(推出)——根据事件发展选择合适的推出时机。

第四阶段(维护)——发布最新动态,调整页面。

(二)突发事件专题制作流程

第一阶段(选型)——选模板,定栏目,搭框架。

第二阶段(推出)——主要发布事件的最新进展,同时整合相关事件及背景
资料。

第三阶段(维护)——根据事件进展更新动态,增添内容,调整页面。

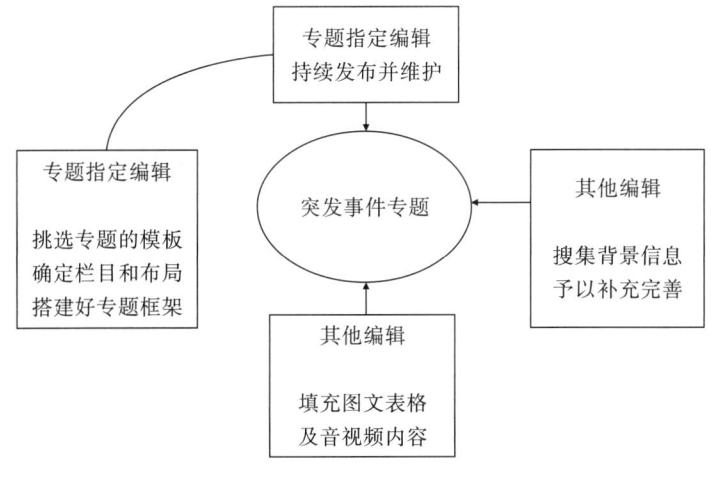

图 3 - 15

(三)策划类专题

第一阶段(选题)——选题标准包括网民关注程度,题材是否具有争议性,
角度是否新颖,话题是否具有普遍意义,观点是否独
特并有启示性等。

第二阶段(筹备)——观点汇总,背景资料搜集充足后开始页面制作和内容
填充。

第三阶段(实施)——发布专题,并通过互动平台充分发动讨论。

四、网络专题的表现手法

在注意力转瞬即逝的网络上，"视觉先行"这一法则有了更生动的注脚。在内容策划之外，专题的页面外观即形式美，往往直接影响内容传播的效果。这对编辑的审美能力、鉴赏能力、设计要素的调配组合能力，以及新技术统筹配置能力等，都是不小的考验。

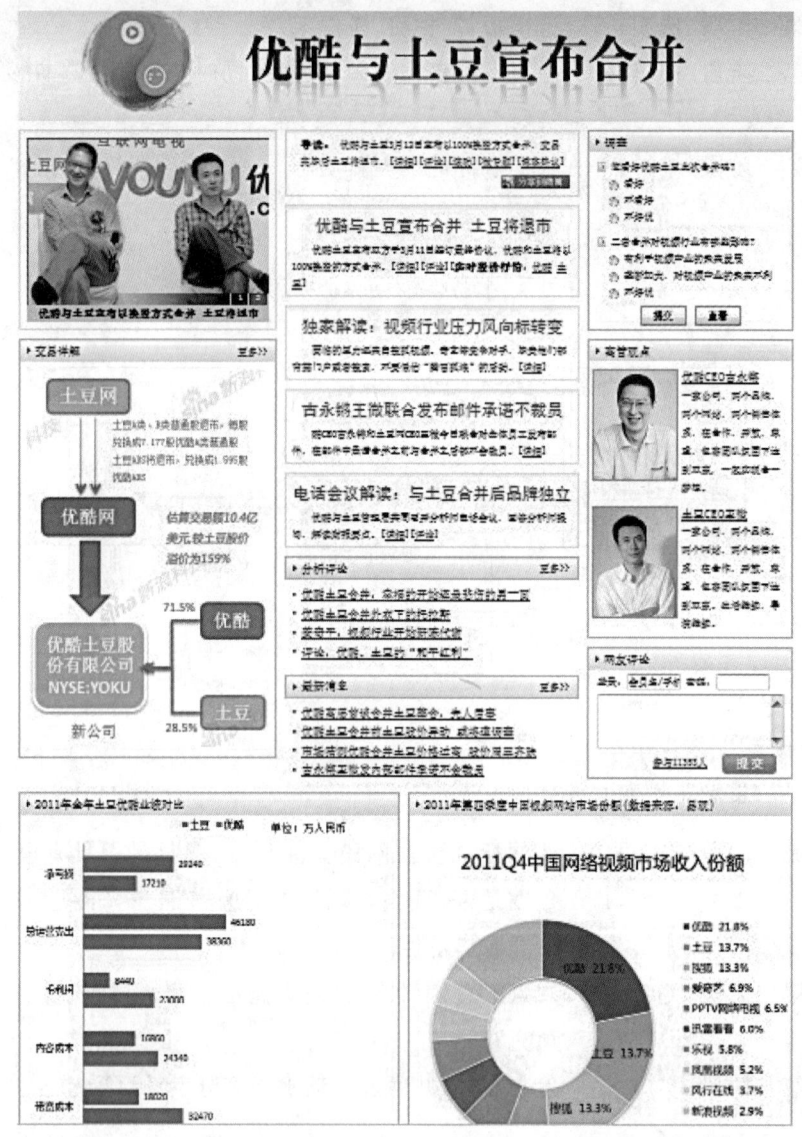

图 3-16　新浪网制作的视频网站优酷与土豆合并的新闻专题页面截图

（一）专题版式设计

早期的网络专题，多是素材（尤以文字为主）的简单堆砌，越多越好，越细越好，说不上有太多的美感，只不过是满足最基本的信息传递需求。反正所有的信息都在这儿，应有尽有。随着网民注意力的耗散，千"题"一面的网络专题，因为缺少视觉冲击而导致吸引力下降。因此，专题的版式设计逐渐受到重视。许多网络媒体开始突破原有的专题制作套路，注重布局、配色、装饰上的设计，疏密有致，动静结合，取代了目录列表的呆板样式。如新浪网制作的优酷与土豆合并的专题（见图3-16）就摒弃了常规专题标题罗列、文字堆积的做法，大量采用了图表来解读新闻。这样处理的结果是，专题页面留白很多，空间比较通透，精心绘制的图表也让新闻中的诸多数据以及对比关系一目了然，增加了阅读的愉悦感。

【案例分析】

网易科技 2010 年终策划：关系①

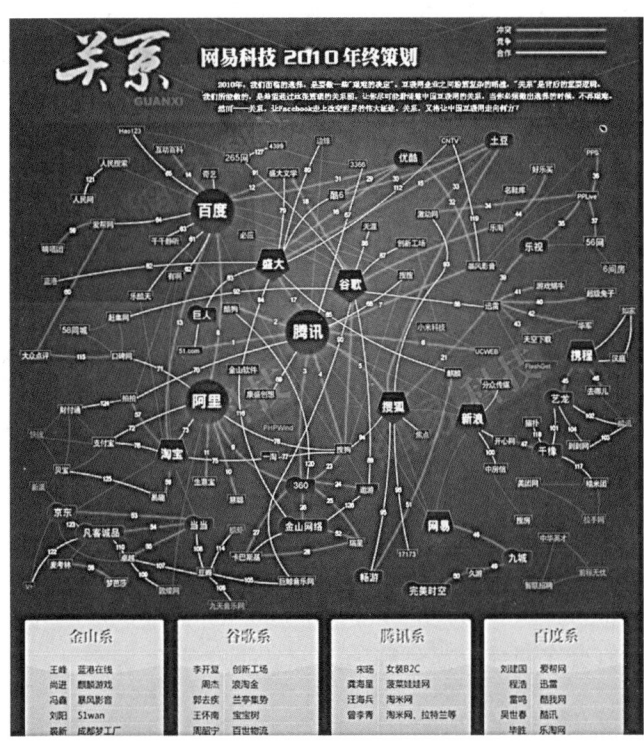

图 3-17

---

① http://tech.163.com/special/2010end/

每到年终,各大网站都会制作回顾式的专题,对一年来发生的重要事件进行总结。这也是网站之间比拼综合实力的一个看点。2010年,网易科技的年终策划选择了以中国互联网为题材。但是专题并没有按照寻常的思路,罗列当年中国互联网事件,而是从行业有影响力的公司之间相互的关系切入,并用别开生面的"关系图"作为整个专题的主体,将中国互联网行业公司之间冲突、竞争与合作的关系仔细进行梳理,形象地描摹出中国互联网的发展状况(见图3-17)。整个专题页面和架构设计,因为匠心独具,让人记忆深刻。

(二)新技术在专题中的应用

新技术的应用一直影响着网络媒体的表现形式,网络专题更是各种新技术的试验场。在汶川特大地震报道中,南都网运用Flash技术制作的大型多媒体专题"汶川大地震七日祭",以时间轴为主线,将文字、图片和音视频进行有机组合,给人以强烈的震撼(见图3-18)。

图3-18 南都网多媒体专题"汶川大地震七日祭"页面截图①

随着网络带宽的逐步改善以及新技术的不断推陈出新,相信有更多更为丰富的表现手法将会在网络专题中出现。

———————————

① http://nd.oeeee.com/sszt/dizhen/20080519_qiriji/20080519_qiriji.shtml

【特别提示】

毋庸置疑,一个富有鲜明特色的大型专题将消耗大量资源,支付高昂成本,包括专题素材的加工成本和专题设计制作团队的人力成本。鉴于目前多数网络媒体并没有设置专门的专题制作部,所以上述成本往往还散布于不同的业务部门,多数情况下都是采用临时项目制的组织方式,跨部门分工协作。因此,除常规模板式专题以外,大型专题必须经过充分的商讨和论证才能实施。另一方面,专题策划也常常面临脱离用户真实需求,导致专题沦为编辑部自娱自乐产品的风险。因此需要时常进行用户调查,摸准网民的心理需求。

【思考练习】

1. 如何制作一个好的网络新闻标题?

2. 简述网络媒体上新闻图片的选用依据及在网站上的主要用法。

3. 概括网络视频的特点及其与传统视频的主要区别。

4. 网络调查的主要形式与功能是什么?

5. 概括网络专题的分类及制作流程。

第四章
网络媒体页面编辑技术及应用软件

【学习导引】

网站内部时常会出现一些情况,比如登到首页的图片没有做缩略图,导致首页文件过大,影响访问速度;又比如编辑交给美工和程序员的专题设计方案,最后出来的效果达不到自己的要求。技术说编辑要求高,编辑怨技术不给力。凡此种种,都让人焦虑不安。毋庸讳言,网络媒体对技术确实有较强的依赖性,网页布局以及页面上各种功能的实现,有赖于互联网技术和计算机软件的支持。某种程度上甚至可以说网络媒体就是技术驱动的媒体。虽然技术人员应当站在应用者的角度对编辑的意图多作了解,但是网络编辑自身的互联网技术素养和应用水平也需要提高。

本章将对 HTML、图片、音视频和动画处理软件以及内容发布系统等应用技术进行简单介绍和讲解。这些应用技术,有些是网络编辑应知应会的,有些因为网络媒体内部分工越来越专业化,可以只作一般性的了解。但是,如果能尽可能多地掌握页面编辑各环节的技术操作,则将加强不同工种之间的理解,有利于提高网络媒体内部业务协调配合的效率。

第一节　HTML 基础知识[①]

虽然目前已经有了 Dreamweaver 等可视化网页设计软件,供网络编辑进行页面制作,页面的实现有了更加直观便捷的途径,但是对于 HTML 这个编写超文本文档

---

① 本节内容参照新浪编辑手册相关内容编写。

的"鼻祖",网络编辑对其基本原理和基础知识也应当有一定的涉猎,这有利于编辑加深对网页设计的理解,更好地沟通各个业务环节,从而改善网络编辑的业务环境。

一、HTML 入门

(一)HTML 的定义

HTML 是英文"Hypertext Marked Language"的缩写,意即超文本标记语言,是一种用来制作超文本文档的简单标记语言。用 HTML 编写的超文本文档被称为 HTML 文档,它能独立于各种操作系统平台(如 UNIX,WINDOWS 等)。自1990 年以来,HTML 就一直被用作万维网(World Wide Web)的信息表示语言,用于描述 Homepage 的格式设计和它与万维网上其他 Homepage 的联结信息。使用HTML 语言描述的文件,需要通过万维网浏览器显示出效果。所谓超文本,是指其可以加入图片、声音、动画、影视等内容,并可以从一个文件跳转到另一个文件,与世界各地主机的文件连接。

(二)HTML 的功能

HTML 在网页编辑中主要实现以下功能:

1.通过 HTML 可以表现出丰富多彩的设计风格,如

图片调用:<img src="路径/文件名">

文字格式:<font size="+5" color="00FFFF">文字</font>

2.通过 HTML 可以实现页面之间的跳转,如

页面跳转:<a href="" title="" target="_blank">超级链接地址</a>

3.通过 HTML 可以展现多媒体的效果,如插入音频、视频、动画等。

上面在示例超文本特征的同时,采用了在制作超文本文件时需要用到的一些标签。所谓标签,就是一系列用于控制输出效果的指令符号,这些指令符号用"<标签名　属性="值"></标签名>"来表示。

二、HTML 的基本结构

(一)HTML 的结构

超文本文档分文档头和文档体两部分。在文档头里,对这个文档进行了一些必要的定义;文档体中才是要显示的各种文档信息。

```
<html>
      <head>
            头部信息
      </head>

      <body>
        文档主体,正文部分
      </body>
</html>
```

其中<html>在最外层,表示这对标记间的内容是 HTML 文档。我们还会看到一些页面省略<html>标记,因为. html 或. htm 文件被 Web 浏览器默认为是 HTML 文档,但是这种做法是错误的,后面会提到一些错误的做法。<head> 之间包括文档的头部信息,如文档总标题等,若不需要头部信息则可省略此标记。<body>表示正文内容的开始。

(二)举例

下面是一个最基本的超文本文档的源代码:

```
< html >
<head>
<title>一个简单的 HTML 示例</ title >
</ head >

<body>
< center >
<h3>欢迎光临我的主页</ h3>
<br />
<hr />
<font size="2">
        这是我第一次做主页,无论怎么样,我都会努力做好!
</font>
</center>
</ body >
</html>
```

1. head 区的其他设置

2. 设置站点作者信息

＜meta name＝"author" content＝"Iriskang,作者名" /＞

3. 设置站点版权信息

＜meta name＝"copyright" content＝"版权名 " /＞

4. 站点的简要介绍

＜meta name＝"description" content＝"XX 网站是专业的房地产网站,致力于为房地产业界、主力购房人群、装修人群提供各类服务与资讯。主要栏目有:房产新闻、楼盘展示、新盘中心、写字楼、商铺、地产圈、家居装修、家居图库、业主社区论坛等内容。房地产、房产、买房、租房、二手房、家居、装修、物业、房贷、写字楼" /＞

5. 站点的关键词

＜meta name＝"keywords" content＝"房产家居,房地产新闻,建材,装修,写字楼" /＞

三、超文本中的标签

在正式开始内容制作之前,我们必须先了解一下 Web 标准有关代码的规范。了解这些规范可以帮助你少走弯路,尽快通过代码校验。

(一)超文本中的标签分类

1. 单标签

"单标签",只需单独使用就能完整地表达意思,这类标记的语法是:＜标签名称 /＞。

最常用的单标签是＜br /＞,它表示换行。

2. 双标签

另一类标记称为"双标签",它由"始标签"和"尾标签"两部分构成,必须成对使用,其中,始标签告诉 Web 浏览器从此处开始执行该标记所表示的功能,而尾标签告诉 Web 浏览器在这里结束该功能。始标签前加一个斜杠(/)即成为尾标签。这类标记的语法是:＜标签＞ 内容＜/标签＞,其中"内容"部分就是要被这对标记施加作用的部分。例如你想突出对某段文字的显示,就将此段

文字放在<EM> </EM>标记中：<EM>第一：</EM>

3.标签属性

许多单标签和双标签的始标签内可以包含一些属性，其语法是：

<标签名字 属性1="值" 属性2="值" 属性3="值" … ></标签名字>

各属性之间无先后次序，属性也可省略（即取默认值），例如单标签<HR />表示在文档当前位置画一条水平线（horizontal line），一般是从窗口中当前行的最左端一直画到最右端。带一些属性：<HR SIZE="3" ALIGN="LEFT" WIDTH="75％" />

其中，SIZE 属性定义线的粗细，属性值取整数，缺省值为1；ALIGN 属性表示对齐方式，可取 LEFT（左对齐，缺省值），CENTER（居中），RIGHT（右对齐）；WIDTH 属性定义线的长度，可取相对值（由一对双引号括起来的百分数表示相对于充满整个窗口的百分比），也可取绝对值（用整数表示的屏幕像素点的个数，如 WIDTH="300"），缺省值是"100％"。

(二)注意事项

1.所有标签都必须要有一个相应的结束标记

以前在 HTML 中，你可以打开许多标签，例如<p>和<li>而不一定写对应的</p>和< /li>来关闭它们。但在 XHTML 中这是不合法的。XHTML 要求有严谨的结构，所有标签都必须关闭。如果是单独不成对的标签，在标签最后加一个" /"来关闭它。例如：

<img height="80" alt="网页设计师" src=".. /images/logo_w3cn_200x80.gif" width="200" />

所有标签的元素和属性的名字都必须使用小写。

2. 与 HTML 不一样，XHTML 对大小写是敏感的

例如，<title>和<TITLE>是不同的标签。XHTML 要求所有的标签和属性的名字都必须使用小写。例如：<BODY>必须写成<body>。大小写夹杂也是不被认可的，通常 Dreamweaver 自动生成的属性名字"onMouseOver"也必须修改成"onmouseover"。

3.所有的 XHTML 标记都必须合理嵌套

同样,因为 XHTML 要求有严谨的结构,因此所有的嵌套都必须按顺序,以前这样写的代码:

<p><b></p></b>

必须修改为:

<p><b></b></p>

即一层一层的嵌套必须严格对称。

4.所有的属性必须用引号括起来

在 HTML 中,可以不需要给属性值加引号,但是在 XHTML 中,它们必须被加引号。例如:

<height=80> 必须修改为:<height="80">

特殊情况需要在属性值里使用双引号,单引号可以使用 & aposj,例如:

<alt=",sag& apos; hello& aposj">

四、页面布局与文字设计

(一)标题

一般文章都有标题、副标题、章和节等结构,HTML 中也提供了相应的标题标签<Hn>。其中,n 为标题的等级。HTML 总共提供六个等级的标题,n 越小,标题字号就越大,以下列出所有等级的标题:

<H1>…</H1>   第一级标题

<H2>…</H2>   第二级标题

<H3>…</H3>   第三级标题

<H4>…</H4>   第四级标题

<H5>…</H5>   第五级标题

<H6>…</H6>   第六级标题

请看下面的例子:

```
<html>
<head>
<title>标题示例</title>
</head>

<body>

这是一行普通文字<P>
<H1>一级标题</H1>
<H2>二级标题</H2>
<H3>三级标题</H3>
<H4>四级标题</H4>
<H5>五级标题</H5>
<H6>六级标题</H6>
</P>
</body>
</html>
```

（二）换行

在编写 HTML 文件时不必考虑太细的设置，也不必理会段落过长的部分会被浏览器切掉。因为在 HTML 语言规范里，每当浏览器窗口被缩小时，浏览器会自动将右边的文字转折至下一行。所以，编写者对于自己需要断行的地方，应加上
标签。

（三）段落标签<P></P>

为了排列得整齐、清晰，文字段落之间常用<P></P>来做标记。文件段落的开始由<P>来标记，段落的结束由</P>来标记。<P>标签还有一个属性 ALING，它用来指名字符显示时的对齐方式，一般有 CENTER（居中）、LEFT（靠左对齐）、RIGHT（靠右对齐）三种。下面用两个例子来说明这个标签的用法。

```
<html>
<head>
<title>段落标签</title>
</head>
<body>
<P ALIGN="CENTER">
浣溪沙 <P>一曲新词酒一杯,去年天气旧亭台,夕阳西下几时回？</
P><P>无可奈何花落去,似曾相识燕归来。小园香径独徘徊。</P>
</body>
</html>
```

```
<html>
<head>
<title>段落标签</title>
</head>


<body>
登鹳雀楼<P>白日依山尽,<br />黄河入海流。<br />欲穷千里
目,<br />更上一层楼。</P>
</body>
```

```
</html>
<html>
<head>
<title>无换行示例</title>
</head>
<body>
登鹳雀楼 白日依山尽,黄河入海流。欲穷千里目,更上一层楼。
</body>
</html>
<html>
<head>
<title>换行示例</title>
</head>
<body>
登鹳雀楼<br />白日依山尽,<br />黄河入海流。<br />欲穷千里
目,<br />更上一层楼。
</body>
```

（四）文字的大小设置

提供设置字号大小的是 FONT。FONT 有一个属性 SIZE，通过指定 SIZE 属性就能设置字号大小，而 SIZE 属性的有效值范围为 1～7，其中缺省值为 3。我们可以在 SIZE 属性值之前加上"＋"、"－"字符来指定相对于字号初始值的增量或减量。请看示例：

```
<html>
<head>
<title>字号大小</title>
</head>
<body>
<P><font size="7">这是 size＝7 的字体</font></P>
<P><font size="6">这是 size＝6 的字体</font></P>
<P><font size="5">这是 size＝5 的字体</font></P>
<P><font size="4">这是 size＝4 的字体</font></P>
<P><font size="－1">这是 size＝－1 的字体</font></P>
</body>
</html>
```

（五）文字的字体与样式

HTML4.0 提供了定义字体的功能，用 FACE 属性来完成这个工作。FACE 的属性值可以是本机上的任一字体类型，但有一点麻烦的是，只有对方的电脑中装有相同的字体才可以在他的浏览器中出现预先设计的风格。<font face＝"字体">

请看例子：

```
<HTML>
<HEAD>
<TITLE>字体</TITLE>
</HEAD>

<BODY>
<CENTER>
<FONT face="楷体_GB2312">欢迎光临</FONT><P>
<FONT face="宋体">欢迎光临</FONT><P>
<FONT face="仿宋_GB2312">欢迎光临</FONT><P>
<FONT face="黑体">欢迎光临</FONT><P>
<FONT face="Arial">Welcom my homepage.</FONT><P>
<FONT face="Comic Sans MS">Welcom my homepage.</FONT>P>
</CENTER>
</BODY>
```

为了让文字富有变化,或者为了着意强调某一部分,HTML提供了一些标签产生这些效果,现将常用的标签列举如下:

<B>粗体</B>

<I>斜体</I>

<U>加下划线</U>

<TT>打字机字体<TT>

<BIG>大型字体</BIG>

<SMALL>小型字体</SMALL>

<BLINK>闪烁效果</BLINK>

<EM>表示强调,一般为斜体</EM>

<STRONG>表示特别强调,一般为粗体</STRONG>

<CITE>用于引证、举例,一般为斜体</CITE>

(六)文字的颜色

文字颜色设置格式如下:

<font color="color_value">…</font>

这里的颜色值可以是一个十六进制数(用"♯"作为前缀),也可以是以下16种颜色名称。

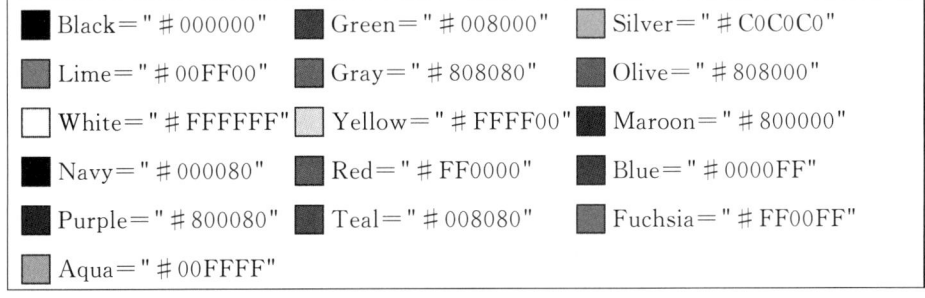

■ Black="♯000000"	■ Green="♯008000"	■ Silver="♯C0C0C0"
■ Lime="♯00FF00"	■ Gray="♯808080"	■ Olive="♯808000"
□ White="♯FFFFFF"	■ Yellow="♯FFFF00"	■ Maroon="♯800000"
■ Navy="♯000080"	■ Red="♯FF0000"	■ Blue="♯0000FF"
■ Purple="♯800080"	■ Teal="♯008080"	■ Fuchsia="♯FF00FF"
■ Aqua="♯00FFFF"		

五、列表 LIST

(一)无序号列表

无序号列表使用的一对标签是<ul></ul>,每一个列表项使用<LI></LI>。其结构如下所示:

<UL>

<LI>第一项</LI>

<LI>第二项</LI>

<LI>第三项</LI>

</UL>

```
<html>
<head>
<title>无序列表</title>
</head>
<body>
这是一个无序列表:<P>
<UL>
国际互联网提供的服务有:
    <LI>WWW 服务</LI>
    <LI>文件传输服务</LI>
    <LI>电子邮件服务</LI>
    <LI>远程登录服务</LI>
    <LI>其他服务</LI>
</UL>
</P>
</body>
</html>
```

(二)序号列表

序号列表和无序号列表的使用方法基本相同,它使用标签<OL></OL>,每一个列表项使用<LI></LI>。每个项目都有前后顺序之分,多数用数字表示。其结构如下所示:

<OL>

<LI>第一项</LI>

<LI>第二项</LI>

<LI>第三项</LI>

</OL>

(三)定义性列表

定义性列表可以用来给每一个列表项再加上一段说明性文字,说明独立于列表项另起一行显示。在应用中,列表项使用标签<DT>标明,说明性文字使用<DD>表示。在定义性列表中,还有一个属性是 COMPACT,使用这个属性后,说明文字和列表项将显示在同一行。其结构如下所示:

```
<DL>
<DT>第一项</DT>
<DD>叙述第一项的定义</DD>
<DT>第二项</DT> <DD>叙述第二项的定义</DD>
<DT>第三项</DT> <DD>叙述第三项的定义</DD>
</DL>
```

六、表格

（一）表格的基本结构

```
<table>…</table>    定义表格
<caption>…</caption>    定义标题
<tr>    定义表行
<th>    定义表头
<td>    定义表元（表格的具体数据）
```

基本表格的例子：

```
<table width="100％" cellspacing="0" cellpadding="0">
<caption align="top">
表格标题
</caption>
<tr>
<th scope="col"> </th>
<th scope="col"> </th>
</tr>
<tr>
<th scope="row"> </th>
<td> </td>
</tr>
</table>
```

（二）表格的标题

表格标题的位置可由 ALIGN 属性来设置，其位置分别在表格上方和表格下方。下面为表格标题位置的设置格式。

设置标题位于表格上方：

＜caption align＝"top"＞…＜/caption＞

设置标题位于表格下方：

＜caption align＝"bottom"＞…＜/caption＞

（三）表格的大小

一般情况下，表格的总长度和总宽度是根据各行和各列的总和自动调整的。如果我们要直接固定表格的大小，可以使用下列方式：

＜table width＝"n1" height＝"n2"＞

WIDTH 和 HEIGHT 属性分别指定表格一个固定的宽度和长度，n1 和 n2 可以用像素来表示，也可以用百分比（与整个屏幕相比的大小比例）来表示。

（四）边框尺寸设置

边框是用 BORDER 属性来体现的，它表示表格的边框边厚度和框线。将 BORDER 设成不同的值，有不同的效果。

（五）格间宽度

格与格之间的线为格间线，它的宽度可以使用＜TABLE＞中的 CELL-SPACING 属性加以调节。格式是：＜TABLE CELLSPACING＝"♯"＞。♯表示要取用的像素值。

格间宽度图 4－17 中的深色区域：

定货单

苹果	香蕉	葡萄
200公斤	200公斤	100公斤

图 4－17

（六）内容与格线之间的宽度

我们还可以在＜TABLE＞中设置 CELLPADDING 属性，用来规定内容与格线之间的宽度。格式为：＜TABLE　CELLPADDING＝"♯"＞。♯表示要取用的像素值，内容与格线之间的宽度如图 4－18 中的深色区域：

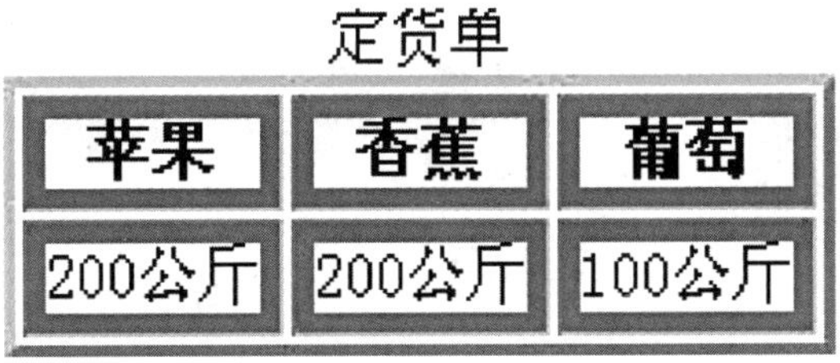

图 4 - 18

(七)表格内文字的对齐/布局

表格中数据的排列方式有两种,分别是左右排列和上下排列。左右排列是以 ALIGN 属性来设置,而上下排列则由 VALIGN 属性来设置。其中,左右排列的位置可分为三种:居左(left)、居右(right)和居中（center）;而上下排列基本上比较常用的有三种:上齐(top)、居中(middle)、下齐(bottom)。

＜tr align＝"＃"＞

＜th align＝"＃"＞   ＃＝left，center，right

＜td align＝"＃"＞

＜tr valign＝"＃"＞

＜th valign＝"＃"＞   ＃＝top，middle，bottom

＜td valign＝"＃"＞

示例:

```
    ＜table width＝"300" border＝"1" cellspacing＝"0" cellpadding＝"
0"＞
    ＜caption align＝"top"＞
表格标题
＜/caption＞
＜tr＞
＜th width＝"33％" scope＝"col"＞水平居中＜/th＞
＜th width＝"33％" align＝"right" scope＝"col"＞水平居右＜/th＞
＜th width＝"33％" align＝"left" scope＝"col"＞水平居左＜/th＞
＜/tr＞
＜tr＞
＜th height＝"43" valign＝"top" scope＝"row"＞垂直顶端＜/th＞
＜td valign＝"middle"＞垂直居中＜/td＞
＜td valign＝"bottom"＞垂直底端＜/td＞
＜/tr＞
＜/table＞
```

表格标题

水平居中	水平居右	水平居左
垂直顶端	垂直居中	
		垂直底端

图 4 - 19

(八)跨多行、多列的表元

要创建跨多行、多列的表元,只需在<TH>或<TD>中加入 ROWSPAN 或 COLSPAN 属性,这两个属性的值,表明了表元中要跨越的行或列的个数。

1.跨多列的表元

<th colspan="#">　　<td colspan="#">

colspan 表示跨越的列数,例如 colspan=2 表示这一格的宽度为两个列的宽度。

```
<table border>
<tr><th colspan=3>值班人员 </th>
<tr><th>星期一</th> <th>星期二</th> <th>星期三</th>
<tr><td>李强</td><td>张明</td><td>王平</td>
</table>
```

值班人员		
星期一	星期二	星期三
李强	张明	王平

图 4 - 20

2.跨多行的表元

<th rowspan="#">　　<td rowspan="#">

rowspan 所要表示的意义是指跨越的行数,例如 rowspan="2" 就表示这一格跨越表格两个行的高度。

```
<table border>
<tr><th rowspan=2>值班人员</th>
<th>星期一</th><th>星期二</th> <th>星期三</th></tr>
<tr><td>李强</td><td>张明</td><td>王平</td></tr>
</table>
```

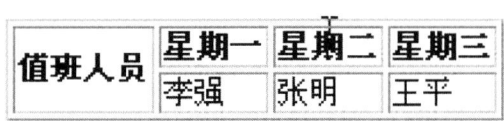

图 4-21

3.表格的颜色

在表格中,既可以对整个表格填入底色,也可以对任何一行、一个表元使用背景色。

表格的背景色彩　　　　　<table bgcolor="#">

行的背景色彩　　　　　　<tr bgcolor="#">

表元的背景色彩　　　　　<th bgcolor="#">或 <td bgcolor="#">

颜色叠加层次如图 4-22 所示:

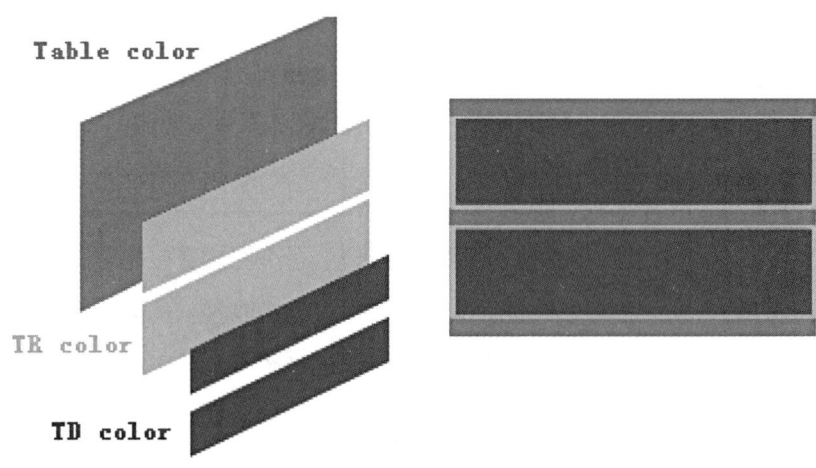

图 4-22

七、文件之间的链接

超文本中的链接是其最重要的特性之一，使用者可以从一个页面直接跳转到其他的页面、图像或者服务器。一个链接的基本格式如下：

＜a href＝"http://www.w3c.org/" target＝"_blank"＞ w3c ＜/a＞

标签＜a＞表示一个链接的开始，＜/a＞表示链接的结束。

属性"href"定义了这个链接所指的地方，即 URL 地址。

target 链接打开的地址的目标窗口，可能的取值：

"_blank"　　在新窗口打开此链接。

"_self"　　　在本窗口打开此链接（本页刷新）。

"_parent"　　在父框架窗口打开此链接。

"_top"　　　在最外层框架窗口打开此链接。

八、多媒体效果

超文本之所以能在很短的时间内如此广泛地受到人们的青睐，很重要的一个原因是它能支持多媒体的特性，如图像、声音、动画等。这一部分，我们先来学习如何在一个页面中插入图像。

（一）插入图形

超文本支持的图像格式一般有 X Bitmap(XBM)、GIF、JPEG 三种，所以我们对图片处理后要保存为这三种格式中的任何一种，这样才可以在浏览器中看到。

插入图像的标签是＜IMG＞，其格式为：

＜IMG SRC＝"图形文件地址"＞

SRC 属性指明了所要链接的图像文件地址，这个图形文件既可以是本地机器上的图形，也可以是位于远端主机上的图形。地址的表示方法可以沿用上一篇内容"文件的链接"中 URL 地址的表示方法。例如：

＜IMG SRC＝"images/ball.gif"＞

IMG 还有两个属性是 HEIGHT 和 WIDTH，分别表示图形的高和宽。通过这两个属性，可以改变图形的大小。如果没有设置，图形按原大显示。例如：

＜IMG SRC＝"flowers0.jpg"＞　　＜IMG SRC＝"flowers0.jpg" width＝"200" height＝"100"＞

（二）播放音乐、视频

利用各种媒体播放软件为浏览器提供的插件，可以实现在页面上进行多媒体文件的播放。由于使用的播放器不同，嵌入的代码也不同，具体可以参考播放软件的开发文档。例如最常用的 Windows Media Player 的一段嵌入代码。

```
CLASSID="CLSID:22D6f312－B0F6－11D0－94AB－0080C74C7E95"
STANDBY="Loading Windows Media Player components..."
TYPE="application/x－oleobject" VIEWASTEXT>
<P<object ID="MediaPlayer" WIDTH="200" HEIGHT="200"
ARAM NAME = " FileName " VALUE = " http://go. microsoft.
com/fwlink
? LinkId=10710">
<PARAM NAME="ShowStatusBar" VALUE="false">
<PARAM NAME="AutoStart" VALUE="True">
<PARAM NAME="uiMode" VALUE="mini">
<PARAM NAME="ShowControls" VALUE="True">
<PARAM NAME="ShowTracker" VALUE="True">
<PARAM NAME="EnableTracker" VALUE="True">
<PARAM NAME="ShowPositionControls" VALUE="False">
<PARAM NAME="EnablePositionControls" VALUE="False">
</object>
```

第二节　图片处理技术

图片编辑软件比较多，但除了菜单界面和使用习惯上的差异之外，如果仅考虑网络图片处理需要，其常用功能大同小异，无非就是图片格式、尺寸、分辨率修改等标准化操作，以及亮度与对比度调整等简单优化。

一、图片处理工具软件简介

Adobe Photoshop，简称"PS"，是一个由 Adobe Systems 开发和发行的图像处理软件。Photoshop 主要处理以像素所构成的数字图像。多数人对于 Photoshop 的了解仅限于"一个很好的图像编辑软件"，并不知道它的诸多应用，实际上，Photoshop 的应用领域很广泛，在图像、图形、文字、视频、出版等各方面都有所涉及。

Adobe Photoshop 最初的程序是由密歇根大学的研究生托马斯·诺尔（Thomas Knoll）创建的，后经诺尔兄弟以及 Adobe 公司程序员的共同努力，使得这款软件产生了巨大的转变，变成了人们离不开的平面设计编辑软件。这个软件的诞生可以说掀起了图像出版业的革命。随着 Adobe Photoshop 不断推陈出新，每一个版本的推出必然都会增添不少新功能，这使这个软件越来越受到使用者的支持。但是对于网络编辑日常处理来说，Photoshop 有点大材小用，还有一些比较小巧的图片处理软件如 ACDsee 等，可以满足多数情况下的需要。

二、网络图片常规处理

(一)图片批量处理

当有大量图片需要进行相同操作（如调整尺寸、对比度）的时候，一张一张地处理无疑很浪费时间。无论是 Photoshop 还是 ACDsee，都提供了批量处理功能。

(二)常用图片调整功能

网络图片处理一般是调整照片尺寸、格式、亮度、对比度、色彩饱和度等。常用的调整工具是"格式"、"尺寸"、"曲线"和"色阶"等。

(三)网络图片尺寸与格式

虽然图片具有不可比拟的特性和优势，但由于它是在互联网上传送的，而目前网络的传输速率并不十分理想，且受到诸多因素的限制（因为如果图片所占的空间太大，将严重影响网页下载的速度，影响浏览），这就要求编辑对所选取的图片尺寸进行控制。目前网络新闻页面中的配文照片，一般不超过 600 像素（px）宽。另外还需要通过图片格式调整进行优化。优化后的图像不仅大大降低了储存空间，同时也能提高其浏览速率。下面简单介绍网络新闻编辑用于优化图片的常用格式。

1. JPEG 格式

JPEG 格式是目前网络新闻图片编辑与制作中最常用的一种格式。这个缩写的完整含义是联合图片专家组（Joint Photographic Exerts Group），其指代的是开发这种格式的组织机构名称。JPEG 的文件扩展名是.jpg 或.jpeg。这种图像文件格式可以用不同的压缩比例进行压缩,其压缩技术十分先进,可以用最少的磁盘空间得到较好的图像质量。

正是由于它具有优异的性能,所以应用非常广泛。目前,几乎所有的电脑和操作系统都支持这种格式,主要是因为这种格式的文件所占空间小,浏览起来比较方便,而且速度也比较快。JPEG 格式压缩的主要是高频信息,对色彩的信息保留较好,适合应用于互联网,可减少图像的传输时间,支持 24bit 真彩色,也普遍应用于需要连续色调的图像。

JPEG 是一种很灵活的格式,具有调节图像质量的功能,允许用不同的压缩比例对文件进行压缩,支持多种压缩级别,压缩比率通常在 10∶1 到 40∶1 之间。压缩比越大,品质就越低;相反,压缩比越小,品质就越好。使用过高的压缩比例,将使最终解压缩后恢复的图像质量明显降低。如果追求高品质图像,不宜采用过高的压缩比例。正是由于这个原因,若需要使用 JPEG 格式保存图像,最好等到图像最后编辑完成再进行保存。

2.GIF 格式

GIF 格式是图形交换格式"Graphics InterChange Format"的缩写,其提出者是美国 CompuServe 公司。以这种图形格式储存的文件所占空间较小,适合网络环境传输和使用,并且 256 种颜色已能满足主页图形的需要,因此这种图形格式在网络上的运用非常广泛,仅次于 JPEG 格式。同时,GIF 图片支持透明度、压缩、交错和多图像图片(动画 GIF)等,以前,这一功能被人们看做是其最大的优点,不过现在已逐渐被 Flash 所替代。

但是,GIF 格式也有其致命缺点。由于这种格式只支持 256 色调色板,一般来说,详细的图片和写实摄影图像会丢失颜色信息。大多数情况下,这种无损压缩效果看起来就不如 JPEG 格式。另外,GIF 格式只支持有限的透明度,没有半透明效果或褪色效果,这也是 GIF 格式的不足之处。

3.PNG 格式

这种 20 世纪 90 年代中期研发的图像文件储存格式,当初的目的是企图替代 GIF 和 TIFF 文件格式,同时增加一些 GIF 文件格式所不具备的特性,也就是说,这种格式同时汲取和发展了 GIF 和 TIFF 文件格式的优点。流式网络图形格式(Portable Network Graphic Format,PNG)的名称来源于非官方的"PNG's Not GIF",是一种位图文件存储格式。严格说来,这是一种新兴的图像储存格式。

PNG 格式使用从 LZ77 派生的无损数据压缩算法,最多可以支持 32 位的颜色,可以包含透明度或 α 通道,并且可以是连续的。PNG 格式用来存储灰度图像时,灰度图像的深度可多达 16 位,存储彩色图像时,彩色图像的深度可多达 48 位,并且还可存储多达 16 位的 α 通道数据。

不过这种图像储存格式目前还处于发展阶段,并没有以上两种格式流行,压缩比也没有 JPG 格式大。由于 PNG 比较新,目前并不是所有的程序都可以用它来储存图像文件,但 Photoshop 既可以处理 PNG 图像文件,也可以用 PNG 图像文件格式储存。

4. BMP 格式

BMP 是英文“Bitmap”(位图)的简写,它是 Windows 操作系统中的标准图像文件格式,所有的 Windows 应用程序都支持这种格式。随着 Windows 操作系统的流行与丰富的 Windows 应用程序的开发,BMP 格式理所当然地被广泛应用。这种格式的特点是包含的图像信息较丰富。但是,由于这种图像储存格式占用磁盘空间过大,所以,目前 BMP 在单机上比较流行。

5. Photo CD 和 Pro Photo CD

Photo CD 是伊斯曼柯达公司开发的一种专门用于往 CD-ROM 上传输幻灯片和胶片的文件格式。它最早出现在 1990 年,而正式发布的时间是 1992 年。使用图像编辑和分类程序可以打开 Photo CD 图像,但是不能以这种格式保存。Photo CD 格式可以用 6 种不同的大小保存同一图像,从 128×192 像素一直到 2048×3072 像素。

但是,由于目前这种格式只是在极为专业的摄影方面才有可能用到,其昂贵的价格远远超出了普通用户的接受能力,因此它的应用还不是非常广泛。

Pro Photo CD 格式是专门针对需要超高分辨率图像的专业人员设计的,不同等级的分辨率供用户应用于不同的环境。Pro Photo CD master 盘用于大规格胶片格式的专业摄影师,如 70mm、120mm 或 4×5 英寸,这种盘中增加了更高分辨率(4096×6144)的图像,加入这种类型的图片后,一张此类光盘可以保存 25 到 100 张图片。当然要视胶片格式而定。

6. PICT 格式

PICT 格式是在 Mac 机 QuickDraw 屏幕语言基础上开发的,也是最常见的数据储存格式之一,属于 Mac 机上使用的一种本机图像格式。如果 Mac 机上安装了 QuickTime 软件,就可以使用 JPEG 压缩方式压缩 PICT 图像,否则,将不能打开 PICT 格式的文件。但应该知道,QuickTime 格式的 JPEG 压缩可能要比常规的 JPEG 格式保存的文件更多地破坏图像。

如果你要将图像保存成一种能够在 Mac 上打开的格式,选择 PICT 格式比 JPEG 要好,这种格式的一个突出优点是打开的速度相当快。

当然,图像文件储存格式还有更多,如 SVG、TIF、EPS、FlashPix 等,这里就不再一一介绍。

【特别提示】

存储为 GIF 图:适用于尺寸小一点的图片(200 像素以下),以及色彩比较单一的图片。存储为 GIF 格式可以使图片更小。

存储为 JPG 图:适用于尺寸较大的图片(400 像素以上),以及色彩比较斑斓华丽的图片。存储为 JPG 格式可以使图片更小。

存储为 WEB 所用格式往往能得到更小的图片。

三、表格处理

(一) 处理成图片

适用于较小、较短的表格,当处理成 600 像素宽度内的图片时不影响浏览。其步骤如下:

1. 去掉 Word 里换行符等段落标记,让表格显得干净清晰("视图"⇒"显示段落标记"⇒去√,见图 4—23)。

2. 对去√后的页面抓屏,可用键盘抓屏键(在键盘右上角标有"印屏幕 Pr Scrn"字样的键)或者用其他屏幕截图工具,圈出所需表格,存储为图片文件(见图 4—24)。

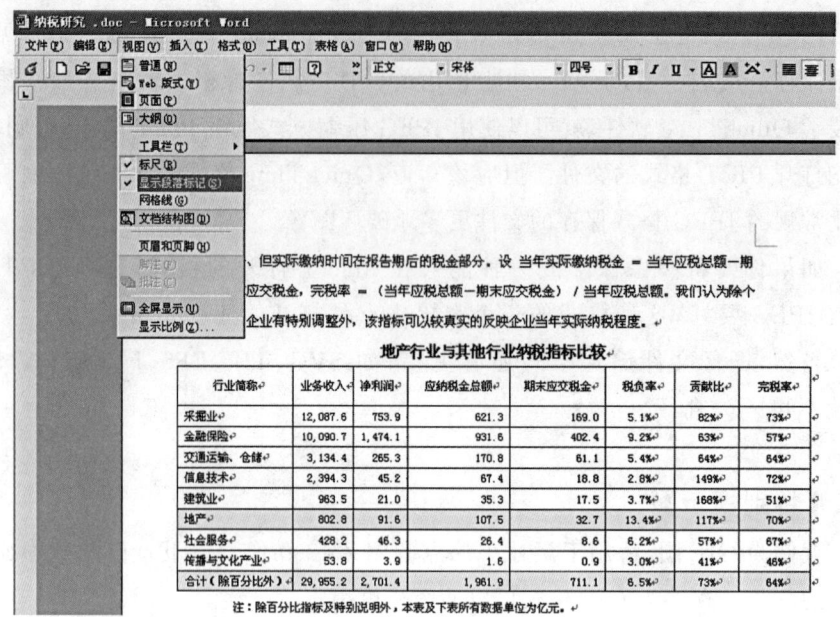

但实际缴纳时间在报告期后的税金部分。设 当年实际缴纳税金 ＝ 当年应税总额－期末应交税金，完税率 ＝（当年应税总额－期末应交税金）／ 当年应税总额。我们认为除个别企业有特别调整外，该指标可以较真实的反映企业当年实际纳税程度。

地产行业与其他行业纳税指标比较

行业简称	业务收入	净利润	应纳税金总额	期末应交税金	税负率	贡献比	完税率
采掘业	12,087.6	753.9	621.3	169.0	5.1%	82%	73%
金融保险	10,090.7	1,474.1	931.6	402.4	9.2%	63%	57%
交通运输、仓储	3,134.4	265.3	170.8	61.1	5.4%	64%	64%
信息技术	2,394.3	45.2	67.4	18.8	2.8%	149%	72%
建筑业	963.5	21.0	35.3	17.5	3.7%	168%	51%
地产	802.6	91.6	107.5	32.7	13.4%	117%	70%
社会服务	428.2	46.3	26.4	8.6	6.2%	57%	67%
传播与文化产业	53.8	3.9	1.6	0.9	3.0%	41%	46%
合计（除百分比外）	29,955.2	2,701.4	1,961.9	711.1	6.5%	73%	64%

注：除百分比指标及特别说明外，本表及下表所有数据单位为亿元。

图 4－23

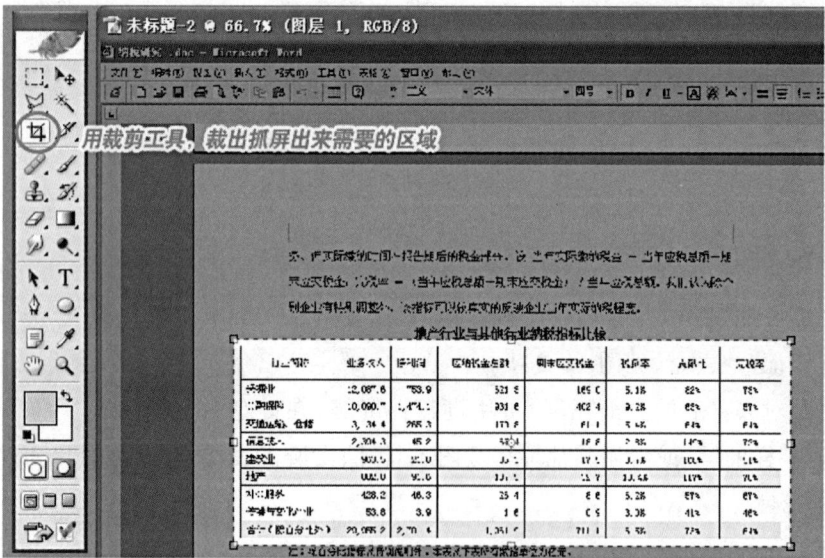

用裁剪工具，裁出抓屏出来需要的区域

图 4－24

3.在图片处理软件(如 Photoshop)中对裁剪完毕的表格图片进行图像大小调整(见图 4—25)

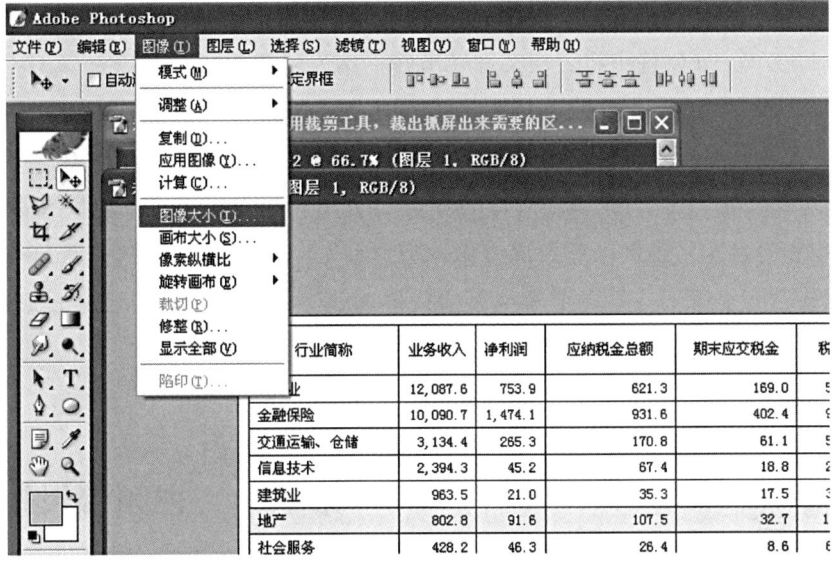

图 4—25

4.表格的色彩比较单一,选择存储成 GIF 格式的图片会得到更小尺寸、更佳效果的图(见图 4—26)

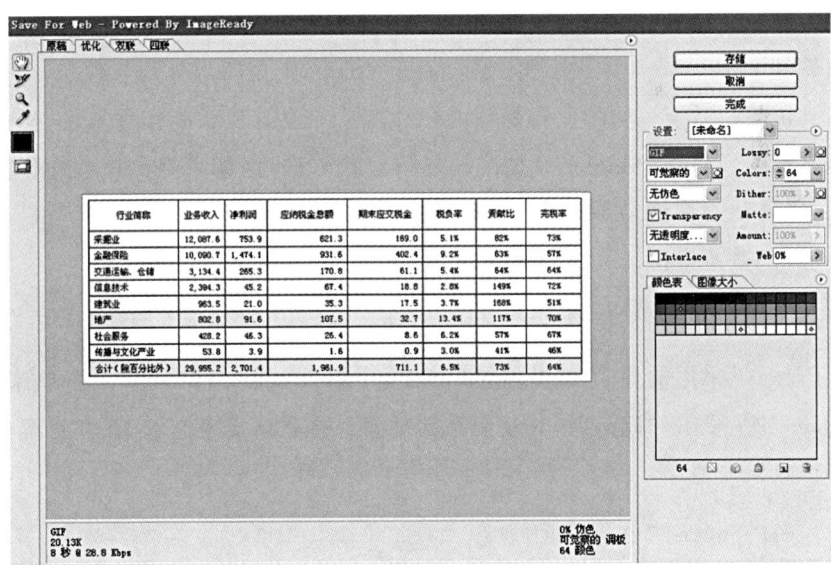

图 4—26

（二）处理成表格

对于尺寸较大的表格，当处理成 600 像素宽度以内的图片时，达不到较好的视觉效果，此时可以直接处理为以网页呈现的表格。步骤为：

1. 在 Word 软件中将表格文件导出并存储为网页。

2. 用 Dreamweaver 打开上述页面文件，删除因为由 Word 导出而生成的废代码（废代码主要是以"style"括起来的代码，与黑色文字前后的蓝色代码，所有的蓝色代码都是废代码，具有一定的规律性）；选中一段废代码，应用"编辑"⇒"查找和替换"，将废代码替换成空白；找到代码里蓝色的废代码区，重复"查找和替换"，直至得到差不多干净纯净的代码为止。清空后的代码已经是最单纯的表格，可以根据需要自己加点边框颜色等等，然后即可套用。

第三节　视频编辑技术

一、Premier 基本知识

Premier 是一款 Adobe 公司出品的准专业级别的视频编辑软件。它的功能强大，具有良好的兼容性，可以与 Adobe 公司所用的相关软件相兼容，如图像处理软件 Photoshop，后期处理软件 After Effect，矢量图形处理软件 Adobe Illustrator 等。对于一般的业余视频爱好者以及专业的视频制作者来说，操作起来非常简便。尽管 Premier 只是一款视频剪辑软件，但如果与上述软件相配合使用，所得到的视频效果将是非常专业的。在这里，我们只是简单介绍一些 Premier 的基本知识。

（一）Premier 的工作原理

Premier 采用的是区别于传统时间顺序的非线性编辑模式。简单来说，Premier 的主要工作就是剪切、复制和粘贴素材并重新安排它们，在此过程中完成多种效果处理。

（二）Premier 的主要功能

Premier 的主要功能可以分为素材重置、视频特效、视频转场。

素材重置是指将拍摄的素材进行剪辑,重新排序,以达到新媒体视频的要求。视频特效主要是对视频的效果进行处理。Premier 的主要视频特效包括画面的光线处理和蓝屏抠像。视频转场主要是指视频中两个画面之间的过渡效果,常见的特效有淡入和淡出。

二、Premier 在网络视频编辑中的运用

凭借自身强大的后期处理能力,Premier 完全可以独立完成所有网络视频的后期剪辑处理。在这里简单介绍下 Premier 的操作方法。

(一)在视频采集中的运用

采集可以分为从摄像机磁带中采集和从硬盘中采集。从磁带中采集需要 IEEE1394 插口,通过 Premier 界面的"文件"⇒"采集"选项进行。从硬盘中采集就相对简单,在项目窗口中双击即可导入素材。将素材导入 Premier 后,就可以进行编辑了。

(二)在视频剪辑中的运用

Premier 一般采用双窗口编辑模式,即素材窗口和时间线窗口。先将素材放入素材窗口,经过选择,在需要的一段素材视频上打上入点和出点,然后放置于时间线上,经过排列顺序,在时间线窗口上观看剪辑后的效果。

(三)在视频处理中的运用

剪辑好素材后,就可以在素材上加各种效果,如转场效果、视频效果、声音效果,也可以配合应用 Adobe 公司的 Photoshop 和 After Effect,达到更好的效果。

(四)在视频格式处理中的作用

完成剪辑和效果处理后就可以生成影片了。在"窗口"⇒"生成"中可以生成影片,Premier 可以生成 AVI、WMV、MPEG 等格式的影片。

三、其他相关软件

(一)AE

AE 是"after effect"的简称,是 Adobe 公司出品的一款后期特效软件。AE 在后期中的作用十分强大。其工作原理与 Photoshop 有相似之处,基于固态层

处理。我们可以将 AE 看做是视频版的 Photoshop,因为层概念的引入,使得 AE 可以对多层的合成图像进行控制,制作出天衣无缝的合成效果。同时,AE 保留了 Premier 中关键帧和路径的技术,可以设计出高级的二维动画。

AE 的主要特色在于其强大的特效功能,它做出的主要视频效果——合成技术,主要也是由其特效功能所实现的。与 Adobe 公司的其他软件一样,AE 与 Adobe 公司的软件皆可以兼容。

(二)3D MAX

它是一款 Autodesk 公司开发的基于 PC 系统的三维动画渲染和制作软件,被广泛地应用于电视及娱乐业中,如片头动画和视频游戏的制作,《古墓丽影》中深深扎根于玩家心中的劳拉角色形象就是 3D MAX 的杰作。

3D MAX 的出现给视频制作带来了革命性的影响。在此之前,工业级的 CG 制作一直被 SGI 图形工作站所垄断,而"3D Studio Max＋Windows NT"的组合出现后,CG 制作的门槛一下子被降低了。3D MAX 的功能在影视特效方面发挥到了极致,如《X 战警 II》,《最后的武士》等影片中都有 3D MAX 所展现给我们的经典场面。

(三)Maya

Maya 是由美国 Autodesk 公司出品的一款世界顶级的三维动画软件,应用对象是专业的影视广告、角色动画、电影特技等。Maya 功能完善,工作灵活,制作效率极高,渲染真实感极强,属于电影级别的高端制作软件。通过 Maya 软件甚至可以创作出好莱坞动画的效果。

(四)Flash

Flash 是美国 Macromedia 公司所设计的一款二维矢量动画软件(现已被 Adobe 公司收购),现在被广泛应用于互联网网页的矢量动画设计中。Flash 的工作原理是绘制出一幅幅单帧的动画,然后使其连续播放,从而产生动画效果。Flash 采用向量运算(Vector Graphics)的方式,所生产的影片占用存储空间较小,且有自己的特殊档案格式(Swf)。

由于 Flash 在英文中有"闪光"的意思,Flash 的使用者也被称为"闪客"。这个词源起于"闪客帝国"个人网站。"闪客"一词最早出现在回声资讯的"Flash 论坛"上,后来被广泛应用,等到"闪客帝国"开通后,这个词更是深入人心。如今,"闪客"已经与"黑客"、"博客"等概念一起,构成了风起云涌的网络文化浪潮。

【特别提示】

虽然新媒体的编辑软件有很多种,但编辑的基本原理大体是相同的。把握好编辑软件的基本原理,可以触类旁通,了解其他软件的操作方法。

【新媒体链接】

一场拿 Flash 说事的声援[①]

"Flash 是我们支持的唯一网络资产。"老牌浏览器 Opera 的联合创始人乔恩·冯·特泽纳在 5 月 28 日伦敦开放移动峰会上强调自己的态度。24 小时内,时代华纳、NBC 电视网、HBO,一群影音娱乐界巨头们此起彼伏表达出了自己对 Flash 的支持。

为什么要声援 Flash 呢? Flash 动态网页技术已经快 14 岁了,是互联网网页基础技术中少数还在自我进化的"老东西"。但在苹果老大史蒂夫·乔布斯的嘴里,Flash 已经沦落成了漏洞百出的累赘、手持移动互联网的"电老虎",所以苹果在推出 iPad 后,很明确地在苹果 iPhone、iPad、iPod 等家族产品上彻底封杀了 Flash。乔布斯在回答封杀 Flash 的质疑时写道:"远离那些窃取隐私数据程序的自由,远离那些耗尽电池电量程序的自由,远离色情的自由。是的,自由,时代变了,一些保守的 PC 时代遗老遗少们感觉他们的世界正在逝去。就是这样。"但在更多的程序员眼中,Flash 并非一无是处,至少 Flash 降低了网页动态显示的门槛,同时可以轻松实现以往只有依靠程序语言才能实现的动态功能,尤其是在 Realplay 这类压缩视频编码技术走入死胡同之后。而这恰恰是苹果所不希望看到的,如果程序员可以任意在 iPad 上以 Flash 技术实现动态功能,那么苹果应用软件商店的监管模式将荡然无存,iAD 这种应用软件下载商店延续的分成广告模式,无疑会被 Flash 混合植入广告方式杀得片甲不留。

限制 Flash 之类动态网页借道浏览器,蚕食应用软件下载商店的暴利,并不足以让苹果下决心跟 Adobe 撕破脸皮。那么到底是什么要素,让乔布斯狠心要置 Flash 于死地呢? Google 在 5 月 20 日宣布的 Google TV 开放平台,说明了一切。这个让 YouTube 等网页视频直接变形成电视频道的计划,在硬件层面拉拢了英特尔、索尼和罗技,渠道层面勾结了美国第二大卫星电视运营商 DISH

---

① 《三联生活周刊》2010 年第 23 期,第 122 页。

Network 和家电连锁巨头百思买,而软件层面的核心合作者,恰恰就是拥有 Flash 技术的 Adobe。Flash 10.1 将被植入到 Google TV 平台中的 Chrome 浏览器内,同时还可以分享 Android 的软件应用下载店。就像当年 IBM 开放个人电脑架构扶持兼容机一样,Google 试图以整个信息产业链条上的多个公司联手,对抗以 iPad 和 iPhone 为核心的苹果封闭体系。Google 工程副总裁维克·冈多拉更是说得透彻:"如果 Google 不行动起来,那我们都将面临一个残酷的未来:一个人、一家公司、一款设备、一个运营商将是我们唯一的选择。"作为对 Google TV 的回应,苹果紧急着手重新升级 AppleTV,一个曾经被乔布斯称为业余爱好的项目。iPhone 的操作系统将被灌入新的 AppleTV 中,兼容苹果应用软件商店,硬件售价只卖 99 美元,就是打死也不支持 Flash。正是看到了乔布斯拿 AppleTV 做挡箭牌,才有了 Opera、诺基亚和娱乐巨头们集体的无组织联盟,一场拿 Flash 说事的声援。

四、网络视频常用文件格式

(一)GIF 格式

GIF 是一种由 CompuServe 公司开发的图像互换格式。它的原理是将一系列相关图片联系在一起,以形成动画的特效。因此,GIF 动画又被称为逐帧动画,是通过逐帧绘制和处理 GIF 图像创建的。GIF 动画虽然没有背景音乐和交互性效果,但它的优势也很明显:文件占用的空间较小,绝大部分的浏览器都支持,而且容易实现对象的移动、变形及各种动态效果。

(二)FLIC 格式

FLIC 文件是对一个静止画面序列的描述,连续显示这一序列便可产生动画效果。它有两种类型:FLI 文件和 FLC 文件。FLC 文件是 FLI 文件的进一步发展,它采用更高效的压缩技术,且分辨率也不限于 320×200 像素。FLIC 文件采取的压缩技术原理就是仅保存前一帧中改变的部分,这样占用的空间小,弹出速度快。

(三)MPEG-4 格式

MPEG-4 是一种由 MPEG(Moving Picture Expert Group)开发的关于运动图像及伴音的国际标准,针对数字电视、交互式绘图应用(影音合成内容)、交互式多媒体等整合及压缩技术的需求而制定。

MPEG－4最重要的特点是提出了音视频对象的概念,它将多媒体数据分为不同的视频对象(VO)和音频对象(AO)。MPEG－4有以下优点:

1.针对不同的对象可采用不同的编码算法,编码效率高,能提供更好的主观视觉质量的图像。

2.对场景中的每个对象独立编码。用户可以有选择性地与其中几个对象交互,具有良好的重用性。

3.无须编码就可以进行基于内容的操作与比特流的编辑。例如用户可在图像或比特流中选择一个具体的对象,随后改变它的位置、颜色、大小等,甚至可以删除它。

4.内容尺度可变。即给图像中的各个对象分配优先级,其中比较重要的对象可以用较高的空间和时间分辨率表示。

5.提高抗错误能力,尤其是在易发生严重错误的低比特应用中。因为它考虑了信道特性,从而提供了一种对抗残留错误的坚韧性。

因此,MPEG－4具有交互性、高压缩比和对音视频内容的可移植性等方面的特点,能够提供多媒体环境下对视频数据的有效存贮,准确无误地传输和控制。此外,MPEG－4还可以透明地访问信息,将通过各种网络传输的信息最终映射为本地信息。

(四)Real Video格式

Real Video是一种网上常用的下载格式,主要包括RM、RAM、RMVB等。它是由Real Networks公司所制定的音视频压缩规范,其优点是占用空间较小,并且可以保留不错的视频效果。缺点在于由于反复压缩,画面连续性的损失非常大。尽管在播放过程中这一缺点不是很明显,但是在视频剪辑中,这一缺点的影响非常大,所以Real Video这种格式并不适用于视频编辑。另外,与其他视频格式相比,Real Video格式的视频质量明显稍逊一筹,但由于所占空间较小,仍然目前在网络上广受欢迎。

(五)Windows Media Video格式

WMV是微软推出的一种流媒体格式,它是在ASF(Advanced Stream Format)格式基础上升级衍生而成的。在同等视频质量下,WMV格式的体积非常小,因此很适合在网上播放和传输。目前新媒体的大量视频都是WMV格式。WMV的主要优点在于:可扩充的媒体类型、本地或网络回放、可伸缩的媒体类型、流的优先级化、多语言支持、扩展性等。

（六）AVI 格式

AVI 是音频视频交错（Audio Video Interleaved）的英文缩写。该格式采用的是一种无损压缩的方法，优点在于，画质非常清晰，且画面之间连续性损失小，是目前视频剪辑过程中大量采用的一种格式。缺点是占用空间很大，一般10 分钟的 AVI 可以占用到 1G 的空间。

需要注意的是，AVI 本身有着多种格式，这种情况主要是由市面上众多的视频剪辑软件所造成的。视频剪辑软件互相不兼容的情况导致 AVI 格式也有着千差万别。

（七）MOV 格式

MOV 即 QuickTime 影片格式。它是 Apple 公司开发的音频、视频文件格式，用于存储常用数字媒体类型，如音频和视频。由于 Apple 与微软公司的大部分操作系统并不兼容，MOV 这种格式并不常见。但 MOV 在画面效果处理上有非常不错的表现，在某些方面甚至比 WMV 和 RM 更优秀，现在众多的视频编辑处理软件也支持 MOV 的格式应用。

第四节　音频编辑技术

【知识要点】

一、流媒体技术的基本知识

（一）流媒体技术简介

流媒体技术，简称"流技术"，起源于美国，是一种新的媒体传输方式。流媒体指在互联网中使用流式传输技术的连续时基媒体。它在音频和视频中都有广泛应用。

流媒体在播放前并不下载整个文件，只将开始部分内容存入内存。播放时因为内容的存储有一些延迟，但后续的数据流可以随时传送、随时播放。如果数据流动速度保持足够快的话，播放是连续的。流式传输避免了用户必须等待整个文件全部从互联网上下载才能观看的缺点,用户只需在观看文件前等上几秒钟就可以流畅收看完整个视频。简单来说,流技术就是一种边收听边下载的技术。

早期的流媒体系统在互联网上传输的多是一些低质量信息,随着网络技术的发展,一些高质量的流媒体应用陆续出现,如 IPTV,能够向用户传输标清甚至高清的电视节目。另外,随着无线网络和各种各样手持设备的出现,无线流媒体的应用也变得越来越重要。

(二)流媒体技术的特点

相对于传统的媒体播放方式,流媒体技术具有如下特点:

1.特殊的媒体文件格式

流媒体的内容是可以播放的压缩媒体数码流,例如 MP4 视频流、MP3 音频流等,流媒体文件定义了特殊的文件格式以适于流化和传输。与只能本地播放的媒体文件相比,即使相同的音频源、相同的编码方法,流媒体文件结构也是大不相同的。

2.使用实时传输协议

各种实时传输协议是流传输技术的具体实现,它规定或者建议了如何将媒体文件封装成数据包,如何传输,以及如何将数据包重组、播放。

3.使用缓冲区

客户端需要开辟大小合适的缓冲区,一方面能保证快速启动播放,一方面能有效平滑网络传输的延迟和抖动。

4.具有强大的可控性

由于其独特的传输方式和文件格式,流媒体技术具有强大的可管理性和可伸缩能力。例如可以实时插入广告、发布信息;可以方便地控制流量、进行计费;可以有效地防止非法复制等。

二、流媒体的传播方式

(一)单播

在客户端与媒体服务器之间需要建立一个单独的数据通道,从一台服务器送出的数据包只能传送给一个客户机,这种传送方式被称为单播。每个用户必须分别对媒体服务器发送单独的查询,而媒体服务器必须向每个用户发送所申请的数据包拷贝。这种巨大的冗余首先造成服务器沉重的负担,响应需要很长时间,甚至停止播放;管理人员也被迫购买硬件和带宽来保证一定的服务质量。但用户可以开始、停止、后退、快进或暂停流媒体。单播连接提供了对流媒体的最大控制。

(二)广播

广播指的是用户被动接收流媒体。在广播过程中,客户端接收流媒体,但不能控制流媒体。例如,用户不能暂停、快进或后退该流媒体。广播方式中,数据包的单独一个拷贝将被发送给网络上的所有用户。

(三)多播

IP多播技术构建一种具有多播能力的网络,允许路由器一次将数据包复制到多个通道上。采用多播方式,单台服务器能够对几十万台客户机同时发送连续数据流而无延时。媒体服务器只需要发送一个信息包,而不是多个;所有发出请求的客户端共享同一信息包。信息可以被发送到任意地址的客户机,减少网络上传输的信息包的总量。网络利用效率大大提高,成本大为下降。多播吸收了单播和广播方式的长处,克服了上述两种发送方式的弱点,既不会复制数据包的多个拷贝传输到网络上,也不会将数据包发送给不需要的客户,从而保证了网络上多媒体应用占用网络的最小带宽。

三、新媒体常见的音频格式

(一)CD格式:正统血脉

当今世界上音质最好的音频格式是什么?当然是CD了。因此要讲音频格式,CD自然是打头阵的先锋。文件.cda后缀的格式就是CD音轨了。标准CD格式也就是44.1K的采样频率,速率88K/秒,16位量化位数。因为CD音轨可以说是近似无损的,因此它的声音基本上是忠于原声的,能让人感受到天籁之音。

(二)WAV:无损

WAV是微软公司开发的一种声音文件格式,它符合"PIFF Resource Interchange File Format"(资源文件交换格式规范),用于保存Windows平台的音频信息资源。该格式支持MSADPCM、CCITT A LAW等多种压缩算法,支持多种音频位数、采样频率和声道。标准格式的 WAV 文件和 CD 格式一样,也是 44.1K 的采样频率,速率 88K/秒,16 位量化位数。WAV 格式的声音文件质量和 CD 相差无几,也是目前 PC 机上广为流行的一种声音文件格式,几乎所有的音频编辑软件都能识别 WAV 格式。缺点是占用空间过大。

(三)MP3:流行

MP3 格式诞生于 20 世纪 80 年代的德国,所谓 MP3 也就是指 MPEG 标准中的音频部分,即 MPEG 音频层。根据压缩质量和编码处理的不同分为三层,分别对应 MP1、MP2、MP3 这三种声音文件。需要提醒的是,MPEG 音频文件的压缩是一种有损压缩,MPEG3 音频编码具有 10:1~12:1 的高压缩率,同时基本保持低音频部分不失真,但是牺牲了声音文件中 12KHz~16KHz 高音频这部分的质量来换取文件的尺寸。相同长度的音乐文件,用 MP3 格式储存,一般只有 WAV 文件的 1/10,而音质要次于 CD 格式或 WAV 格式的声音文件。由于其文件尺寸小,音质好,所以在它问世之初还没有什么别的音频格式可以与之匹敌,直到现在,这种格式还是风靡一时,作为主流音频格式的地位难以被撼动。

(四)MIDI:作曲家最爱

经常玩音乐的人应该常听到 MIDI(Musical Instrument Digital Interface)这个词,MIDI 允许数字合成器和其他设备交换数据。MID 文件格式由 MIDI 继承而来。MID 文件并不是一段录制好的声音,而是记录声音的信息,然后再告诉声卡如何再现音乐的一组指令。这样一个 MIDI 文件每存 1 分钟的音乐只用大约 5~10KB。今天,MID 文件主要用于原始乐器作品、流行歌曲的业余表演、游戏音轨以及电子贺卡等。MID 文件重放的效果完全取决于声卡的档次。MID 格式的最大用处是在电脑作曲领域。MID 文件既可以用作曲软件写出,也可以通过声卡的 MIDI 口把外接音序器演奏的乐曲输入电脑里,制成 MID 文件。

(五)WMA:最具实力

WMA(Windows Media Audio)格式是来自于微软的重量级选手,它和日本 YAMAHA 公司开发的 VQF 格式一样,是以减少数据流量但保持音质的方法来达到比 MP3 压缩率更高的目的。WMA 的压缩率一般可以达到 1:18 左右。WMA 的另一个优点是内容提供商可以通过 DRM(Digital Rights Management)方案（如 Windows Media Rights Manager 7）加入防拷贝保护。这种内置的版权保护技术可以限制播放时间和播放次数甚至于播放的机器等等，这对被盗版搅得焦头烂额的音乐公司来说可是一个福音。另外，WMA 还支持音频流（Stream）技术，适合在网络上在线播放，作为微软抢占网络音乐的开路先锋，可以说是技术领先、风头强劲。更方便的是，它不用像 MP3 那样需要安装额外的播放器，Windows 操作系统和 Windows Media Player 的无缝捆绑让你只要安装了 Windows 操作系统，就可以直接播放 WMA 音乐。新版本的 Windows Media Player 7.0 更是增加了直接把 CD 光盘转换为 WMA 声音格式的功能。在新出品的操作系统 Windows XP 中，WMA 是默认的编码格式。

WMA 这种格式在录制时可以对音质进行调节。同一格式，音质好的可与 CD 媲美，压缩率较高的可用于网络广播。虽然现在网络上还不是很流行 WMA，但是在微软的大规模推广下，它已经得到了越来越多站点的承认和大力支持，在网络音乐领域中直逼 MP3，在网络广播方面，也正在瓜分 Real 的天下。几乎所有的音频格式都感受到了 WMA 格式带来的压力。

（六）RealAudio：流动旋律

RealAudio 主要适用于在网络上的在线音乐欣赏，现在还有不少用户仍然在使用 56Kbps 或更低速率的 Modem，所以典型的回放并非最好的音质。有的下载站点会提示你根据你的 Modem 速率选择最佳的 Real 文件。现在 Real 的文件格式主要有这么几种：RA（RealAudio）、RM（RealMedia，RealAudio G2）、RMX（RealAudio Secured），还有更多。这些格式的特点是可以随网络带宽的不同而改变声音的质量，在保证大多数人听到流畅声音的前提下，令带宽较富裕的听众获得较好的音质。

（七）OGG：新生代音频格式

全称是 OGG Vorbis（Ogg Vorbis），是一种新的音频压缩格式，类似于 MP3 等现有的音乐格式。但有一点不同的是，它是完全免费、开放和没有专利限制的。OGG Vorbis 有一个很出众的特点就是支持多声道。随着它的流行，以后用随身听来听 DTS 编码的多声道作品将不会是梦想。

Vorbis 是这种音频压缩机制的名字，而 Ogg 则是一个计划的名字，该计划意图设计一个完全开放性的多媒体系统。目前该计划只实现了 Ogg Vorbis 这一部分。

Ogg Vorbis 文件的扩展名是.OGG。这种文件的设计格式是非常先进的。

现在创建的 OGG 文件可以在未来的任何播放器上播放。因此,这种文件格式可以不断地进行大小和音质的改良,而不影响旧有的编码器或播放器。

(八)APE 格式

APE 的本质是一种无损压缩音频格式。庞大的 WAV 音频文件可以通过 Monkey's Audio 这个软件进行"瘦身"压缩为 APE。很多时候它被用做网络音频文件传输,因为被压缩后的 APE 文件容量要比 WAV 源文件小一半多,可以节约传输所用的时间。更重要的是,通过 Monkey's Audio 解压缩还原以后得到的 WAV 文件可以做到与压缩前的源文件完全一致。

第五节　动画设计软件

Flash 是由 Macromedia 公司推出的交互式矢量图和 Web 动画的标准,由 Adobe 公司收购。网页设计者使用 Flash 能够创作出既漂亮又可改变尺寸的导航界面以及其他奇特的效果。Flash 的前身是 Future Wave 公司的 Future Splash,它是世界上第一款商用的二维矢量动画软件,用于设计和编辑 Flash 文档。1996 年 11 月,美国 Macromedia 公司收购了 Future Wave,并将其改名为 Flash。在生产出 Flash 8 以后,Macromedia 又被 Adobe 公司收购。Flash 通常也指 Macromedia Flash Player(现为 Adobe Flash Player)。

Flash 是一种创作工具,设计人员和开发人员可使用它来创建演示文稿、应用程序和其他允许用户交互的内容。Flash 可以包含简单的动画、视频内容、复杂的演示文稿和应用程序以及介于它们之间的任何内容。通常使用 Flash 创作的各个内容单元被称为应用程序,即使它们可能只是很简单的动画,用户也可以通过添加图片、声音、视频和特殊效果,构建包含丰富内容的 Flash 应用程序。

Flash 特别适用于创建通过互联网提供的内容,因为它的文件非常小。Flash 是通过广泛使用矢量图形做到这一点的。与位图图形相比,矢量图形需要的内存和存储空间小很多,因为它们是以数学公式而不是大型数据集来表示的。

一、软件特性

第一,Flash 被大量应用于互联网网页的矢量动画设计。因为使用向量运算(Vector Graphics)的方式,产生出来的影片占用存储空间较小。

第二,使用 Flash 创作出的影片有自己的特殊档案格式(SWF),该公司声称全世界 97%的网络浏览器都内建 Flash 播放器(Flash Player)。

第三,Flash 是 Macromedia 提出的"富因特网应用"(RIA)概念的实现平台之一。

Flash 影片的后缀名为.swf,该类型文件必须有 Flash 播放器才能打开,且播放器的版本须不低于 Flash 程序自带播放器的版本。因为其占用硬盘空间小,所以现在被广泛应用于游戏制作。"swf"则是一个完整的影片档,无法被编辑。SWF 在发布时可以选择保护功能;如果没有选择,很容易被别人输入到他的原始档中使用。"Fla"是 Flash 的原始档,只能用对应版本或更高版本的 Flash 打开编辑。ActionScript 是一种程序语言的简单文本文件。FLA 档案能够直接包含 ActionScript,但是也可以把它存成 AS 档作为外部联结档案(如定义 ActionScript 类则必须在写在 AS 文件里,再通过 Import 加入类),以方便共同工作和更进阶的程序修改。

二、基本功能

Flash 动画设计的三大基本功能是整个 Flash 动画设计知识体系中最重要、也是最基础的,包括:绘图和编辑图形、补间动画和遮罩。这是三个紧密相连的逻辑功能,并且这三个功能自 Flash 诞生以来就存在。

(一)绘图和编辑图形

绘图和编辑图形不但是创作 Flash 动画的基本功,也是进行多媒体创作的基本功。只有基本功扎实,才能在以后的学习和创作道路上一帆风顺。在绘图的过程中要学习怎样使用元件来组织图形元素,这也是 Flash 动画的一个巨大特点。

(二)补间动画

补间动画是整个 Flash 动画设计的核心,也是 Flash 动画的最大优点,它有动画补间和形状补间两种形式。用户学习 Flash 动画设计,最主要的就是学习"补间动画"设计。在应用影片剪辑元件和图形元件创作动画时,有一些细微的差别,应该完整把握这些细微的差别。

(三)遮罩

遮罩是 Flash 动画创作中所不可缺少的——这是 Flash 动画设计三大基本

功能中重要的出彩点。使用遮罩配合补间动画,用户可以创建更多丰富多彩的动画效果,如图像切换、火焰背景文字、管中窥豹等都是实用性很强的动画。并且,从这些动画实例中,用户可以举一反三创建更多实用性更强的动画效果。遮罩的原理非常简单,但其实现的方式多种多样,特别是和补间动画以及影片剪辑元件结合起来,可以创建千变万化的形式。

三、操作步骤

要在 Flash 中构建应用程序,可以使用 Flash 绘图工具创建图形,并将其他媒体元素导入 Flash 文档。接下来,定义如何以及何时使用各个元素来创建设想中的应用程序。在 Flash 中创作内容时,需要在 Flash 文档文件中工作。Flash 文档的文件扩展名为.fla(FLA)。Flash 文档有四个主要部分:

(一)场景

场景是在回放过程中显示图形、视频、按钮等内容的位置。

(二)时间轴

时间轴用来通知 Flash 显示图形和其他项目元素的时间,也可以使用时间轴指定舞台上各图形的分层顺序。位于较高图层中的图形显示在较低图层中的图形的上方。

(三)库面板

库面板是 Flash 显示 Flash 文档中的媒体元素列表的位置。

(四)ActionScript

ActionScript 代码可用来向文档中的媒体元素添加交互式内容。例如,可以添加代码以便用户在单击某按钮时显示一幅新图像,还可以使用 ActionScript 向应用程序添加逻辑。逻辑使应用程序能够根据用户的操作和其他情况采取不同的工作方式。Flash 包括两个版本的 ActionScript,可满足创作者的不同具体需要。

完成 Flash 文档的创作后,可以使用"文件"⇒"发布"命令发布它。这会创建文件的一个压缩版本,其扩展名为.swf(SWF)。然后就可以使用 FlashPlayer 在 Web 浏览器中播放 SWF 文件,或者将其作为独立的应用程序进行播放。

第六节　网站内容管理系统应用知识[①]

CMS 是"Content Management System"的缩写,意为"内容管理系统",在新闻网站又常称为"新闻发布系统",是网络编辑须臾不离手的工具,通过它可以处理并发布文本、图片、Flash 动画和音视频文件,最终生成网站前台所见内容。HTML 是网页最基本的语言。目前主流的网站开发语言有 ASP、PHP、ASP. NET、JSP 等。基于不同开发语言的 CMS 产品,种类繁多,特点各异。有的开源免费,有的加密收费。基于 ASP 的有风讯内容管理系统、新云网站管理系统、NB 文章系统、渐飞新闻出版系统;基于 Php 的有美丽心雨网站管理系统、ECMS 帝国网站管理系统;基于 ASP. NET 的有动网新闻管理系统;基于 JSP 的以方正翔宇 CMS 为代表。若论优劣,不可一概而论,因为 CMS 的功能,需要从开发语言的特点、模板体系、刷新效率、负载容量、信息采集、操作简易性、缓存技术、功能模块扩展及与第三方兼容性等诸多方面加以综合衡量。另外使用习惯也是一个重要的因素。本节将结合国内常见的一款 CMS,对其结构和主要功能进行讲解。

一、网络内容管理主系统

以方正翔宇(CMS)网站内容管理系统为例,这是一个以网站内容组织管理为主,实现网络新闻采编发管理的系统。该系统提供了一个包括信息采集、加工、制作发布的网站新闻制作的工作平台。此外,系统还提供了与专业网页制作工具 Dreamweaver 集成在一起的模板组件,能够在 Dreamweaver 中进行可视化的模板编辑,使网站美编能够充分发挥 Dreamweaver 强大的网页制作能力,实现各种复杂的页面效果。

方正翔宇 CMS 通过基于 XML 的可视化内容编辑器来进行网站内容的编排,在编辑器内能够方便地进行字体、段落的设置,多图的图文混排与图片编辑,任意格式多媒体文件的插入,甚至集成对音视频内容的编辑,提供对热字、敏感字、关键字、相关新闻的自动处理。

(一)源稿中心

源稿中心相当于"采购与备料中心",是处理原始素材的地方。其稿件分为

---

① 本节内容参考北大方正翔宇内容管理系统手册编写。

手写稿和导入稿两种类型。编辑可在源稿中心完成对稿件的编辑、送审、签发流程。入库程序传入、新闻抓取软件传入和从其他站点推荐的稿件，也被放在源稿中心的相应标签下，通过"选稿"、"传稿"功能传给相应的编辑，通过"签发"操作传到相应的栏目。编辑在源稿中心进行稿件入库操作，可以对源稿中心的任何稿件要求审稿，被审稿操作后的稿件将从源稿中心的原栏目消失，转移到源稿中心的审稿栏目下，等待具有审稿权限的编辑进行审稿。

具体操作流程如下：

1. 送审

进入源稿中心，新写一篇稿件或者对已经存在的稿件进行送审操作，选中"送审到工作流"，稿件将根据流程被送审到处理人。如果不送审，则稿件将流转到待审稿件标签中，等待有签发权限的编辑审稿。如果送审到工作流，稿件将根据定义的工作流模板转到下一处理人，在该处理人的"我的工作列表"标签中显示。否则稿件将以待审稿件的状态出现在有审稿权限用户的"待审稿件"标签下。

2. 审稿

审稿人进入源稿中心的"待审稿件"，打开待审稿件，查看稿件内容。查看完毕后，选中要审批的稿件，点击"审稿"签发这篇稿件，该篇稿件将在"待审稿件"栏目中消失，以被选用的状态出现在该稿件编辑的自采稿栏目下，同时该稿件将被签发到选中的栏目下。如果稿件审核未过，可以"打回"让编辑重新修改，该稿件将在"待审栏目"中消失，移动到该稿件原来所在的位置栏目，放在"被撤稿件"下。编辑修改之后可以重新送审。

(二)发布中心

发布中心是处理已经编审发布完毕稿件的工作区，有"预签"或"签发"权限的用户将稿件和图片签发到相应的栏目后，选择"发布中心"按钮，系统列出发布稿库各栏目的列表；选择相应的栏目，系统列出当前栏目下的稿件列表。在这个界面，编辑主要进行以下操作：

1. 写稿

选择一个"栏目"，单击"写稿"按钮，系统弹出编辑器；内容编写完毕后，点击保存，此时系统默认保存稿件在当前栏目下。

2. 撤稿

选中一篇稿件将其撤下，这篇稿件将回到源稿中心的"被撤稿件"下。当这篇稿件被多个栏目引用时,所有栏目与这篇稿件的关联都会被删除,不再存在。

3.关联到

将所发稿件关联到其他栏目,加强信息的关联度,提高阅读的延展性。

(1)选择相应的稿件单击"关联到"按钮,系统弹出"关联稿件对话框"。

(2)选择需要增加到的另一个发布栏目,单击"增加";如果需要关联到多个栏目,继续选择和点击"增加";如果多选了栏目,选择栏目列表中栏目前面的复选框,点击删除,就可以去掉一个或几个栏目的选择。

(3)选择完毕后,点击确定,稿件就关联过去了。

执行"关联到"操作的时候要注意以下几点:"关联到"只实现使一篇稿件在另外一个栏目中出现的功能,即另外一个栏目也与这篇稿件建立了一个链接,而稿件本身只有一篇,但可以同时与多个栏目建立关系。无论关联到几个栏目,其实都是一篇稿件在多个栏目中的链接,因此如果修改任意一个栏目中的这篇稿件,其他栏目中的稿件也会做相应的变化。当执行撤稿操作的时候,不管它是原稿件还是关联到另外栏目的稿件,撤一篇,其他稿件都会被撤掉。当用删除功能删除关联到其他栏目的稿件的时候,只会将这个栏目中的这篇稿件删掉,并不会影响其他栏目中与它为关联关系的稿件。

4.移动到

因为操作失误或者其他原因需要调整稿件位置,可以将一篇稿件从 A 栏目移动到 B 栏目,则 A 栏目中将没有这篇稿件,该稿件今后将出现在 B 栏目中。

5.复制到

复制到其他栏目是将稿件复制一份,作为一篇独立的稿件传送到其他栏目中,这两篇稿件互不影响,相互独立,修改或撤掉任意一篇,另一篇都不受影响。

6.待发布

选中一篇已发布稿件点击"待发布",将一篇稿件从发布状态撤回。但是这篇稿件仍然在发布中心里,只是外网无法再看到这篇稿件。

7.预签

经过预签的稿件没有生成静态页面,没有经过发布程序处理,也没有送到发布服务器上。

8.稿件排序

缺省情况下,系统是将发布时间最新的稿件排在最前面。如果要改变顺序,可以用置顶方式进行调整。但是在这个操作之后,再发布的稿件又将会被排在这篇稿件前面。因此系统提供指定稿件优先级的操作,即通过手动方式为一篇或多篇稿件指定优先级。

二、CMS 编辑器

在 CMS 主系统里集成的编辑器,是进行内容编辑的具体工具。不同的编辑器,界面与功能特点或有差异,但其实质大同小异。这是一个与 Word 界面和功能近似的编辑工具,是编辑进入发布之前的内容加工平台。其主要功能包括:

- 文本的普通编辑功能,如复制、粘贴、排版等。
- 图文、图表混排,实现"所见即所得"的混合编辑和排版效果。
- 常用的文字样式处理功能,包括改变字体、字号、加粗、下划线、背景、上标下标。
- 用户自定义的编辑视图布局。
- 丰富的文档格式支持,可以导入常用的文档格式,如 TXT、HTML 等。
- 支持多文种混排,中文不会出乱码,外文不出现单词折行。
- 支持多步恢复和重做功能,方便编辑边思考、边写作。
- 支持稿件打包和解包处理,复合文档生成,复合文档打包和解包。
- 文字代码转换功能,可以实现全角、半角转换。
- 基于模板的多样式预览。
- 支持字符串的查找和替换功能。
- 自动统计稿件字数。
- 提供敏感词的管理和敏感词检查功能,如人名自动纠错、提醒等。
- HTML 文件中的文本、表格、图片甚至整个 HTML 文件内容导入。
- 支持热字链接。

具体到不同的 CMS,都会有详细的操作手册,本教材不作过多讲解。

三、专题管理

专题管理用于协助内容编辑快速地建立一个专题,并对专题进行内容、栏目结构以及专题页面模板的管理。内容编辑不必掌握 Dreamweaver 这样的专业页面模板制作工具,就可以通过专题管理所提供的基于浏览器的模板编辑界面快速组织出一个专题。翔宇系统以前制作网页模板的方式是采用 Dreamweaver来制作,要求模板设计人员具备软件使用和网页技术应用能力。新增加的专题模板设计器用快速、方便、简单、统一的方式来制作专题模板,它提供了可视化的编辑器,提供"所见即所得"的编辑方式。由美工制作基础组件和样式后,普通的编辑人员就可以完成一个专题的制作。

图4-27　最终组织出来的专题首页可以达到如图效果

(一)专题的栏目管理

新建一个专题后,可以对专题的栏目进行组织,涉及的功能选项主要有新建专题子栏目和详细信息。用户可以在某个专题或者专题的子栏目下建立它的子栏目。对于专题,可以配置它的详细信息,这些详细信息包括专题名称、本专题的文章模板、专题页面的文件名和专题的发布规则。可以将专题以及专题下的栏目节点理解成发布中心的一个栏目,这样就可以灵活控制专题要发布到网站的什么路径以及页面模板等。

(二)专题的内容组织

专题中的稿件,在内容制作子系统中,主要有四个来源,包括"写稿"、"从源稿中心签发"、"从发布中心关联"、"从发布中心选稿"。

（三）专题设计

1.专题模板设计

专题模板的制作要依赖一些基础功能，主要包括组件样式和样式管理两个部分。它们最终的呈现需要"组件参数"＋"组件样式"来实现，这部分应该由美工人员制作，之后普通编辑就可以从样式管理中进行选用操作。通常一个网站系统会定义一套统一的样式名称，这样对于样式的统一管理与使用都是很方便的，一个模板也可以灵活地使用不同风格的样式表。设计步骤包括搭建框架和生成模板。

（1）搭建框架

模板设计器可以让用户在一个空白页上创建出专题。第一步是先为这个专题设计一个框架也就是布局。在发布库或专题管理中，点击"套用模板"，进入专题设计，再切换选择框架。点击"新建框架"，创建一个新的模板，创建的新模板是一个空白页面，需要在页面上建立一些布局才可以加入组件。系统提供几种常用的布局方式，点击布局的图像就可以添加布局到模板上，添加后的布局显示绿色的虚线框。用户也可以使用"自定义布局"创建随意的列数的布局方式，输入每个区域的宽度，用"，"隔开，单位是像素（PX）。布局建好以后，可以调序或者删除。

（2）生成模板

模板的具体制作需要在"模板视图"中设计，模板视图提供插入组件、选项、保存套用等功能。插入的静态组件包括文本、图片、Flash 固定的信息。文本用于向模板加入固定的文本信息，文本信息也可以包含 html 代码，如＜span style＝"color：blue"＞测试标题＜/span＞，插入后将显示蓝色的测试标题。图片和 Flash 可以选择本地上传，在插入窗口中指定 Flash 的宽和高。组件可以在模板中方便地进行拖拽移动，既可以在不同的布局之间移动，也可以在同一布局中调整组件顺序。系统还允许设置页面中各区域的颜色属性。

2.专题的复制

一些定期举行的活动，如"'3·15'消费者保护日专题报道"、"两会报道"等，除了具体的稿件内容之外，专题的栏目与风格都无太大的变化，因此通常并不需要设计新的专题模板。此时可以用系统提供的专题复制功能。选中某个专题，选择"复制"，系统会按照原专题的栏目组织复制出一套完全一样的专题模板,应用于新专题。专题复制的时候只复制原有专题的栏目结构,不包含栏目下的稿件,因此可以迅速搭建好专题,立即进行内容填充与更新。

3.专题模板套用

内容编辑可以在线修改专题的模板,选中某个专题,选择"套用模板",可以编辑专题概览页的模板。在为专题选择某个已有模板时,首先需要复制选中的模板,并将产生的新模板指定为当前专题的模板。复制后,新的模板就成为了该专题的概览模板,用户可以进行修改,使其适用于当前的专题。

4.专题发布

为了使专题和整个网站融合,通常需要将专题的链接放置在网站首页或新闻频道的首页,一方面要将专题页面、专题下子栏目的页面以及专题下稿件的页面进行发布,另一方面要将这个专题的链接放置到网站首页或新闻中心首页上。所以,要将专题的链接放到发布中心的某个栏目下(比如首页所用到的专题标题列表栏目)。系统提供专题链接的管理功能,用户可以方便地了解专题链接的分布并对其进行管理。以下为专题制作示例(见图4-28至图4-31):

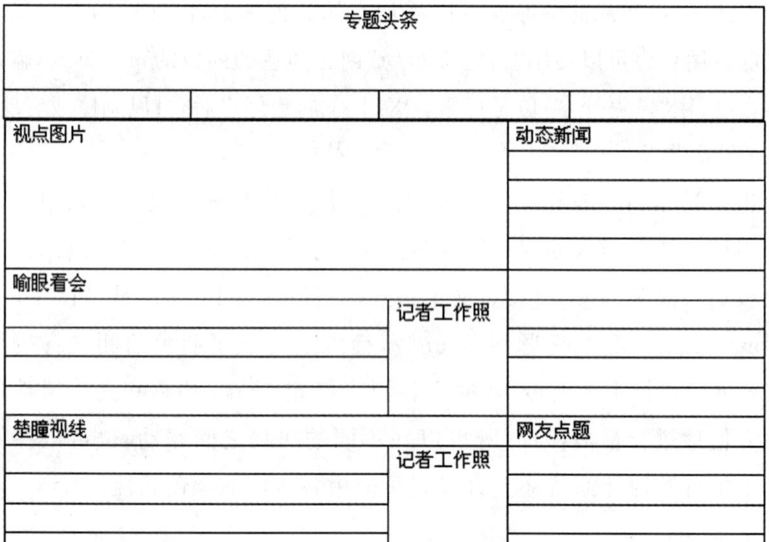

图4-28 编辑绘制专题草框图

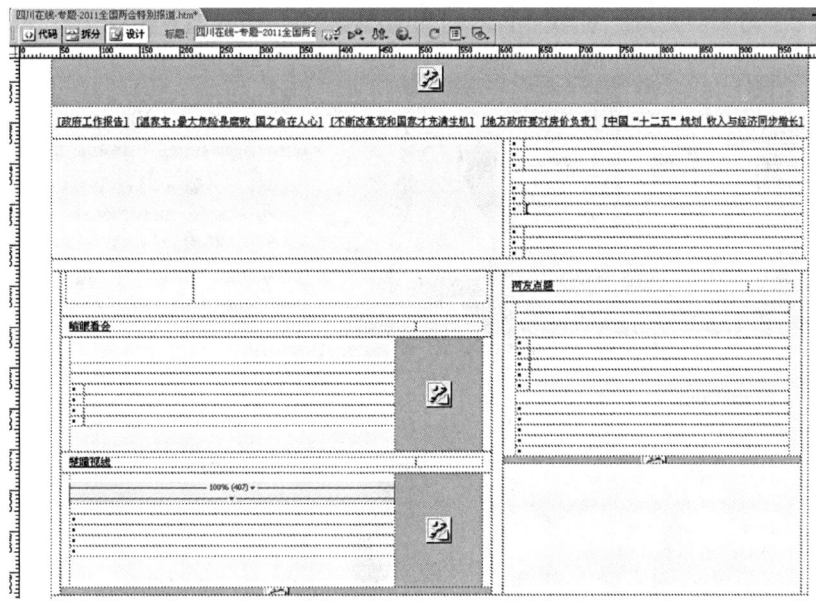

图 4－29　后台生成专题页面视图

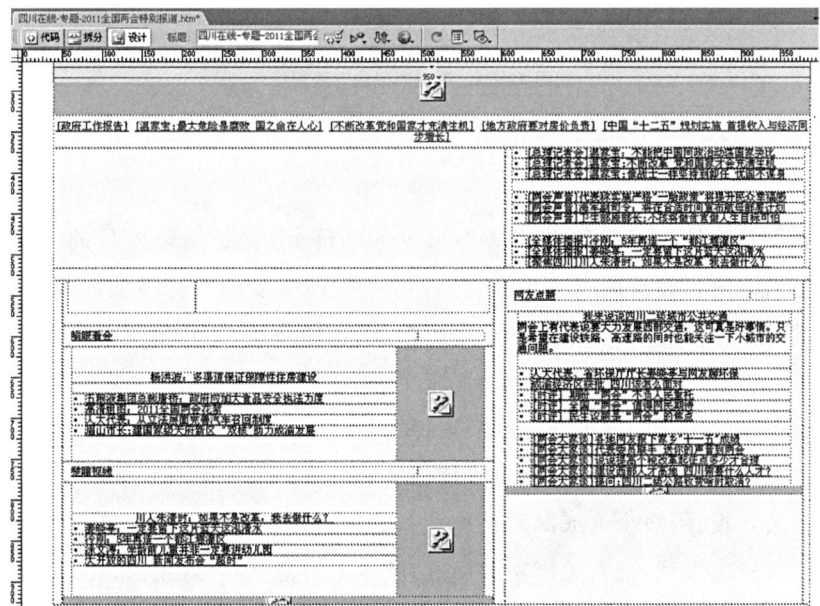

图 4－30　后台开始添加内容

图 4-31 最终生成的专题首页

四、CMS 辅助系统

辅助系统是内容管理系统必不可少的一部分,它是编辑人员的一个好助手。当系统内容规模达到一定程度,势必会碰到很多稿件管理的问题,合理应用辅助系统的功能即可迎刃而解。比如,想给全体系统用户发布一个重要通知,可以通过辅助系统的公告板功能来实现;想统一所有稿件的关键字,可以使用辅助系统的关键字管理功能来实现;发布稿件若想对一些敏感字进行判断处理,保障稿件的严肃性与安全,可以使用辅助系统的敏感字表功能来实现。

1. 公告板:用户个人或部门机构发布公告、通知。

2. 关键字管理:统一关键字的标准,减少不规范、不一致用法,便于检索。

3. 热字管理:自动匹配预先定义的热门词语并自动加上链接,方便读者扩展阅读。

4. 来源词表:为稿件来源设置提供可视化的管理场所。

5. 附件词表:预先定义附件类型,为稿件添加附件的时候系统自动匹配相应的附件。

6.敏感字表：根据管理要求，对一些敏感字进行判断处理。

7.图标管理：让公用的图标元素可以重复使用。

8.Tag 管理：管理聚合的关键字，用于更方便地聚合信息。

9.组件效果：对组件效果的代码内容进行统一管理，以达到重复利用。

五、外挂工具及统计功能

(一)CMS 稿件抓取工具

采用与主系统无缝对接方式，主要功能是自动定时从指定网站上把网页内容采集下来，提取网页的几个要素（标题、正文、时间、附件、图片等），按照自定义分类保存在数据库中。编辑可以浏览和检索下载下来的网页内容，对内容进行修改、删除和重新分类，或者将采集的内容作为信息源，发布到其他应用系统中去。

(二)网络音视频处理系统

它是进行音视频资料采集、编辑、统计、管理、存储、发布等操作的综合处理平台，可根据音视频资料的类型生成相应的播放代码，并以稿件的形式发送到外网。

(三)工作量统计

提供方便的工作量统计、检索并形成报告。可以针对栏目或者用户。统计数据主要包括源稿库新写稿、发布库新写稿、专题新写稿等数据，用以对编辑工作进行监控、调整及作为考核参考依据。

(四)频道活动度统计

频道活动度是用来查看最近更新的栏目节点，包括栏目 ID、栏目名称、栏目更新时间、栏目发布时间、栏目过期时间等，便于编辑对频道的管理。

【思考练习】

1.请按照 HTML 的代码规范，制作一个有文字、图片和表格的简单网页。

2.请列举常见的图片格式及主要特点，哪些适合网络采用，具体使用时需要注意哪些环节？

3.概括常用音频视频文件格式、特点及其在网络运用中的注意事项。

4.内容发布系统中对稿件执行的主要操作有哪些？

5.概述 CMS 编辑器的主要功能。

第五章
移动互联网媒体编辑

【学习导引】

　　Web1.0 时代的网络媒体,虽然在传播模式上有所突破,但是在信息的传送与接收上,仍然受到时空的制约。Web 网站的访问需要有线网络的支持,这就使得用户难以真正做到随时随地接收与发送信息。移动互联网的快速发展,为突破信息传播的地理限制提供了条件。相对于互联网及计算机,手机是门槛更低的信息终端。据统计,我国手机用户至 2012 年 3 月已经突破 10 亿的规模。中国互联网络信息中心(CNNIC)《第 29 次中国互联网络发展状况统计报告》显示,截至 2011 年 12 月底,中国网民规模达到 5.13 亿,其中手机网民规模达到 3.56 亿。① 随着无线带宽条件的改善以及 WIFI 上网等应用的普及,移动终端为媒体内容推送创造了更为广泛的空间。基于移动互联网平台的媒体产品纷纷抢滩登陆,针对手机及平板电脑的技术特点而开发的新媒介开始争夺用户的眼球。一个无所不在、无时不有的传播时代正在来临。

---

① http://www.connic.net.cn/research/bgx2/tibg/201201/t20120116_23668.html

第一节　手机报

【新媒体故事】

新浪短信播报美国哥伦比亚航天飞机失事①

2003 年 2 月 1 日 22 时,美国哥伦比亚号航天飞机失事,7 名宇航员遇难。新浪 22:19 即通过网络和短信报道哥伦比亚号航天飞机坠毁事件,数十万人通过手机短信及时了解事件。同时新浪还推出了 WAP 专题新闻。新浪发出的新闻短信内容为:

> 快讯:美国"哥伦比亚"号航天飞机从北京时间今晚 10 点起突然与地面失去联系,按计划飞机即将降落。目前可见几道尾气轨迹从空中划过。如果您也想及时获知哥伦比亚号航天飞机最新消息,1.订阅头条新闻短信;2.通过手机访问 *wap. sina. com. cn.*

新浪此举开创了国内手机传播新闻的先河,成为境内第一家播报此消息的媒体。直到 23 时 50 分,央视一套才插播了"哥伦比亚"号坠毁的新闻,比新浪短信晚了一个多小时;而纸质媒体只能等到第二天才刊登此新闻,其时效之优劣高下立判。

【知识要点】

一、手机报的定义与基本模式

手机报(Mobile Newspaper)是依托手机媒介,由传媒、移动通信商和网络运营商联手搭建的信息传播平台。具体来说,手机报是将传统媒体的新闻内容通过无线技术平台发送到彩信手机上,从而在手机上开发发送短信新闻、彩图、动漫和 WAP(上网浏览)等功能。

上述新浪首创的手机短信播报新闻,只是手机报的一种初级形态,手机报的真正兴起还是在彩信手机用户有了数量级增长的 2005 年以后。手机报产品

---

① http://news. sina. com. cn/z/Columbia/

形式以彩信为主,同时在 WAP 门户手机报首页设立手机报站点,以 WAP 方式做辅助浏览。对于手机报产品订购客户,系统定期下发彩信,同时在手机报 WAP 网页发布各具体报刊的现刊和过刊,客户可以免费浏览手机报 WAP 站点。手机网络浏览,本应是手机报的发展方向。道理很简单,既然网上什么都有,在解决了手机上网问题之后,订阅彩信手机报的理由就不那么充分了。但在相当长一段时间内,在技术与成本层面解决手机网络浏览问题之前,彩信手机报仍将是主导模式。

二、手机报营收模式

从目前手机报的实践看,手机报主要通过三种手段实现赢利。一是对彩信订制用户收取包月订阅费;二是对 WAP 网站浏览用户采取按时间或流量计费;三是借鉴传统媒体的赢利方式,通过植入广告获取收入。

三、手机报分类

按照用户的覆盖范围,手机报分为全国手机报和地方手机报。全国手机报特指全网发行的手机报产品,即全国性报刊利用电信、网络公司打造的全网性手机报,全国移动客户都可以订购。如中国第一家手机报《中国妇女报·彩信版》、《中国青年报·手机报》、新华通讯社旗下各报刊手机报。地方类手机报指地方报刊与当地电信运营商合作打造的手机报,只限分公司覆盖范围用户订购。如由浙江报业集团、浙江移动通信有限公司和浙江在线联手打造的中国第一份省级手机报——浙江手机报,《华西都市报》创办的华西手机报等。

按照内容主题又可分为新闻、体育、娱乐、文化、生活、财经、教育、游戏、科技等不同的版本。

四、手机报的优势与缺陷

(一)手机报的优势

1.覆盖面广

随着手机的更新换代,彩信手机进一步普及,用户增长迅速,与传统媒体的多选择性所造成的低接收率和不可预计性相比,手机报具有覆盖范围广、覆盖频率高的优势。

2.阅读方便

手机的随身携带为手机报的阅读提供了极大的便捷性，省去了报纸的印发环节，而且和电视、电脑相比，它不受地点限制，也为用户节省了接触媒介的时间。收到手机报以后，用户即使当时无暇查看，有空闲后也可以浏览，比一闪而过的广播电视、购买与携带不便的报纸等更便捷。同时用户还可以对图文进行保存和转发，在传播上具有长尾效应。

3.精确锁定，到达率高

由于手机与用户高度绑定的特点，手机报可以精确锁定受众，定时定额定向发送。

4.互动性强，分众传播

手机报用户可以通过短信等方式实现与手机报编辑的有效互动，通过反馈，每位用户可以实现新闻订制，理论上手机报编辑可以根据用户的需要调整发送内容，体现传播的人性化和个性化分众传播的特点。

5.相对纸报更丰富的呈现效果

除基本的文字信息以外，手机报还可以配上图片、声音、动画等多媒体内容。

(二)目前手机报存在的问题

1.新媒体特征体现不完全

受传送成本(信息通道费)限制，手机报每日以数据包的形式定时传送(一般分为上午与下午两个版)，不能及时更新，更无法实现滚动播报。就这一点而论，手机报与传统媒体相比没有太大的改变，因此并不具备真正意义上新媒体的特征。这种缺陷，有待于移动互联网及手机网站的发展和普及来改变。

2.内容缺少核心竞争力

手机报目前普遍缺少独立的内容原创团队，以转载其他媒体已发布内容为主，因此普遍缺少独特鲜明的个性，更谈不上核心价值，其用户的发展更多依赖于通讯运营商的推广。观察国内手机报可以发现，但凡用户发展情况较好的，多是采用非市场化的手段与运营商达成某种合作协议，作为一种免费的增值服务与手机套餐业务捆绑。但是，在客户看来，"免费"的这种服务，手机报内容提供商是要与运营商分成的,而运营商在制定各种套餐价格的时候,肯定会将成本计算进去,所以,实际买单的仍然是手机用户。

3.阅读体验不好

因为屏幕尺寸和传送容量限制,手机作为信息接收终端,实际上还是以接收快餐式的信息为主,图片不多,精度也不够,音视频的内容就更少。相比于iPad等平板电脑产品,手机报的用户体验并不理想。

五、手机报内容编辑基本规范

(一)彩信手机报编辑

彩信手机报实际上是一个多媒体数据包,包含图片、文字、声音、动画等,按照相应的标准,通过专门的制作发布系统进行编辑加工,做成一帧帧的彩信之后打成数据包,然后下发到用户手机中。相对于网站新闻发布系统,手机报发布平台是比较简单的一个后台,功能简单明了,操作也不复杂,主要是考虑图片尺寸、文字长短、标题制作排序以及音视频格式等。其他如内容审核方面的规范,与普通新闻发布的要求并无二致。

手机报的稿件,除了选择突发事件及重大政经新闻,一般建议多选取与用户日常生活密切相关的内容,增加信息的服务性。从长远来看,手机报应结合自身媒介特点和受众定位,从稿件结构、表达方式、语言风格等方面探索出适合自身特点的个性化内容报道。

本来彩信业务是没有容量大小限制的,但是由于牵涉到传送成本,运营商对传送流量是有要求的。另外,由于手机端硬件的限制,彩信容量过大也有可能会影响用户接收。比如某些品牌和系列的手机只能接收10帧彩信,超出10帧的彩信就有可能出现接收不全的问题。为了保证彩信发送的成功率和完整性,目前的彩信手机报对发送和接收的彩信大小通常都做了一定的限制,常见手机报一般每期大小在35K上下,可容纳15000个汉字及4~6张图片。

手机报没有独立的采访资源,主要是从其他媒体已发布内容中选取材料,按照手机报特点进行删节和编辑。其主要编辑规范和要求如下:

1.报头

与传统报纸一样,手机报也必须有自己的报头,包括手机报名称、LOGO、发布时间等要素,因手机报各自的具体要求而有所差别,依流程标准操作即可。

2.标题

报头以下便是手机报的主体部分——新闻标题列表。因为手机屏幕尺寸限制了手机报标题字数,超出限制将出现折行的情况,影响美观;如果采用超出限定自动以省略号代替的方式,则需要考虑标题显示部分的完整性,否则将影响阅读。关于标题字数,各手机报标准不一,但一般要求控制在 12～14 字之间。因此,手机报标题制作要更加精练,要在不影响原意的前提下,尽可能提取新闻要素,将标题做得简明扼要,富于吸引力和感染力。

另外,在标题列表部分,目前彩信手机报通行的结构是在每条标题旁边配一张缩略图,标题下配两行以内的摘要,摘要里包括新闻发布时间及该条新闻要点。

【实例分析】

《成都商报》2011 年 8 月 21 日的手机报,以"四川暴雨预警 高温将渐缓解"作为当日头条新闻,既体现了生活资讯服务的贴近性,也体现了新闻的时效性。标题制作也比较精当,12 个字既说清楚了天气变化走向,还传递出对读者饱受高温煎熬的一份体贴,有舒缓公众焦虑心情的成分。而第二条"今日经成南成渝回城双号车"则明显语义不明。原标题是"今日经成南成渝回城双号车请走绕城高速",因没有对原标题进行适当的调整修改,字数太长导致关键词语被省略,意思表达不完整。综合考虑,可以将标题修改为"成南成渝回城双号车需绕行"。因为是当日手机报,"今日"多余,"经"省略后不影响理解,至于从哪条路绕行,怎么绕行,12 个字的标题里本来也无法交代清楚。因此标题最需要交代、同时也是最有可能交代清楚的,是三环路单双号限行对成渝和成南高速返城车辆的影响,以一个意思表达完整的标题来引起人阅读的欲望,更多详情可以进入正文了解。

除此以外,新闻摘要本来应从新闻内容中进行精要的提炼,以对标题进行适当的补充与完善。但是从实践中观察,有不少手机报在编辑环节都考虑不周,经常将其交由程序从正文的最前面自动提取,一般就是导语中的前一两句话。这样设计尽管未尝不可,但是在正文的编辑环节,就应该充分考虑到这种技术设计的特点,有意识地将正文最前面的内容编辑得适合摘要的提取。如果这两个环节一起缺失,那么提取出来的摘要就常常会变得莫名其妙,意思散乱,目的不明,完全失去了摘要的意义。这是对宝贵的手机屏幕空间的浪费。

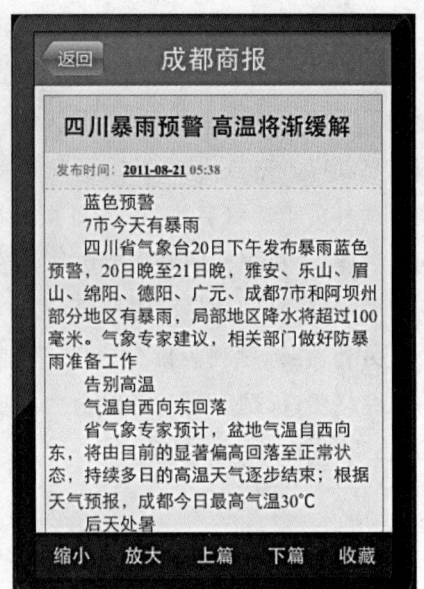

图 5-1　彩信手机报界面示例图

3.图片

彩信手机报毕竟要考虑传送通道的限制,目前常见的手机报容量在 35K 左右,因此一般要求单幅图片大小不超过 5.5K(JPG 格式)。

4.正文

手机屏幕一屏显示的文字在 100～150 字之间,因此手机报的稿件不能太长。从体裁上尽量选取动态消息,并且建议在不损害原文意思的情况下,尽可能进行缩写,将全文控制在一屏至两屏之间。

(二)手机 Wap 网站编辑

手机 Wap 网站,是利用 Wap 标准制作的网站,是针对手机访问互联网而专门设计的产品。为方便编辑操作,现在通常采用在网站新闻发布系统中嵌入手机 Wap 频道的方式进行日常维护和内容编发。编辑可以通过网站后台查询产品的用户数据统计信息,并在后台进行内容添加、删除、修改等日常维护。其操作和现在的新闻发布系统后台基本一致,只是功能更加简明。

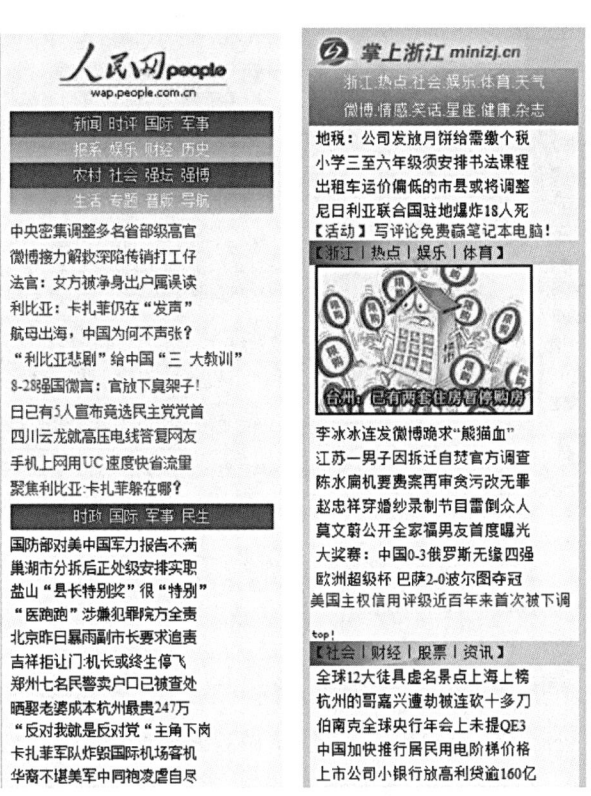

图 5-2①

从流程上看,手机 Wap 网站一般采用从新闻发布系统内其他频道已发布内容中选取稿件并直接复制到 Wap 频道的方式,编辑需要做的只是对标题进行修改,并根据信息的重要性和时效性,对标题进行排序。理论上,因为手机Wap 网站数据是存储于互联网服务器上的,图文音视频等多媒体内容以及容量大小是不受限制的。但是考虑到手机访问网络的现实环境,其内容制作标准与彩信手机报基本保持了一致。因为是针对手机访问而设计的,手机 Wap 网站的浏览界面与彩信手机报的界面非常相似,宽度差不多,只是拉得更长,远远超过了彩信手机报的高度。手机 Wap 网站的内容管理要求与网站新闻管理一致,此处不再详述。

---

① 人民网和浙江在线手机 WAP 网站页面,源自 http://wap.people.com.cn 和 wap.zjol.com.cn

图 5-3 手机 Wap 网站后台操作系统界面示意图

注:左边是栏目列表,右边是稿件列表

　　从实际运行现状观察,由于手机访问互联网的诸多环节存在问题,手机
Wap 网站的访问流量很不理想,不少网站做起来有强烈的鸡肋感,在内容与形
式上都极为呆板,明显缺少创新的动力,有些手机 Wap 网站甚至半途而废,干
脆停止了维护更新。这不能不说是手机 Wap 网站所陷入的一种尴尬境地。

第二节　　iPad 平台上的媒体应用

【新媒体故事】

iPad 在美国火爆上市　粉丝熬夜排队购买[①]

　　美国苹果公司定于 2010 年 4 月 3 日开始发售平板触屏电脑 iPad。一些
"粉丝"2 日下午就开始在苹果商店门外排队。

　　苹果公司定于美国东部时间 3 日 9 时开始在美国数家苹果商店销售 iPad,

───────────

① http://tech.qq.com/a/20100404/000067.htm

拉开 iPad 全球发售序幕。路透社报道,普通版 iPad 本月将在其他 9 个国家发售。一些市场人士预计,iPad 本周末销量可达 10 万,截至 9 月底销量可突破 200 万。iPad 兼容苹果手机 iPhone(手机上网)和音乐播放器 iPod 共计 14 万款应用软件中的大多数,一些 iPad 软件 2 日已在苹果用于下载、管理及播放应用程序的软件 iTunes 中"上市"。

美国在线购物网站"亚马逊"2 日发布一款 iPad 应用程序,用户可借助这一程序登陆"亚马逊"电子书阅读器 Kindle 的网上书店,购买 45 万种电子书籍。这一程序还适用于 iPhone。美国门户网站"雅虎"也推出一款 iPad 程序,将 iPad 的地理定位功能与雅虎娱乐产品结合,为用户提供所在地电视节目清单及内容介绍。美国《纽约时报》、《华尔街日报》、《时代》周刊等刊物也为 iPad 用户提供可链接至自家网站的程序。

【知识要点】

以 iPad 为代表的平板电脑,已经成为新媒体的一种全新应用平台。苹果公司一手搭建的封闭而统一的软硬件系统,使 iPad 不再是简单的电子产品,而成为各种内容服务商看重的应用平台。根据 2011 年 5 月尼尔森的一项调查,iPad 在平板电脑市场的份额为 82%,三星、戴尔和摩托罗拉移动分别为 4%、3% 和 2%。随着手持阅读器如手机、电子书阅读器、PSP 或 NDSL 等游戏机、iPad 等平板电脑的风行,电子书,特别是带有即时新闻更新的电子传媒将大行其道,通过 iPad 或者其他智能手机阅读书籍和报纸的人群将会不断增加。

传统媒体必须有所动作,跟上电子化的潮流。目前,传统媒体只是做电子版放在 iPad 上让读者付费下载,这一方式是否有生命力,尚有待观察。另外,如下载的文件过大,许多内容可以在网络上免费找到,再让读者付费是否可行等等,这些问题也都需要考虑。但是这些担心和忧虑丝毫不影响各大媒体对这个平台的强烈关注。目前苹果应用软件商店中,《南方人物周刊》、《看天下》、《中国国家地理》、《时尚》、《IT 时代周刊》等一系列报刊纷纷抢滩登陆,为用户提供试读或者全文收费的阅读服务。

针对 iPad 平台设计的媒体产品有专门的内容发布系统,除了传送协议上的技术差异外,从编辑操作界面上看,与网站新闻发布系统以及手机报发布系统类似,在技术人员对产品技术外观设定以后,编辑进行内容的更新和维护。在实际运行中,多采用从报纸电子版上自动抓取新闻的方式完成内容入库,编辑的主要职责是负责新闻的选取,并按照产品要求进行标题修改及分栏目排序、

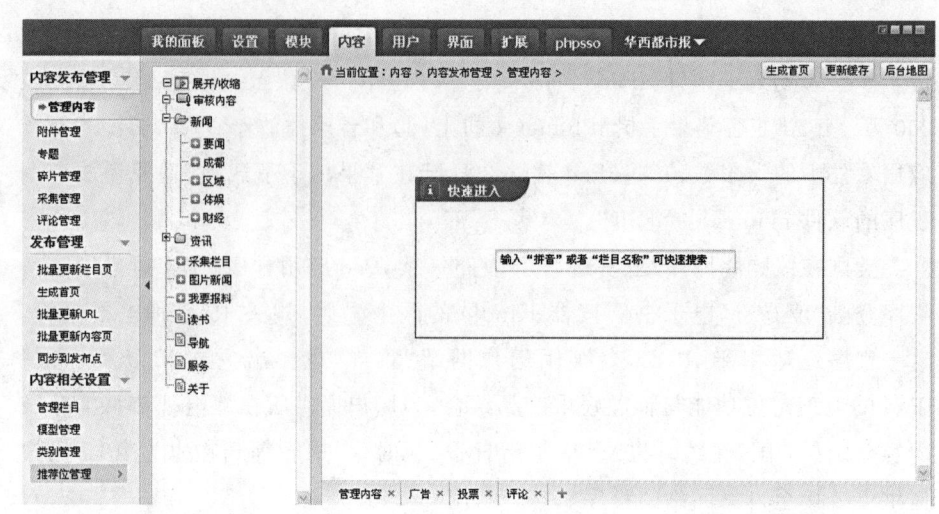

图 5-4　iPad 平台媒体产品内容发布系统后台操作界面截图

推荐。当然,这只是一种模板化的制作,如果想达到更好的呈现效果,比如嵌入更多动态界面,则需要进行专门的开发设计,类似于网络的手工专题。

【新媒体链接】

社会化新闻聚合应用 News. me 发布　年费 34.99 美元[①]

北京时间 2011 年 4 月 22 日消息,据国外媒体报道,社会化新闻聚合应用 News. me 正式登陆 iPad 平台,已得到了 20 多家媒体支持。

News. me 可以利用网址缩短服务 bit. ly 和 Twitter 的信息,为用户提供当下最流行的新闻。人们在线发布的链接可以按照一定的算法进行排名,这样用户可以看到自己关注的人所阅读的内容和共享的文章列表。News. me 订阅费用为每周 0.99 美元或者每年 34.99 美元,提供为期一周的免费试用服务。News. me 由初创投资公司 Betaworks 开发,合作开发 News. me 的公司还包括《纽约时报》和 Bit. ly。News. me 获得了众多出版社的授权,其中包括英国《每日电讯报》。News. me 还整合了其他一些网络内容,但仅有合作商可以获取利益分成。本周初,《华盛顿邮报》公司旗下的免费新闻聚合社交网站 Trove 正式上线,公开接受公众测试。同时,Flipboard 和 Zite 等其他程序也提供类似的服

---

① http://it.sohu.com/20110422/n280379227.shtml

务。News. me 不支持广告,但它采用一种全新的商业模式向用户收取订阅费,以支付出版商授权内容的费用。具体而言,News. me 将依据内容阅读次数向出版商付费。Betaworks 公司创始人兼 CEO 约翰·博思威克(John Borthwick)在其博客中表示,News. me 将在很大程度上改变人们的新闻消费方式。"这是一种完全不同的社会化新闻体验。我此前从未看过或使用过类似的服务"。博思威克接着表示:"与其阅读别人发布的 tweet,还不如阅读经过挑选的新闻流——属于你自己的新闻。这就像我是在通过别人进行学习——阅读别人所阅读的东西:它将让我领略我所关注的人的世界。"

图 5-5　News. me(iPad 屏幕截图)

图 5-6　News. me(iPad 屏幕截图)

News. me 是一个针对 iPad 而设计的项目,由《纽约时报》的两位员工开发。从其用户界面上可以发现,分享是其最大的特点。在阅读有关文章后,用户可以很方便地将其分享到 Facebook 和 Twitter 上去,它不仅仅让使用者知道自己在这些互动社区网络上跟随的人都在关注什么内容,还可以展示知名社区用户的内容,让其他用户知道这些人都在关注和分享什么文章。News. me 还结合了 Bit. ly 及其排名算法,推断出在特定时间段分享最多的链接地址,作为编辑对内容进行调整的参考,以促使推荐内容更加合理,更满足用户的需要。

【案例分析】

《华西都市报》电子版与 HD 版对比

2011 年,《华西都市报》在 iPad 平台上推出了自己的产品。产品分为两个版本,一个是报纸电子版,一个是 HD 版(如图 5-7 和图 5-8 所示)。

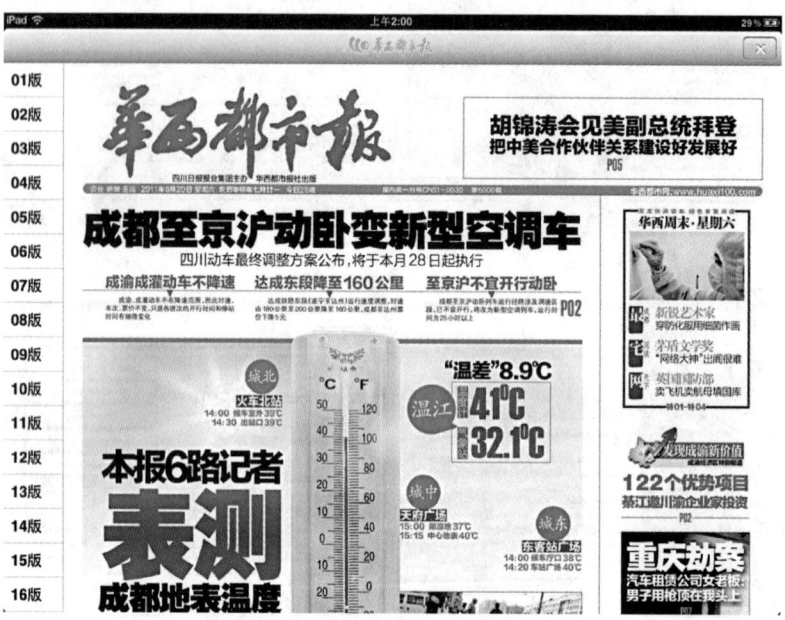

图 5-7 《华西都市报》在 iPad 上推出的电子版

对比两个版本,我们可以明显发现二者之间明显的区别。电子版只是对纸报的数字化处理,将报纸版面原封不动地平移到 iPad 平台上,无论是内容还是呈现方式,都没有超越平面媒体,除了换一种显示终端外,跟阅读纸报的体验并无区别。而 HD 版则不但打乱了报纸版面的原有框架，对内容重新进行了编排，而且利用 iPad 平台的技术优势，嵌入了视频内容，加入了动画广告，报纸开始"动"起来、"响"起来。虽然视频节目只是简单的主持人"读报"的方式，广告也只是自身品牌推广，但从媒体应用和功能体验上已经超越了纸报。

图 5-8 《华西都市报》在 iPad 上推出的 HD 版

图 5-9 在 iPad 上架的南方周末阅读器封面

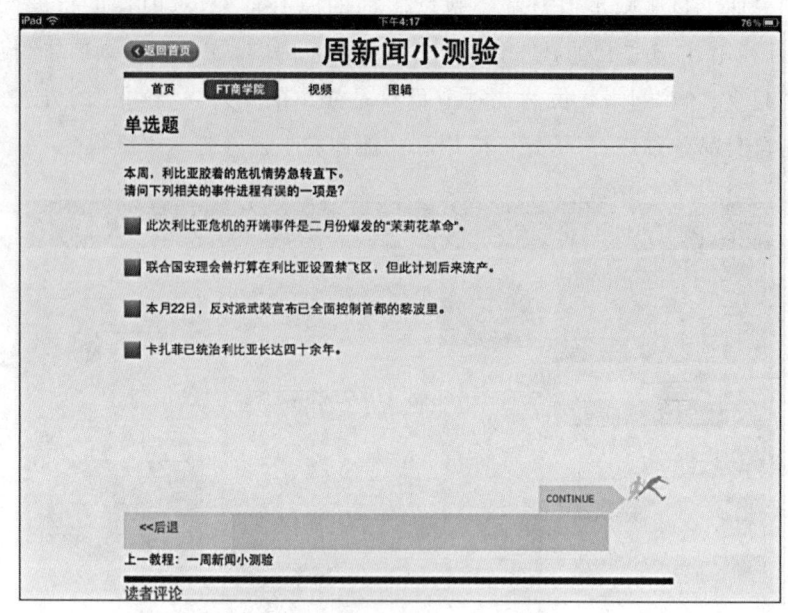

图 5－10　FT 中文网 iPad 版上的每周新闻小测验是增加阅读趣味的一个设计

图 5－11　《时尚》(*Cosmo*) iPad 杂志内嵌广告，可通过手指触摸呈现动画展示效果

　　《时尚》iPad 杂志可能是目前国内相关产品中，与 iPad 技术特点结合并运用得最好的一个产品。产品设计新颖时尚，新媒体应用非常丰富，有主编和设计者跟用户交流的音视频文件，有互动式参与的情趣调查，其目录可以实现跳转到相关文章，图片和视频可以任意缩放等等，将"触摸"体验发挥到极致。我们可以感受到这个产品是出自一个对 iPad 技术有深入理解的专业团队，整体上完全突破了平面媒体的设计思维，无论是图文的包装还是广告效果，都体现了新媒体的魅力。

内容目录

点击目录页中的图片、标题，可自动跳转到相关文章。

文章导航

阅读文章内容的过程中，向上、下滑动，可阅读该文章的全部页面；向左、右滑动可切换到上一篇和下一篇文章。

Multimedia｜多媒体

视频

点触播放图标，观看视频。点触左上角的"Done"图标，退出视频，回到页面。

作为最好的观看效果

点触视频，在控制面板的右下角，使用全屏模式。

点触左上角的"Done"图标，退出视频，回到页面。

图 5-12 《时尚》iPad 杂志导读页界面，多媒体元素运用得非常丰富

【新媒体链接】

那些忙不迭上架的 iPad 的媒体应用①

北京时间 2010 年 12 月 29 日消息，据国外媒体报道，知名科技博客 gigaom 作者马修·英格朗（Mathew Ingram）对 2010 年媒体 iPad 应用发表了评论文章，表示希望通过展示一些应用程序的长处，帮助其他媒体学习如何适应并更好地利用 iPad 这个新的平台。以下为全文摘要：

不够好：

《纽约时报》（*The New York Times*）：作为在线媒体的领头羊，《纽约时报》如果也能在 iPad 应用程序中成为领头羊当然会很好。但是情况并非如此。《纽

---

① http://tech.qq.com/a/20101229/000223.htm

约时报》的 iPad 应用程序或多或少就跟它的网站差不多,尽管网站看上去更凌乱一些。这个 iPad 应用的确没有什么亮点可言,你可以用它看新闻报道,偶尔它也会显示一些视频(虽然大多还是广告视频)。另外还有一个大问题:它常常出故障。

《连线》杂志(*Wired*):从某种意义上说,科技杂志《连线》也是一个领头羊:它是最早发布 iPad 应用程序的媒体之一,但它本应该先等等——或至少先考虑得周到一点。它的每一期文件都非常大(平均 500MB),需要很长的时间来下载,而且除了杂志之外也没有太多其他内容,虽然偶尔也会创造性地利用一下视频,或提供一些低层次的互动。这是很好看,但也仅此而已。

《纽约客》(*The New Yorker*):像《连线》和其他一些杂志的应用程序一样,《纽约客》的 iPad 应用也非常简单,只是让你看到另一种格式的杂志而已。它的开发人员似乎把大部分时间都用在了"确保让广告看起来还不错"上,因为这个应用程序有很多广告,而其他内容就难以寻找,有时甚至还难以浏览。有趣的是,你不能在文章中完成粘贴到 Twitter 和 Facebook 的操作,但却可以在某些广告中这么做。

有待完善:

Slate 杂志:这家在线杂志规模很小(虽然它隶属于华盛顿邮报公司),其设计和内容都相当老套。它用来展示文章和照片的网格式视图在网络上和 iPad 应用中已经司空见惯。这个应用程序的一些视频还不错,但它主要使用的还是标准标题和网页风格视图。

Life 杂志:这家杂志的 iPad 应用程序是一个不错的尝试,因为它以图像为中心的做法特别适合 iPad,但它本来可以做得更好。标有图片集的世界地图是一个有趣的界面,但它的许多图片集都比较陈旧,而且也不够出色。"编辑推荐"部分相对较好,但也有一些内容相当蹩脚,"与圣诞老人通电话的孩子们"图片集就是一个例子。

《华盛顿邮报》(*Washington Post*):它在尝试做一些几乎没有任何其他应用做过的事情,因此获得了大量赞誉——把外部内容显示在"直播主题"部分中。这些外部内容包括人们在 Twitter 和 Facebook 上对新闻的讨论和评论。但《华盛顿邮报》分配给这些内容的地方太少,让用户们难以有效地利用它们。而且这个 iPad 应用程序的整体界面看起来比较凌乱,不过它有一个"以后再看"的离线阅读功能,这一点就做得非常好。

非常出色：

The Big Picture：这个应用程序侧重于图像，跟其在 Boston.com 网站上的同名服务类似，但它甚至比纸张印刷版本更好，因为它的图片更多。每张图片都配了一个简短的描述，但真正的力量仍在于图片自身。The Big Picture 是最出色的 iPad 应用程序之一。

《赫芬顿邮报》（*Huffington Post*）：这个名为"NewsGlide"的应用程序做得的确非常棒，它很像 CNN 的应用程序，因为它的头版中显示了很多视觉效果，而不是很多文字。而且它也很好地利用了网格式视图。虽然有时候看起来有点混乱，但是总体设计良好。此外它的共享和评论部分也很突出，比许多其他应用程序都更胜一筹。

《美食直播》（*Gourmet Live*）：这个应用程序提供的主要是杂志的内容，就像《连线》或《纽约客》一样，但有所不同的是，它增加了互动和游戏元素，让读者通过阅读来"解锁"新的文章和菜谱等（虽然解锁时发出的铃铛声响有点扰民）。也许它并不适合所有人，但至少它正在尝试一些新鲜不同的做法。

【思考练习】

1. 概述手机报的主要特点及编辑规范。

2. 比较媒体 iPad 产品与网络产品之间的相同与不同之处。

第六章

社会化媒体的影响及应对

【学习导引】

　　无论对于公司还是整个国家来说,低估这场媒体革命带来的影响或是小觑发展中科技破旧立新的力量都将是困难且危险的。

——基思·鲁珀特·默多克

　　默多克所指的"媒体革命",是指伴随信息技术的发展涌现出一批全新的媒体,在这些被称作社会化媒体的新媒介上,专业媒体曾经行之有效的编辑驱动采编模式不再举足轻重,反倒是用户的有效参与,才是决定其有无实质内容的根本因素。有两个关键词 UGC(User Generated Content,用户创造内容)和 CGM(Consumer Generated Media,消费者自主产生的媒体)可以概括社会化媒体的属性,即媒体内容由用户创造,媒体形态由用户主导。社会化媒体将以往媒体一对多的单向传播模式转变为全新的多对多的网状互动传播模式。在社会化媒体的语境下,传统意义上精英办媒体的采编模式有土崩瓦解之虞。

　　面对如此剧烈演变的传播格局,无论是传统媒体还是所谓新媒体,都不可能也不应该视若无睹,而应该放下身段,积极因应变化。只有仔细观察研究社会化媒体的特点和规律,汲取其长,为己所用,并努力改造既有的采编流程,才能把握越来越难以把握的受众需求。

第一节　社会化媒体的特点与分类①

一、社会化媒体的典型特征

社会化媒体是一种给予用户极大参与空间的新型在线媒体,从内容生产到传播模式,相对于之前的媒体有着颠覆性的转变,主要有以下特征:

参与:激发感兴趣的人主动贡献和反馈内容,模糊了媒体和受众之间的界限。

公开:大部分社会化媒体用户都可以免费参与其中,几乎没有障碍(受保护的内容除外)。

互动:内容在媒体和用户之间双向传播,形成了一种互动交流。

对话:有别于传统媒体单向"广播",社会化媒体以双向对话为特质。

社区化:参与者可以很快形成一个社区,并围绕共同感兴趣的话题进行交流。

连通性:大部分的社会化媒体都具有强大的连通性,通过链接,将多种媒体融合到一起。

二、社会化媒体分类

按社会化媒体营销专家唐兴通的观点,社会化媒体可以分为几类:

1. Social Networking Sites/社会关系网络

2. Video Sharing Sites/视频分享网络

3. Photo Sharing/照片分享网络

4. Collaborative Directories/合作词条网络

5. News Sharing Sites/新闻共享网络

6. Content Voting Sites/内容推选媒体

---

① 有关社会化媒体的内容摘选自《什么是社会化媒体》,由译言网刘佳、安步当车、M 译自 Spannerworks 的电子书"What is Social Media",原作者为 Antony Mayfield,有删改。

7，Business Networking Sites/商务关系网络

8．Social（Collaborative）Bookmarking Sites/社会化书签

如今我们最常见到的社会化媒体是论坛、社交网络、博客（和微博）、播客、维基以及内容社区等。

三、社会化媒体运行趋势

（一）内容创造大众化

社会化媒体最大的特点是赋予了每个人创造并传播内容的能力。在社会化媒体出现以前,这种创造内容并传播给受众的权利掌握在那些拥有内容制作许可,拥有设备和工具的人或者组织手中。换句话说,传统媒体掌握着这一切。电视台从事视频节目的制作和传播业务,他们雇用几千名熟练的专职人员来撰稿、拍摄、编辑和传递内容,并通过相对来说数量很少的电视频道向大众播放节目。同样,一家报社也会组织一个由记者、编辑、版面设计师、排版师和印刷工人、送报员所组成的团队,并与一些报纸经销商签订协议,将报纸卖给读者。

仅仅在五年以前,创建和维护一个网站还是超出一般人的技术能力之外的事情。随着网络和信息技术的发展,人们创造自己的图片、文字、视频和音频等内容变得越来越容易。今天,价格低廉的电脑、数码相机和宽带互联网,加上便宜甚至免费且操作简便的编辑软件,使得人们可以在几分钟内建立起一个博客,并轻松地将图文和音视频内容发布到博客上。微博则更是将这种内容生产的门槛降到更低的水平。

（二）内容传播分众化

随着以个体为中心的传播格局的构建成形,千人一面大一统的信息采编与传播方式也遭遇到挑战。个性化订阅不再是梦想,而变成一种可能。新技术的应用催生并促进了这种趋势。

第一,RSS（Really Simple Syndication）技术强有力地推动了社会化媒体的发展,人们可以很方便地利用它来订阅博客和网站。RSS的功能在于通知用户所订阅的某个网站有新的内容,并将文字和图片发送给用户。用户可以通过自己的阅读器来查看内容,而不再需要去访问每一个博客或者网站。依靠新技术,人们阅读社会化媒体上的内容更加方便。RSS的重要性体现在它使得社会化媒体成为社区的一部分。这些社区可能非常小,但是却因为专注于某个特定的主题而变得具有阅读价值。

第二,搜索引擎技术。在各种关于社会化媒体的讨论中经常被忽略的一个内容传播渠道是搜索引擎。在搜索引擎眼中,专注于某个领域的作者将被认为是该领域的权威。假如某位博主一直在自己的博客上发布关于宠物的文章,而又有许多人的博客链接了博主的文章,那么在搜索引擎眼中,博主写的一篇关于宠物收养的新政策的文章就可能与当地的权威媒体具有同等的影响力。搜索引擎的这种规则和算法,使得海量传播的信息因条分缕析而具备了分众传播的价值,目标用户的确认更有针对性。

第三,在社交网络(如人人网)上以各种主题组建起来的圈子,或者在即时通讯工具上以各种社交关系建立起来的群组(如 QQ 群)等,也为分众传播提供了环境基础。

第二节　论坛/BBS 应用

【学习导引】

网络论坛可谓社会化媒体的先驱,在国内,其影响的扩散甚至早于第一批网络媒体(如新浪的前身四通利方就是以论坛/BBS 为主体的)。论坛/BBS 是一个和网络技术密切相关的网上交流场所,现实生活中的东西都能在网络论坛中得到体现。BBS 最早是用来公布股市价格等信息的,后来随着网络的发展,逐步扩展为行业用户网络交流的一种方式,并最终盛极一时。

虽然随着新的社会化媒体尤其是微博的迅猛发展,论坛风光一时无两的情形不再,但是论坛所创造的内容生产与传播模式,为后来的社会化媒体奠定了基础。其后兴起的社会化媒体,虽然在易用性和传播效率上大为改观,但其人人交互参与的内核,却是与论坛一脉相承的。因此,论坛管理的相关知识与技能,是网络编辑了解社会化媒体的切入口和基础。

【知识目标】

了解 BBS 的概念及其运行规律,理解 BBS 的管理原则及基本要求。

【能力目标】

掌握论坛运行与管理的有关操作技巧,掌握论坛话题策划与引导的基本技巧。

【新媒体故事】

《大连金州没有眼泪》让四通利方体育沙龙一举成名①

1997 年初,中国的网民数量只有 20 多万,上网只是少数人的游戏。当时的网民大多来自 IT、教育、金融和科研机构,很多人由于工作原因才上网。1997年春节刚过,后来成为新浪网总编辑的陈彤在朋友的中关村小公司里第一次拨号上网。他最先访问的网站是 CNN 的网站,第二个便是新浪网的前身——四通利方体育沙龙论坛。他立刻被这里特殊的网络交流方式深深吸引。

1997 年 4 月,陈彤出任体育沙龙分文不取的义务版主时,那里只有不到一万次的日访问量,并且海外留学生超过了半数。由于技术原因,当时的体育沙龙只能保存 300 个帖子,很多时候,上午说的话,晚上就被顶到不知去向,不过这仍然不能抵挡体育爱好者上网发帖的热情。《南方体育》在七年之后的回忆文章称,"类似四通利方体育沙龙这样的非 IT 专业类中文论坛,在当时的互联网上非常罕见。当时名头更响的 BBS 水木清华,由于架设在校园网内,外部用户需要用 Telnet 这种高技术难度的方式登陆,所以很难被大多数人接受。"

1997 年 10 月 31 日,中国队在主场大连金州参加世界杯亚洲十强赛,对阵卡塔尔队,该场胜负将决定中国队是否获得进军法国世界杯的资格。结果这支由戚务生带领的球队再次败于主场,中国队第六次冲击世界杯失利。比赛结束之后,无数球迷伤心之至,欲哭无泪。11 月 1 日凌晨 2 点 15 分,网友老榕在四通利方体育沙龙发表了《10.31:大连金州没有眼泪》的帖子,这则帖子仅在 48小时之内就被阅读了两万多次,是中国互联网历史上具有标志意义的中文帖子。它使传统媒体第一次真正意识到了网络、网友和网络文化的存在与影响。这才是真正鲜活的"民间语文",与多少带有"职业八股"色彩的传统媒体报道相比,更能让人感到"活生生"的气息。随后这篇帖文被传统媒体大量转载,引发一时轰动,四通利方体育沙龙一举成名。

次年,四通利方与华渊资讯合并建立新浪网,此事被《互联网周刊》评为当年"十大 IT 新闻"之首。

十多年后的今天,BBS 上的帖子阅读两万余次已经算不上什么惊天动地的大事了。BBS 早已由原来小众的娱乐交流工具演变成网民广泛参与、舆论影响

① 陈彤、曾祥雪著:《新浪之道》,福建人民出版社 2005 年版。

力不容忽视的社会化媒体。此后,一件又一件轰动社会的热门事件,陆续从BBS上发轫、发酵,并最终将其影响扩散到全社会,覆盖到网民的日常生活,成为新媒体发展史上值得大书特写的一笔。

一、网络论坛(BBS)的概念

BBS的英文全称是"Bulletin Board System",指"电子公告板"之意。其实早期的BBS与一般公告板性质相同,只不过是通过电脑来传播或获得消息而已。20世纪70年代后期,计算机用户数目很少且用户之间相距很远。BBS系统提供了一个简单的交流平台,用户通过BBS可以交换信息。起初的BBS系统是报文处理系统,系统的唯一目的是在用户之间提供电子报文。随着时间的推移,BBS系统增加了文件共享功能。目前的BBS用户不仅可以浏览信息,还可以相互之间交换文件。只需简单地把文件置于BBS系统,其他用户就可以共享这些文件。

二、网络论坛的发展

1978年在美国芝加哥开发出一套基于8080芯片的CBBS/Chicago(Computerized Bulletin Board System/Chicago),此乃最早的一套BBS系统。直到1982年,布斯·雷恩(Buss Lane)才用Basic语言为IBM个人计算机编写了一个原型程序。其后经过几番增修,终于在1983年改写出了个人计算机系统的BBS。经托马斯·马赫(Thomas Mach)整理后,终于完成了个人计算机的第一版BBS系统——RBBS-PC,1991年出现了第一个BBS站。

经过长时间的发展,直到1995年,随着计算机及其外设的大幅降价和普及,BBS才逐渐被人们所认识,1996年以后更是以惊人的速度发展起来。中国第一个网络BBS是1995年中科院智能机研究中心的曙光站,随后教育科研网上出现了水木清华等国内最早一批网络BBS。1998年,张朝阳在中国第一次利用风险投资建立搜狐,并成功地将之打造成新兴生活时尚门户网站;凭借出售免费邮件系统获得资金的网易也开始参照美国在线模式进军门户网站行列;曾经叱咤风云的张树新离职,瀛海威开始全面转型……也正是从这一年开始,BBS的影响力逐渐凸显出来,涌现出天涯、凯迪、西祠胡同等一批领风气之先的网络论坛。

近年来随着博客、社区、微博等新兴媒介的异军突起,BBS的光芒逐渐黯淡下来。据CNNIC《第29次中国互联网发展状况报告》统计,2011年在各类网络应用使用率普遍上升的情况下,论坛/BBS 的使用率由 2010 年的 32.4％下降到 28.2％,呈负增长。①

三、网络论坛/BBS 的类型

(一)综合类论坛/BBS

如天涯社区、凯迪社区、猫扑网、人民网强国论坛及各地新闻网站开设的论坛,这一类 BBS 话题门类齐全,板块丰富,以时政社会类公共话题为长。许多社会热点话题都是从这一类论坛中生成、发酵并最终引起广大网民甚至全社会关注的。

(二)专业类论坛/BBS

以相同专业及爱好为主题的论坛,如搜房网业主论坛,色影无忌、峰鸟网等摄影论坛,艾卡(XCAR)车友会以及各种美食论坛等,带有明显物以类聚、人以群分的特点。

(三)商务论坛/BBS

电子商务网站目前已经成为商品交易的一个重要渠道,BBS 在其中发挥着重要作用,典型的如淘宝、当当、卓越等电商网站附设的论坛。

四、网络论坛/BBS 的传播效应

网络论坛/BBS 的出现,突破了传统媒体内容的生产方式与发布流程,脱离了专业机构对议程设置的绝对控制。这一突破很快显现出强大的舆论发动能力。

【新媒体故事】

2003 年 3 月 17 日,27 岁的大学毕业生孙志刚到网吧上网后,因为没有携带有效身份证件,被广州黄村街派出所扣留,随后转到收容站收容,3 月 20 日被殴打致死。事件最早的披露者是西祠胡同的一位女网友,《南方都市报》的记者陈峰就是在这里获得孙志刚死亡的线索的。4 月 25 日,《南方都市报》以《被收容者孙志刚之死》为题,首次披露了孙惨死一个多月却无人过问的前前后后。

---

① http://www.199it.com/archires/22510.html

文章当天被各大网站转载,立即引起强烈反响,点击率仅次于 SARS 报道。孙志刚案在网络上引起的巨大反响,一方面推动了对案件的侦查和对相关人员的处理,另一方面还引发了民间对已经走样的收容遣送制度的批评。2003 年 6 月 9 日,孙志刚案在广州中级人民法院进行一审宣判,主犯被判死刑。6 月 18 日,国务院总理温家宝主持召开国务院常务会议,审议并原则通过了《城市生活无着的流浪乞讨人员救助管理办法(草案)》,同时废止 1982 年 5 月国务院发布的《城市流浪人员乞讨收容遣送办法》。

【案例分析】

"孙志刚事件"首发于论坛,被《南方都市报》激活之后,网络群起转载,全国各地报纸随后纷纷跟进报道,不断挖掘该事件背后的深层意义。从追问孙志刚之死的凶手,到孙志刚事件的赔偿,再到祭奠孙志刚,最后到拷问收容遣送制度,其中呈现的默契与自觉,使得大众传媒成为了一个整体发力的符号,一时间形成连锁反应,不断加速、扩散,如排山倒海,势不可挡。

4 月 25 日当天在《南方都市报》报道仅仅刊发几个小时后,网络言论迅速加入,新浪网上已经有了几千条评论。第二天,当某门户网站贴出《南方都市报》的新闻报道时,跟帖在几个小时内就达到上万条。网民不仅在 BBS 上发出强烈抗议的声音,而且还在 4 月 25 日当天建立了一个名为"孙志刚,你被黑暗吞没了"(后更名为"天堂里不需要暂住证")的纪念网站。公共话题的议程设置从报纸流向了网络,一旦网络被触发,其强大的民意洪流便开始奔涌,进而反向作用于报纸媒体。BBS 等网络言论的火爆,使各地都市报也迅速加入了报道的队伍。

深入分析公共议程的具体过程就会发现,对于新闻舆论具有重要变革意义的还是网络舆论。尽管《南方都市报》率先报道孙志刚事件,但其舆论声势的最后形成,BBS 功不可没。如果没有网络论坛,我们很难想象其他传媒会跟进接力。正如一位在网络中极为活跃的大学教师在接受《凤凰周刊》电话采访时所分析的那样:"互联网把一个问题炒热了,这对那些市场化媒体也是一个诱惑和压力,它们肯定要跟进,也不得不跟进。"那些从报纸流向网络的议程,如果离开了网络舆论的积极推动,也很可能中途夭折。网络舆论的积极介入,激发了传统媒体纷纷开展报道与评论,推动事态的积极发展。正如《南方周末》所报道的那样,"尽管传统媒体对孙志刚案件报道不多,但互联网上的排山倒海般的谴责和抗议却形成了极大的压力。"

在这次网络议程设置中,人民网起到了极好的示范作用。孙志刚案发生不久,该网就发表了网友锦秀文的文章《孙志刚案:是谁在装聋作哑?》;4月30日,网友发出《恶法必须废除——评孙志刚之死》,继续质疑相关部门的处理态度。网评轰轰烈烈进行的同时,人民网旗下的强国论坛也以高调姿态开辟了孙志刚事件专栏,约请专家和众网友对此展开讨论。而最早披露孙志刚事件的西祠胡同,也展开声势浩大的网评潮,思想论坛"天涯社区"、"一塌糊涂"、"凯迪猫眼看人"等同时跟进,报道和网评帖被纷纷转载。千万网友"复制—粘贴"的无成本传播,使得网络成为一个巨大的信息广场,不断扩容、伸张、蔓延,终形成强大的民意洪流,促使《城市流浪人员乞讨收容遣送办法》被国务院废止。

五、网络论坛/BBS 管理

网络论坛的匿名性,一方面为网民的意见表达创造了空间,培育了氛围,另一方面也使网络言论的自我约束面临挑战,话语越界现象愈演愈烈,给论坛管理增加了难度。

【新媒体故事】

铜须门[①]

2006年4月13日晚,"锋刃透骨寒"(网名)在"猫扑网"上发帖,以一位丈夫的身份描述了一个婚外情故事,称其结婚6年的妻子在玩《魔兽世界》的过程中与游戏里"守望者"公会的会长"铜须"发生出轨行为。QQ聊天记录的帖子发出短短两小时,就有84人次通过百度查找有关"铜须"的信息,男主角的真实身份和电话被迅速曝光。

一些网站发出"江湖追杀令",短短数天之内,"哄客游击队"发展到数万人之多。"铜须"的MSN密码被盗用,家人、朋友都遭遇电话攻击与骚扰,连他就读的燕山大学校长电话也被公布,校园网站几乎被"踏平"。"铜须"为了平息事端,用6分钟的视频来否认桃色事件,然而没有人相信。直到4月20日凌晨,"锋刃透骨寒"再次现身论坛,发"最后声明",称这"一切都是假的"、"游戏已经结束!"从而请求网民取消追杀,但还是无法平息网络混乱……

---

① 《楚天都市报》2006年7月25日,略有删节。

六、网络论坛管理的基本原则与监控的主要内容

参照世界发达国家网络管理做法,我国对互联网管理颁布了一系列政策法规。根据相关方针政策和法规,网络论坛的管理应当遵循"积极发展,科学管理,准确掌控,充分利用"的基本原则。网络论坛在广泛体现民意表达、促进民众参与的同时,也存在明显的不足。虚假与不良信息屡屡见诸网络,网络论坛的管理环境日渐复杂。常见的不良网络内容包括以下方面:

(一)虚假信息网络犯罪

一些"黑客"时常会非法潜入网络进行恶性破坏,蓄意窃取或篡改网络用户的个人资料,利用网络赌博,甚至盗窃电子银行款项,通过网络传播侵权或违法的信息等网络犯罪行为日增,互联网已成为不法分子犯罪的新领域。

(二)色情和暴力风暴席卷而来

信息内容具有地域性,而互联网的信息传播方式则是全球性、超地域的,这使得色情和暴力等问题变得突出起来。由于互联网是全球共享的,这就使得某些人、个别国家的色情信息和暴力情节能够无障碍地在世界范围内传播。网络成为色情和暴力媒介,提供色情资料,灌输暴力思想,从而导致与传统优良文化道德冲突。由于文化传统、社会价值观和社会制度不同,其危害是明显的。

(三)网络文化侵略

互联网信息环境的开放性,使多元文化、多元价值在网络上交汇。近年来,一些西方发达国家凭借网上优势,倾销自己的文化,加剧了国家之间、地区之间道德和文化的冲突,对我国的精神文明建设造成一定的干扰和冲击。

(四)破坏国家安全

世界上存在着对立的政治制度和意识形态,并不是到处充满善意,一些国家通过互联网发布恶意的反动政治信息,散布谣言,利用信息"炸弹"攻击他国,破坏国家安全,甚至出于一定的政治目的,突破层层保密网,直接对其他国家核心的系统中枢进行无声无息的破坏,达到不可告人的目的。

(五)名誉损害及人身攻击

论坛的匿名性,为超越法律规范实施人身攻击提供了一层保护色。言论的尺度经常突破道德与法律的约束,虚拟的攻击演变为现实的损害。

七、网络论坛管理的基本方式

从上述基本原则生发开来,我国对网络论坛管理的基本要求是"主题导向正确,社会效益第一,建设管理齐抓",并从而要求网络论坛的管理人员和操作人员在处理互动信息过程中应当具备这样一些基本条件,即:积极的态度,创新的精神,扎实的工作,有效的方法,过硬的技术,到位的操作。

总结以往的经验,针对网络上特别是论坛中出现的或可能出现的触及《中华人民共和国宪法》及相关法律法规的违法与不良信息,网站在管理方面主要采取这样一些措施:

1.对其他网站或社会上出现的违法与不良信息在本网站予以封截。

2.对已经出现的违法与不良信息可能进入本网站的渠道、通道或漏洞予以关闭、堵塞。

3.对已在本网出现的违法与不良信息予以删除、清理。

4.对违法与不良信息的内容与形式作法规、制度上的界定并禁止传发、转帖。

较长时期以来,对于违法与不良信息,全国及各省、市管理基本方式大同小异。采取上述管理办法取得了实践成效,尤其是处理可能带来严重隐患、容易引发严重社会后果的有害信息时更显得十分必要。但是,预防或预见违法与不良信息的出现以及可能产生的后果同样重要。在论坛日常管理中,应密切观察并及时发现论坛异动,同时主动实施正面干预。这种管理方式可用"造、评、引"三字予以概括。"造":对重要事项在取得有关部门支持的前提下及时正面发布、正面造势,以压缩违法与不良信息生长蔓延的时间。"评":对社会问题特别是热点问题进行深入、透彻、理性的正面评析,把握网络舆论先机,压制违法与不良信息传播的空间。"引":对论坛中出现的迷惘或偏执情绪进行理智牵引,以形成良好网络舆论导向,不给违法与不良信息以制导权。①

【特别提示】

有别于传统媒体强势单向的宣传灌输,论坛的舆论引导应当顺应社会化媒体的规律,注重双向互动、草根参与的特点。论坛管理员在日常管理中要善于发现并培养论坛意见领袖,保持有效的在线沟通,在议程设置上要充分发挥意

① 《中华新闻报》2007 年 9 月 17 日,略有删改。

见领袖的作用,因势利导,化解对立情绪。

一个网络论坛是否做得好,要看其是否符合群体定位,是否能够给网友提供良好的互动平台。因此,论坛管理员不仅要掌握发帖、回帖、加精、推荐等一般性操作,还要学会与版主及坛友的交流沟通,组织版主团队,发展核心网友,同时要把握网络论坛管理要求,遵守相关法律法规,注意内容禁忌,保证运行安全。

八、论坛话题策划

论坛话题策划是确定帖子主题、帖子标题以及帖子语言组织的一种艺术,不同于常规帖子写作时的纯粹以自我表达为中心的出发点,带有话题策划痕迹的帖子从一开始就有研究坛友心理、以调动和刺激坛友参与互动回帖的目的。

【新媒体故事】

深圳,你被谁抛弃?
——网民对城市发展建设发声

2002 年 11 月 16 日,一位名叫"我为伊狂"的网友在人民网强国论坛和新华网发展论坛分别贴出一篇近两万字的文章——《深圳,你被谁抛弃?》,立刻吸引了网友的注意,文章在网络间广为传播,各大网站及一些热门的 BBS 均可看到对这篇文章的转帖,许多著名网站(如新浪网)还以同题做了专题,并且在首页做了链接。

2003 年 1 月 15 日,广东省十届人大一次会议上,《深圳,你被谁抛弃?》再一次成为广东省人大代表关注的焦点。1 月 19 日,深圳市市长于幼军与《深圳,你被谁抛弃?》的作者"我为伊狂"进行了平等的对话,在对话中,深圳市市长表示今后深圳将拓宽对话渠道,改变现在的政府信息获得流程,让媒体更多来监督政府工作。

2003 年 7 月 28 日,网友"金心异"在南方网岭南茶馆论坛贴出长文《珠三角失掉竞争力了吗?》,很快被转贴到其他论坛。7 月 29 日,国务院调研组到达深圳,专门邀请了网络文章《深圳,你被谁抛弃?》和《珠三角失掉竞争力了吗?》的作者"我为伊狂"与"金心异",倾听这些来自民众的声音。

(一)论坛话题策划分类

在 BBS 中,掌握了话题策划,对社区的人气和互动性是贡献最大的。道理在于,发一百个没有回复的帖子,不如做好一个有一百个回复的主帖。前者因为没有找准坛友的兴趣点,无法刺激坛友互动,就成了冷门帖。这样的帖子一多,社区就变得死气沉沉、没有活力。后者因为掌握了坛友心理,帖子一写出来就是香饽饽,刺激了坛友的回帖欲望,贡献了论坛注册数(论坛发言必须先注册),鼓舞了帖主再创造。

一般来说,在 BBS 管理中,设置话题的人员一般是论坛管理员、社区编辑、版主、网络营销人员、软文撰写者。根据不同的网站性质,其话题策划分类也不尽相同。按照话题所涉及的内容,可以把 BBS 话题分为以下类型:

1. 新闻话题

在新闻网站的 BBS 中,新闻话题的设置尤其重要。通过 BBS 经常推出一些重要话题,让广大网友进行交流,观察并引导社会舆论。设置相关话题让网民回帖、跟帖,建言献策。BBS 中经常出现一些批评性以及有争议的话题,不仅能够聚集人气,同时也能起到引导社会舆论的作用。

2. 商务话题

BBS 商务话题主要指涉及商务活动的各种话题,如产品说明、产品评价、商务营销、商务通知以及公司活动等。由于网站论坛具有传播速度快、互动性强、人气旺的特点,因此受到不少商家的青睐。商家紧紧抓住这一平台,不仅可以宣传自身产品,而且也促进了与客户之间面对面的交流。

3. 生活话题

在人们的日常生活中,吃、穿、住、行、交友等都是必不可少的。不少网络论坛正是从这点出发,设置了很多话题。例如,腾讯网论坛就专门设置了谈食物的话题,四川新闻网麻辣社区设置了如何着装的话题,大成论坛设置了聊天交友的话题,搜房网设置了关于家居设计的话题,等等。总之,只要是生活中发生的,在论坛中都能看到。

4. 专业话题

除了我们经常看到的这些话题类型外,在不少专业网站上,尤其是学术网站上,还会涉及一些学术话题,如方舟子论坛上就经常出现专门讨论学术问题的帖文。同时,一些文学话题也体现了新媒体时代"文学快餐"的特点。现在的小说已经不仅仅是在书上才能看到的了。随着网络技术的发展,各种类型的文学作品都会在论坛上率先出现。

【新媒体链接】

当年明月:论坛里走出的草根写史者

2006 年 3 月起,ID 为"就是这样吗"(后改名为"当年明月")的网友在天涯社区"煮酒论史"论坛连续发表被网友称为白话版的明史文章,迅速受到广大网友的喜欢和围观,点击量迅速上升。但很快,一些网友指责文章内容及观点存在问题及点击量造假等,此后陷入正反双方的网络论战,最终导致论坛管理员及相关版主被撤职,此即"当年明月事件"。

"当年明月"原名石悦,当初他发表在天涯论坛的白话版明史文章,最后被出版社出版,这就是引起一时轰动的《明朝那些事儿》。2009 年 4 月 7 日,作为全集结束本的《明朝那些事儿》第七册完稿出版。2010 年,"当年明月"在"2009 中国作家富豪榜"上排名第 4 位,版税 1000 万元。

(二)论坛话题的选择及操作

1.题材的时效性与争议性

对于新闻论坛、娱乐论坛来说,重中之重首先是主题的时效性,其次是争议性,有这两个因素的话题都是天然的最佳话题。当然,一些个体的事件或者看似没什么时效性的事件,还有一些比较抽象的观点之争,经过雕琢后同样是瑰宝。如公交 MM 爆红网络、杨丽娟追星、反抗性侵犯是否耻辱、汉服复兴之争等话题,都是如此。

时效性决定了话题的新鲜度。但无论什么样的话题,都会随着时间的流逝而逐渐淡化,关注度将大打折扣。

2.观点的特殊性与新颖性

网络论坛设置的话题内容需要具有特殊性和新颖性,否则难以引起其他人的关注。有些话题看似没有时效性,但观点的新颖性也是吸引坛友关注的重要因素。这就要求论坛编辑在设置话题时,一定要预先策划,不仅要分析网友的心理,还要保证提出的观点具有特殊性,言人所不能言,才能收到良好的效果。

对于版主、资深坛友来说,发帖不愁没有回应,但最关键的还是自己的帖子里有"货"。选择一个受欢迎的题材,还得要有精彩的内容,否则,也难以引起网友的关注。

3.话题的娱乐性

娱乐性也是话题选择的重要因素。如一度走红网络的"凤姐",一个长相平庸、学历不高的女孩,其征婚条件之高,令人瞠目结舌。这种反差所带来的娱乐性使"凤姐"迅速走红网络。诸如此类的例子举不胜举,如芙蓉姐姐、木子美等。

4.精心制作话题标题

网络论坛中确实存在一批靠标题制造卖点的人,也就是所谓"标题党"。例如汶川大地震发生后,王老吉向灾区捐款 1 亿,社会对王老吉的美誉达到前所未有的高度。与此同时,天涯论坛出现一篇帖文"回家买空超市货架上的王老吉是为支援灾区"。王老吉的网络营销人员通过这个标题党的贴文,取得了自己想要的结果。

(三)论坛话题策划的意义

1.舆论引导

不管是传统媒体还是网络媒体,都具有一大任务——舆论引导。然而,与传统媒体相比,网络媒体,尤其是网络论坛的优势更明显。传统媒体传播的信息要经过记者、编辑的加工整理,因此具有一定的延时性,虽然记者出镜现场报道保证了新闻的时效性,但获取一手新闻源的速度远远不及网络媒体。网络论坛就不一样,论坛里,人人都是记者和编辑。只要登录自己的账户,就能发帖,向其他网友传播自己所掌握的信息,这是传统媒体甚至网络媒体的常规新闻发布模式无法比拟的。

正是由于网络论坛具有这些优势,因此在舆论引导中所起到的作用就显得更为重要。这不仅是时间的问题,更重要的是网络论坛的传播者不再是精英,而是草根阶层,他们所说的更能引发共鸣。

2.配合新闻造势

网络论坛造势主要是针对会议和活动以及政策法规的出台,如"两会"之前,不少网络媒体就在 BBS 中讨论相关提案,邀请有关专家建言献策等,这些都是通过论坛将一个信息点扩大,由点至面,通过合理的引导引起网友自发讨论热议,之后再由传统媒体跟进报道。近年来,不少人大代表、政协委员甚至将自己的观点预先抛在各大论坛上,经过网友充分讨论之后,吸纳网民观点再提交提案。这些都是网络论坛造势作用的突出表现。

3.民意传导及受众反馈功能

随着网络论坛的兴起与发展，一些主流网媒开始开辟时事网评栏目，设置留言发表栏框，以收集受众的反馈声音。论坛/BBS话题的无限性、播报的滚动性、评论的自由性、交流的平等性等，弥补了传统媒体受众信息反馈的不足。

【新媒体链接】

四川政协委员拟建议鼓励网络举报取消实名限制①

2008年，网上反腐，反出了"公费出国考察事件"、"周久耕天价表事件"。毋庸置疑，网络反腐的力量推动了现实更为有效的监督。全国"两会"召开在即，全国政协委员、四川鼎立律师事务所主任施杰已经准备好提案，建议鼓励网络举报，政府应出台相关规章，建立长效机制。

记者浏览中纪委举报网站发现，网上举报的注意事项就是提倡实名举报，要求详细填写联系方式。"设个网上纪检，反腐又何须实名?"施杰表明观点的同时也认为，在鼓励网络举报的同时，也应约束个人信息在网络上不设防地流传。

施杰认为，互联网具有广泛性，网民众多，能够最大限度地为纪检部门、检察机关、监察部门提供有关腐败行为的线索，弥补相关职能部门线索收集的不足。此外，由于网络对参与者没有任何限制和要求，有利于知情人员积极大胆地提供线索。因此，无需让网络举报者非要以实名相告。

"政府可在网上设立专职的网络发言人。"施杰说，在市级以上纪检、检察机关等国家机关中设立专门部门，对网络相关线索进行专业的收集、分析，按真实性、可查性、影响性分级管理，并设立网络发言人，及时在网上就调查情况对网友进行答复，保证渠道通畅。

---

① 中国网 2009 年 1 月 3 日，略有删改。

【学习导引】

2002 年,博客被引入中国,开始时用户数量不足 1 万人。当年 7 月,blog 的中文名"博客"由方兴东、王俊秀正式命名。8 月,方兴东、王俊秀开通"博客中国"(blogchina)网站。2003 年是中国博客发展年,用户达到 20 万。2003 年 3 月,南开大学百合 blog 系统开通,中国科技大学 blog 进入测试阶段,博客在高校开始迅速发展。

2003 年 6 月 19 日起,中国博客网(blogcn. com)用户"木子美"发表网络性爱日记,给中文博客网站带来了巨大访问量。这一标志性事件,让博客这个新的网络应用首次为中国公众所广泛认识。2005 年 9 月到年底,各大门户网站纷纷举行中文博客大赛,知名学术研究机构集中召开专题研讨博客的各种论坛和年会,博客应用爆发的前夜,技术、理论和舆论上的条件都已具备。

2006 年 2 月,中央电视台首次在全国"两会"专题报道中采用博客发布信息以及与观众互动,"两会"博客作为一种官方认可的方式被纳入传播载体,这对博客应用的推广具有重要影响。此后各大网络媒体纷纷效仿。2006 年 2 月 13 日,知名影星徐静蕾的博客点击量冲破千万大关。新浪名人博客红火后,搜狐、腾讯等网站也开始纷抢名人。而名人明星们也乐此不疲,成为这种新媒体最早的一批受益者。2006 年 3 月韩寒在博客上骂白烨,引发社会广泛关注。此后博客网发起《博客公约》讨论,并综合专家和博友的意见拟定了中国第一份《博客公约》。据 CNNIC 统计,至 2011 年底,国内博客用户达到 2.9 亿。博客这个"少数人写给少数人看的"网络应用,终于从寡众走向大众,成为一个颇具杀伤力的新传播工具。

【知识目标】

了解博客的概念及基本特性。

【能力目标】

熟悉博客的基本操作,并能结合媒体采编业务进行实际应用。

一、博客的定义及其特性

博客(blog),又译为网络日志、部落格等,是一种由个人管理、不定期张贴新的文章的网络服务。作为个人互联网出版工具,博客使用者可以很方便地用文字、链接、影音、图片等建立起个性化的网络世界。博客通常是比较个人化的数字记录空间,但也有不少博客专注于特定的课题,提供评论或新闻。一个典型的博客可以结合文字、图像、链接、音视频等。博客上的文章通常根据张贴时间以倒序方式由新到旧排列。访问者能够以互动的方式留下意见,并以 RSS 方式订阅。

博客的内容既可以是纯粹个人的想法和心得,也可以是基于某一主题下,或某一共同领域,由一群人集体创作的内容。博客是私人性和公共性的有效结合,绝不仅仅是纯粹个人思想的表达和日常琐事的记录,它所提供的内容可以用来进行交流和为他人提供帮助,具有极高的共享精神和价值。由于沟通方式比电子邮件、讨论群组更简单和容易,博客已成为越来越盛行的沟通工具。

二、博客的分类

从数据存储方式上区分,博客可分为:

1.托管博客:无须自己注册域名、租用空间和编制网页,只需要免费注册申请即可拥有自己的 blog 空间。

2.独立博客:有独立的域名、空间和页面风格,有完全的数据管理权限。

3.附属博客:将自己的 blog 作为某个网站的一部分(如栏目)。

从性质上又可以分为个人博客、企业博客、政府博客等。

三、博客的功用

概括而言,博客是自由表达和出版、知识过滤与积累以及网络交流沟通及表达话语权的平台。常见的有以下这些用途:

1.作为网络个人日记存储空间,记录个体琐事与感受。

2.作为个人展示的空间。

3.作为网络交友的平台。

4.作为学习交流的场所。

5.企业展示自身形象或发布商务信息。

6.媒体发布信息、新闻背景及其观点评论。

7.政府部门披露公开信息。

四、博客在媒体采编中的应用

由于独特的表达与交流功能,博客很快受到用户的拥戴,以至于专业传媒机构也不敢小视其传播功效,纷纷在采编活动中整合博客手段。具体方式是设立媒体官方博客以及记者、编辑个人博客,并根据各自的特点进行运作。大致有以下几种应用方式:

(一)扩展媒体的品牌影响

在媒体官方博客中,宣传媒体的价值观念和文化理念,利用博客的传播渠道扩展媒体的影响,对自身品牌进行宣传推广。

(二)弥补媒体报道的不足

在官方博客上与媒体同步甚至提前发布新闻信息,或者通过博客平台发起和组织话题讨论,进行前置性舆论发动和报道预热。记者、编辑的个人博客则主要发布因各种原因未在媒体上刊发的内容,如记者采访手记、花边新闻、背景资料等。通过个性化的表达,拓展报道的范围,挖掘新闻背后的故事,突破媒体报道在版面容量、播出时间以及内容审查上的限制。

(三)拉近媒体与受众的距离

通过博客这种具有亲和力的交流平台,媒体能够与受众近距离接触。媒体可以及时获得受众的反馈,对报道内容和采编流程进行调整。同时也可以在线与受众互动,改善媒体与受众之间的关系。

(四)将博客内容转化为媒体内容

博客写手来自于社会各行各业,其中不乏一些专家学者、代表委员以及民间意见领袖。在实名认证核实真实身份的前提下,媒体可以将这些博客整合到自己的报道当中,形成各方观点的集中呈现。

【案例分析】

新华网开设"两会"博客

图 6-1

　　2007 年,新华网全国"两会"专题,专门开辟了博客专栏,将代表委员、新华网官方博客以及记者博客集纳到一起,以原生态的方式予以呈现,使以往由媒体记者唱独角戏的局面得以改观,拉近了代表委员与网民之间的距离,丰富了媒体报道的内容和形态。

第四节　社交网络(SNS)应用

【学习导引】

　　比博客稍晚一些兴起的网络应用,是 SNS(Social Networking Services,即社会性网络服务)。1998~2001 年是社交网站萌芽期,一些以交友为目的的网站纷纷成立,但用户数量很少。2002~2004 年是培育期,受美国第一波 SNS 的影响,UUzone、天际等交友网站相继成立,主要应用为日志,交互功能很少,用户量仍然很少且活跃度很低。2005 年以后 SNS 进入快速发展期,校内网、人人网、QQ 空间等具备更加丰富功能的社交平台相继出现,开始推行实名注册,有了广告、会员收费、虚拟物品交易等盈利模式。2010 年以后进入成熟期,发展格局稳定,出现行业龙头,用户形成规模并持续攀升,网站功能更加务实,与生活消费领域联系紧密,盈利模式逐渐成熟。

随着 SNS 社区的发展,人际传播这种传统的信息传递方式搭上了网络的快车,成为个性十足的新传播媒介。

【知识目标】

了解社交网络的概念及基本特性。

【能力目标】

能运用社交网络工具改进采编业务。

一、社交网络的概念

社交网络指以人际沟通交流为目的的网络服务。通过这种服务,人们可以建立个人主页,在朋友之间分享内容并进行交流。国外最早也最著名的社交网络是 Myspace,2006 年其注册用户便达到 1 亿零 700 万,后被默多克的新闻集团收购。不久,由扎克伯格创建的 Facebook 后来居上,形成更大影响。国内较知名的社交网络有人人网、海内网、开心网等。

【新媒体故事】

新陈代谢:Myspace 社交"网战"败给 Facebook[1]

进入互联网时代后,默多克虽然要求新闻集团进行传媒业务数字化的转型,但结果不尽如人意。默多克对新兴的网络业态曾采取敌视的态度,他号召新闻网站向读者收费,并讽刺谷歌为"寄生虫"。

2005 年,如日中天的 Myspace 吸引了默多克的目光。老对手维亚康姆集团的介入,刺激了默多克下定决心,最后拍板以 5.8 亿美元买下 Intermix 公司,其中包括 Myspace。Intermix 的法人代表罗森·布拉特当时对这一数字似乎

---

[1] http://news.xinhuanet.com/it/2011−07/04/c_121621327.htm

感觉眩晕,因为这超过了他的期望值。但随后 Myspace 超高速发展,市值快速增加,让 Myspace 一些原股东心生悔意。时任谷歌首席执行官的埃里克·施密特表示:"默多克收购 Myspace,又赢得了一个重要的赌局。这或许是他出手最好的一个投资。"

可是,社交网络风云变幻,在 Myspace 独领风骚三五年后,一个更强劲的对手出现了。这就是 Facebook。

由于不缺资金,处于发展期的 Facebook 不需要为利润做很多妥协。Myspace 创始人德沃尔夫曾表示:"我们关注的是利润,而 Facebook 关注的却是用户数量和用户体验。"与 Myspace 帮助人们扩展交际空间,基于共同的兴趣爱好建立联系的出发点不同的是,Facebook 打算让用户与已经相识的人形成互动,增强交流。作家罗伯特·斯考伯曾这样剖析两者的区别:"Myspace 和 Facebook 是不同风格的两种网站,Myspace 是好莱坞式的,Facebook 则是硅谷式的。高科技人员喜欢 Facebook,而追求个性的青少年则青睐 Myspace。"

Myspace 标榜自己是一个自由开放的平台,每个人都可以在其网站上建立自己的网页,用户可以尽情修改个人页面的元素。由于缺乏统一的规划,大部分用户的页面就变得混乱和失控。一些定位高雅的广告客户常常发现他们的广告和色情明星的不雅照靠在一起。这影响了广告投入。

扎克伯格曾说:"在 Myspace 上,人们想怎么写就怎么写他们的简介。我们一直认为,如果我们对用户做出些许限制,他们就会与人分享更多信息,因为这样他们会觉得网站更有秩序,更有安全感。"Facebook 页面简洁自然,很少扰乱视线的设计,广告自然醒目。而且 Facebook 用户中受过高等教育的人所占比例比 Myspace 高,这些人的经济实力也强,因此有人调侃说"富人上 Facebook,穷人上 Myspace"。美国在线创始人史蒂夫·凯斯说:"Facebook 逐渐成为人们生活中必不可少的东西。"

曾有记者问默多克,报纸销量下降是否跟读者流向 Myspace 等网站有关,默多克有些苦涩地说:"我倒希望是那样,可他们现在全都跑到 Facebook 上去了。"

"Myspace 规模太大了,似乎有些失去控制。我将此事的责任归咎于自己。我们不得不缩小 Myspace 的规模。不过,我们现在引进了新生代创新人才,他们在很多方面的实力都很强,这是对手无法比拟的。"2009 年 7 月,默多克这样说。

这一年上半年,默多克对 Myspace 管理层进行了大清洗,创始人德沃尔夫和安德森出局。默多克花重金请 Facebook 前首席运营官欧文·范纳塔出任新 CEO。当时华尔街非常看好此次人事变革,预言这家老牌社交网站将重获新生。

可是在 Facebook 大步向前的同时,Myspace 的业绩却继续下滑。8 个月后,范纳塔被解聘。随后,詹森·希施霍恩和麦克·琼斯先后主政,无奈 Myspace 的业绩继续变差。2011 年 2 月 4 日,新闻集团首席运营官蔡斯·凯里称,公司将出售亏损的 Myspace。6 月 30 日,Myspace CEO 麦克·琼斯向全体员工发送邮件和新闻稿,证实在线媒体和广告公司 Specific Media 以 3500 万美元通过现金加股票的方式收购 Myspace。

二、社交网络的运行原理及信息传播特点①

20 世纪 60 年代,美国哈佛大学心理学家米尔格兰姆(Stanley Milgram)设计了一个连锁信件实验。他把信随机发送给住在美国各城市的一部分居民,信中写有一个波士顿股票经纪人的名字,并要求每名收信人把这封信寄给自己认为比较接近这名股票经纪人的朋友,这位朋友收到信后,再把信寄给他认为更接近这名股票经纪人的朋友。最终,大部分信件都寄到了这名股票经纪人手中,每封信平均经手 6.2 次到达。于是,米尔格兰姆提出六度分割理论,认为世界上任意两个人之间建立联系,最多只需要 6 个人。

按照六度分割理论,每个个体的社交圈都会不断放大,最后成为一个大型网络。这是社会性网络(Social Networking)的早期理解。SNS 正是根据这一理论创立的面向社会性网络的互联网服务,通过"熟人的熟人"进行网络社交拓展。Myspace 和 Facebook 用户量短时间内急速增长,正是这一理论在社会实践中的一个有力注脚。

社交网络的结构主要包括 4 个要素,即用户、内容、社会网络和工具。通过低门槛的参与方式让用户简便地贡献内容,同时通过订阅机制帮助用户运营其社会网络,通过滚雪球的反馈模式,形成诱发网络效应的机制。

信息传播是社交网络的核心功能,其特点有:

1. 多维度的传播方式:一对多广播,多对一复播,点对点直播,多对多网播,无所不有。

2. 多元化的传播途径:集声音、表情、肢体语言为主体的人际传播与文字、视觉图像为主体的大众传播于一体,使信息得到高度逼真的还原。

---

① 摘选自郭海霞:《新型社交网络信息传播特点和模型分析》,《现代情报》2012 年第 1 期。略有删改。

3.基于人际关系的传播:与博客和论坛主要在非熟人关系中传播不同,社交网络强调在相互确认身份的前提下进行传播。

4.即时互动交互传播:通过绑定移动通讯设备实现信息的即时发布与传播。

三、挖掘和利用社交网络的媒体属性

如前所述,社会化媒体的一个特色便是去中心化,内容创造从以媒体为主向社会大众自主创造转变。都说网民的智慧是无穷的,但是这种智慧产生的内在机理,却是与传统媒体的架构相冲突的。因此,要将这种资源转化成媒体的内容,传统媒体就必须从流程上进行变革,向社会化媒体的模式靠近。但是,对于散处在不同地域互不相识的网民,如何来组织他们进行内容生产呢?

【案例分析】

CNN 发布新版 iReport 吸收社交网络之所长[①]

新浪传媒讯:据美国"波因特研究所"网站 2011 年 11 月 14 日报道,美国有线电视新闻网(CNN)于 14 日发布的 iReport 与其说是关注市民新闻的网络,不如说更像一个社交网络。iReport 设计团队希望,这些改变可以突显出撰稿人,以获得更优质的稿件并和用户完美互动。

新版 iReport 着眼于那些对热点话题感兴趣的撰稿人,而移动设备上的客户端也可以让撰稿人在事件现场发表评论。当用户注册 iReport 后,可以选择浏览他们感兴趣的话题,如政治、健康、旅行、美食等或向其投稿。此外,他们还可以与其他关注此项内容的投稿人互动,而这一点是老版本不能实现的。

CNN 数字总监兼 iReport 团队主管莱拉·金(Lila King)在一次电话访问中说:"我们团队的意图是,你能早早告诉我们你可能参与的话题,以后我们就能追溯到你。我们想重塑这样一个概念,那就是 iReport 不仅仅在更新故事,而是通过一个个故事与那些关注它们的人们建立联系。"

以个人资料页为例,每个 iReport 的用户都有个人资料页,显示该用户最近的活动、更新的文章以及浏览者的评论等;同时,用户也可以通过发表帖子和评

---

① http://news.sina.com.cn/m/2011-11-18/133723487772.shtml

论赢取勋章。根据每位用户关注类别的不同,他们所获得的推荐新闻也不同。此外,有 8 名"CNN 数字"职员负责监督 iReport,并向用户推荐新闻;此举每个月预计会吸引 250 万用户。显然,任何一位甚至每一位 iReport 用户都可以给 CNN 撰稿。现在,CNN 可以根据关注度不同,更方便地找到他们的目标撰稿人。

金认为,那些对特定话题有兴趣的人能够帮助他们改善文章质量,提高文章更新的速度。比如,如果你向用户征求一篇关于波士顿政治事件的文章,那么向位于波士顿且对政治感兴趣的人征文,比盲目地向人们寻求帮助要容易得多。

金说:"我们是向整个网络发布新版 iReport,并没有更好的办法找到那些最感兴趣的人群。我们发布新版 iReport,希望那些被文章内容深深触动的人,或者对此有兴趣的人更加深入地参与到我们的工作当中。"多年来,iReport 团队中那些与撰稿人打交道的员工们已经深谙于如何写出吸引人眼球的故事。当五年前首次发布 iReport 时,他们向网民提出:"在你周围发生了什么事?"以吸引更多人参与其中。

当被问及:"你们怎么会想到这样一个问题?"金回答:"我们想,这可能不会达到理想的效果。但立马,全世界各地的人们都开始向我们发送他们周围发生的那些疯狂的故事。"金指出,在写文章方面,团队会尽量确保文章的真实性,但也允许一定程度的创作。她说:"你要告诉人们该怎么做,比如你要求沿着街道拍一段 60 秒的视频,但你并没有告诉读者拍哪条街道或者在哪个角度架起摄像机。另外还有一个重要的规则就是,你要说清楚这段视频的用处,你为什么要它,以及参与其中的好处是什么。"

向有贡献的撰稿人提供激励措施是非常有价值的。获得曝光,被编辑,以及获得自我表现的机会均是激励措施的有效方式。iReport 的话题和文章质量都在提高。第一篇 iReport 投稿是一幅照片,题目是"树枝上超萌的小松鼠已筋疲力尽"。虽然,人们还在提交这一类的内容,但是 iReport 进步了,他们的文章也在与时俱进。

金表示,普通网民的投稿现在已成为 CNN 报道大事件的核心内容。最近,iReport 用户发布了泰国洪水的照片,跟进宾夕法尼大学乔·帕特诺(Joe Pater-no)被解雇事件的照片,以及宾大学生抗议帕特诺被解雇与警方发生对峙的视频等等。五年来,iReport 吸引了 95.5 万撰稿人,并且每月在其中获得大概 1.5 万封稿件。其中,iReport 工作人员提供的稿件只占 7%,但他们所采用的稿件都须经过审核。当他们打算采用稿件时，均会与撰稿人联系，询问他们消息的来源。

这些员工知道如何与撰稿人交流，他们能确保真实的消息可以继续跟进，也了解如何吸引人们的眼球。"这其实是一种社区建设，可以促使人们觉得自己参与其中，他们有一种成就感，发现自己比想象中还要能干。"

一些 iReport 用户和 CNN 工作人员一起跟进"占领华尔街"和日本地震的事件，而这些文章都以时间为线索标注在地图上面。新版 iReport 的目标是将 CNN 数字内容，与 iReport 及其内容更好地整合。目前，iReport 和 CNN 官网都有相互的友情链接。金希望，这能帮助人们更加便捷地向 iReport 投稿。她说："新版 iReport 将引导你对文章发表评论，与其他人的故事和经历产生共鸣，这点弥足珍贵。"

虽然社会化媒体为"人人都成为记者"创造了技术条件，但是客观地说，没有接受过专业训练的普通人对新闻以及传播的理解，与专业媒体及专业团队还是有很大差距的。用通俗的说法来比喻，虽然会做饭的人非常多，但是厨师仍然是一份收入不错的职业。社会大众创造的内容，要成为有可信度和可看性的成熟的媒体产品，专业机构与专业人员的介入是很有必要的。CNN 推出的 iReport 就是将媒体专业能力与社交网络优势紧密结合的一个平台。一方面，它聚合了用户散布于全球各地，信源丰富，发布及时，靠近现场，用户关系稳定等社交网络的优势；另一方面，它又植入了媒体的专业精神，对用户的内容创造进行指导、核实，对最终产品进行加工和提炼，保障了媒体内容的品质。

第五节　微博应用

【学习导引】

最早也是最著名的微博是美国的 Twitter。根据相关公开数据，截至 2010 年 1 月，该产品在全球已经拥有 7500 万注册用户。2009 年 8 月，中国最大的门户网站新浪网推出"新浪微博"内测版，成为国内门户网站中第一家提供微博服务的网站，微博正式进入中文上网主流人群的视野。2010 年被称为中国的"微博元年"，微博服务成为中国互联网发展最快的应用。作为第一代互联网代表的新浪，在传统业务触及天花板的情形下，果断抓住了微博服务这一新的产品，全力进行调整转型。目前在微博服务竞争格局中,新浪微博一马当先,占据了大半个市场,腾讯凭借其 QQ 平台优势正在努力缩小差距,其后还有搜狐等网站苦苦追赶。

虽然到目前为止,国内所有的微博服务都是以"测试版"的名义在运行,未来会如何受政策的影响尚待观察,但这种新的传播形态已经体现出了巨大的能量。诸多热点事件如犀利哥、凤姐、3Q 之争、唐骏学历门、"7·23"动车追尾事故、方舟子揭韩寒造假等,借助微博这一最新的网络应用平台被披露、发酵及扩散,并最终形成了强大的传播效应。在明星名人开博之外,各级政府部门也纷纷开通官方认证微博,寄希望以此通道开展政务信息公开,增强与公众的互动与交流。

【知识目标】

了解微博的基本概念与运行特点,建立微博传播意识。

【能力目标】

掌握微博操作技能,塑造微博与媒体采编业务结合的能力。

一、微博简介

(一)微博的定义

微博即微博客(Microblog)的简称,是一个基于用户关系的信息分享、传播与获取平台。用户可以向微博发送文字或者图片,并实现即时分享。这种超级简单的应用,现在已经升级为朋友之间互动交流、分享信息的平台。

(二)微博的基本功能

1.写作:限定在 140 字以内,但现在有了长微博工具之后,容量大幅扩大。

2.发布:通过 Web、Wap、手机短信、彩信等客户端组件向微博平台发送。

3.转发:一键转发别人的微博。

4.评论:对别人的微博内容进行评论。

5.关注:对感兴趣的用户添加关注,以便系统提示其信息变更。

6.认证:对用户的真实身份加以认证。

二、微博的传播效力

微博快捷方便的传播与复制分享方式,超越了目前现有的媒体形态,用户增长迅猛,在不少热点事件的传播中,体现出强大的传播功效。

【案例分析】

危情大义——"7·23"甬温线特大事故中的微博力量[①]

微博呼喊:救救我们!

7月23日20时27分,一条来自新浪网友"Smm_苗"的微博引起广大网民的高度关注:"狂风暴雨后的动车这是怎么了?爬得比蜗牛还慢……可别出啥事儿啊。"11分钟后,"Smm_苗"所描述的这辆北京至福州的D301次列车在温州市双屿路段,与杭州开往福州的D3115次列车发生追尾,造成6节车厢脱轨,其中4节从高架桥上掉落。

"D301在温州出事了,突然紧急停车了,有很强烈的撞击。还撞了两次!全部停电了!我在最后一节车厢。"几乎在事故发生的同时,新浪网友"袁小芫"发出了第一条微博,令数万网民在第一时间得知了这一信息。

此后不久,第一条求助信息由网友"羊圈圈羊"在出事车厢内发出:"求救!动车D301现在脱轨在距离温州南站不远处!现在车厢里孩子的哭声一片!没有一个工作人员出来!快点救我们!"紧接着,网络上不断出现被困旅客以及第一批赶赴现场的救援人员所发出的消息,事故现场情况也如拼图般渐渐清晰起来。

微博接力:救人去!寻人去!

随着一条条求助微博的发出,消防战士、医护人员、刚刚逃生的乘客、在桥下乘凉的居民、在温州旅游的游客、出租车司机……成千上万素不相识的人从四面八方汇拢来,向受困者施以援手,展开了一场与死神赛跑的生命接力。22时,网友陈小劼Q发出微博:"开摩托车给现场照明,砸车窗助乘客逃生,温州双岙村,数千村民现场自发救人!"

---

① http://www.sn.xinhuanet.com/2011-07/25/content_23315854_3.htm

感谢感谢感谢好人们，我已经平安到家，我的命拣回来了，谢谢你们！谢谢武警战士，我们在高架桥上被困看到你们就知道我们的有希望了，谢谢谢谢！谢谢那些关心这次遇难的人，感恩！好人一生平安！

7月24日 01:12　来自新浪微博手机版　　　　　　转发(2985)　｜　收藏　｜　评论(2540)

警察救我们了，我们已经从高铁架上下来了，上帝保佑！

7月23日 22:45　来自新浪微博手机版　　　　　　转发(9655)　｜　收藏　｜　评论(7323)

救我们，火车现在处于倾斜状态，车内封闭，前面几节车厢基本连撞了

@羊圈圈羊 V：求救！动车D301现在脱轨在距离温州南站不远处！现在车厢里孩子的哭声一片！没有一个工作人员出来！快点救我们！

7月23日 20:47　来自新浪微博手机版　　　转发(114318)　｜　评论(24386)

7月23日 21:05　来自新浪微博手机版　　　　　　转发(4078)　｜　收藏　｜　评论(3089)

求救！动车D301现在脱轨在距离温州南站不远处！现在车厢里孩子的哭声一片！没有一个工作人员出来！快点救我们！

7月23日 20:47　来自新浪微博手机版　　　　　　转发(114318)　｜　收藏　｜　评论(24386)

图6-2　网友"羊圈圈羊"的微博截图显示该求助信息被转发了11万余次

温州全市22个中队560名消防官兵、51台消防车和重型起吊车辆也赶赴现场救援。与此同时，120急救、公安、武警、铁道部调派的大型工程机械等一切可以调集的社会力量也陆续到场。尽管大多数被困乘客得到了及时转移，但还是有一小部分乘客与家人失去了联系，微博立刻成为发动最广泛力量寻找亲人的网络平台，新浪微博和腾讯微博也迅速开辟了"微博寻亲"专栏。

微博再接力：献血去、当志愿者去！

事故发生2小时后，微博上出现了献血号召帖和招募志愿者活动帖。不久，温州血站里就挤满了看到消息后连夜赶来献血的人，目前已超过1700人，血库的冰箱装得满满的。网友"洛丽主子"的微博记录道："晚上12点30分，温州血站前所未有地沸腾，排队几百人。"网友"电信蒋秀"记录道："排队填表时，门口停满奔驰、卡宴、宝马，温州人并不只会炒房、开豪车、穿名牌，血和钱要捐给真正需要的，没有哪个熬夜比今晚更有意义。"

在2005年7月7日伦敦地铁爆炸案中，早在主流媒体开始报道之前，由现场目击者拍摄的图片和记录文字已经在多家博客网站上流传。但是因为博客

上传地点和转发效率的限制,真正的传播效果最终还是借助于传统媒体的后续跟进,即由各大媒体刊发了目击者提供的图文信息之后才得以实现。而此次"7·23"动车追尾事故,微博成为绝对的传播中心,几乎撇开了对传统媒体的任何依赖,独立实现了信息的发布、追踪以及舆论的步步推进。在整体报道进程上,传统媒体基本处于外围,不得不被动跟进。这可以说是微博完胜其他媒体的一次传播实践。

三、媒体的微博运用

(一)关于媒体的微博运用

1.新闻线索发现渠道:通过订制特定微博,监测微博动态,随时发现热点事件。

2.话题策划平台:通过微博关注、转发、评论功能发起话题讨论。

3.现场直播:利用微博短小精悍的轻骑兵优势,抢占信息发布先机。

对于媒体如何运用微博,长期关注新媒体发展的中山大学副教授、博士生导师张志安,通过其个人微博(http://weibo.com/fudanzhangzhian)有如下建议:

关于定位:不要打补丁(当推广平台),而要做新衣(当成新的媒体来经营)。

平台选择:用新浪微博服务新闻生产,用腾讯微博挖掘和积累本地网民数据库。

改造流程:建立"先用微博滚动直播⇒再用微博跟读者互动⇒继续进行跟踪深入采访⇒次日报纸既要做深度新闻,又要整合微博内容"的生产新机制。

提供服务:通过订制本地意见领袖的微博、关键词搜索发现读者潜在爆料、积累数据库,整合其他渠道的服务,提供服务。

运营技巧:研究读者的行为模式,分享有价值、有趣的内容,选择读者使用微博的高潮期来有节奏地进行更新;分享别的同行的有价值内容,嵌入分享有趣实用的链接;向用户提出问题,仔细阅读用户评论。

营销尝试:积累一定粉丝群后可通过抽奖等形式进行营销实践。

(二)关于微博直播的建议

微博也是进行直播的良好工具,张志安教授特别建议记者微博要与手机绑定,以便在网络和通讯条件最恶劣的情况下也能够更新微博。张志安教授并对记者微博直播的条件和要求有以下建议:

1.配备性能良好的手持移动设备(500万像素以上的智能手机或者iPad),

高速 2G 乃至 3G 网络,有 Wifi 更佳。

2.前方直播员必须是优秀的文字工作者,拥有良好的新闻素养与职业道德,具备快速打字与检索能力。筛选和加工信息,力求图文并茂,甚至录制视频为粉丝呈现现场。

3.新闻敏感度高,随时随地发布身边发生的新闻事件。

4.语言精练,精通各种网络文体。善于改编各类古文掌故并结合新闻事件,能用 140 字符表达观点并激发粉丝转发。概括而言就是熟悉社会化媒体传播理论和网络语言,是一个优秀的微博运营者。

5.后方必须有一个团队接收前方传回的视频图文资料,评论兼推送,拼图并整合信息,必须要具有对少量信息的检索、筛选与过滤以及在此基础上的独立判断能力;能够对互联网上的相关信息进行整合,同步整理专题,做尝试,做影响力,最好在直播结束当天就有对应的专题或新闻稿出炉。

6.整个团队还需要有一位熟悉使用社会化媒体工具进行数据分析,获知微博运营情况,调整运营战略,起到舵手作用的核心骨干。

【新媒体故事】

MSNBC 收购"breakingnews.com"域名 兵分两路切入微博①

据 2010 年 1 月 6 日报道,美国第四大有线新闻频道 MSNBC 近日收购"breakingnews.com"域名,计划兵分两路切入微博客新闻领域。消息称,MSNBC 已于 2010 年 1 月 5 日完成了对域名"breakingnews.com"的收购,但具体交易细节不详。2009 年 12 月,该公司曾收购另一家新闻服务公司 BNO 在 Twitter 上的账号"BreakingNews",该账号主要是为用户提供即时新闻服务,目前其追随者已经达到 150 多万人。

MSNBC 首席执行官查理·提孟哈斯特表示,该公司收购"breakingnews.com"域名的原因有三:一是尝试垂直媒体与微博客相结合的模式;二是为用户提供最及时准确的新闻报道;三是借此提高 MSNBC 的品牌和知名度。

---

① http://media.ifeng.com/news/newmedia/web/201001/0107_4266_1501504.shtml

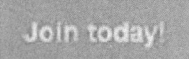

图 6-3　Twitter 上账号为@BreakingNews 的页面

图 6-4　Breakingnews. com 网站页面

查理·提孟哈斯特表示,不是所有的用户都喜欢 Twitter 网站上"新闻＋评论"的呈现方式。按照 MSNBC 的规划,他们一方面会在 Twitter 使用"Break-ingNews"账号推送新闻,另一方面还将在 breakingnews. com 网站上展现这些内容。MSNBC 是美国全国广播公司(NBC)与微软合资运营的一家数字媒体公司。在过去的几年里,曾收购 Newsvine,EveryBlock 等新闻网站,以加速媒体联合与扩张的步伐。

实际上早在 2009 年 4 月 15 日,CNN 即宣布对 Twitter 上的@cnnbrk 账户进行了收购,当时@cnnbrk 账户在 Twitter 上的粉丝数量已有 94.4 万,这一数字堪比好莱坞影星库彻和"小甜甜"布兰妮在 Twitter 上的粉丝数量。MSNBC 的收购无疑是受 CNN 收购 @cnnbrk 账号的影响。这也反映出传统媒体在新媒体领域日渐白热化的竞争态势。

第六节　播客应用

【学习导引】

随着数码摄像产品的普及,网民拍摄音视频作品的门槛大大降低。网络带宽的迅速扩展,以及网络音视频压缩和传播技术的发展,又为音视频节目的上传下载提供了越来越简捷的门径。与提供版权音视频点播服务的网站不同,播客这种网友自主生产和分享的形式,是博客应用的多媒体升级版,意味着开放式生产的信息产品有了更为丰富的样式。在数轮风投之后,随着乐视网、酷6网、优酷网等一批视频网站的上市,新一波网络视频公司上市潮正在掀起,资金的追逐为网络视频应用推波助澜。在这种形势之下,网络音视频节目分享的技术和应用基础都将有一系列大的改观。新媒体采编业务融入播客元素也是趋势所在。

【知识目标】

了解播客的基本概念及网络发展情况。

【能力目标】

掌握播客在新媒体采编业务中的应用方式。

一、播客的定义与特点

播客是指通过相关软件上传与订阅音视频内容的互联网服务。国外著名的有 Youtube、Hulu 等,国内著名的有优酷、土豆、酷 6 等。与博客一样,播客在内容生产上也是以用户创造为主,在分享上采用订制方式。除此而外,播客还带有强烈的"草根"色彩。传统上广播视频节目的制作门槛大大高于文字作品的创作。随着数码音像产品(如摄录机)的迅速普及,音视频节目的制作向大众化、平民化扩散。每个人的声音,每个人的形象,每个人创作的音视频作品,都有机会平等地在播客平台上展示。任何人也都可以通过软件免费下载播客节目,订阅自己喜欢的内容。

2005 年初国内第一家播客网站土豆网(www. tudou. com)开播,随后各大商业门户以及各新闻网站相继推出播客服务。搜索浏览视频迅速上升为网民的一个主要应用。据 CNNIC《第 29 次中国互联网发展状况统计报告》显示,截至 2011 年底,在国内近 5 亿互联网用户中,有 63.4% 的用户即 3.25 亿网民为网络视频用户。

如果说论坛、博客和微博突破了报纸对图文信息的垄断,那么播客的低准入门槛,则打破了广播电视机构对音视频节目的控制。虽然播客作品质量参差不齐,但也正是这种毫无修饰的未经编辑的影像,以接近现实生活原生状态的面目,常常与网络上的草根大众同声共气,从而引成巨大的传播效应。这与专业媒体经过严格审查的视频节目形成鲜明对比。

【新媒体故事】

农民工翻唱《春天里》网上走红①

2010 年 9 月 27 日,北京丰台区一间简陋的出租屋里,两名男子赤裸上身,用一把吉他伴奏,对着话筒大声嘶吼着汪峰的歌曲《春天里》。这一幕,被一个朋友用手机拍了下来,第二天传到了优酷网上。

视频里,他们朴实、沧桑的嗓音,感动了无数的网友。短短一天时间,点击率就超过了 20 万。视频中的主角,一位是 29 岁的东北小伙儿刘刚,另一位是

---

① http://cul. shangdu. com/hnwh/20101115/273_112143. shtml

44 岁的河南商丘老大哥王旭。王旭 10 年前从河南到北京打工,曾经烧过锅炉,现在在一个仓库里面工作,月收入一千多元。每到周末,两人一起到地铁站里面唱歌。这就是"旭日阳刚"组合。

一个多月来,视频被网友们以近乎疯狂的速度转载,"旭日阳刚"继而受邀在浙江卫视《我爱记歌词》节目中演唱。11 月 6 日,"旭日阳刚"走上央视《星光大道》并摘得周冠军。11 月 7 日和 10 日,湖南省省委书记周强连续两次推荐视频《春天里》,并表示"每看一次都感动得热泪盈眶"。

11 月 13 日,"旭日阳刚"受邀参加汪峰"怒放上海"演唱会。当晚,王旭和刘刚走进上海八万人体育场,和罗大佑、郑钧等著名歌手同台献技。演唱会上最激情的场面,莫过于他们俩与汪峰共同合唱《春天里》,"也许有一天,我老无所依,请把我留在,在这春天里"。

"他们赢得的掌声和欢呼,一点儿也不比大腕明星们少",网友们说,那一刻让人感到理想照进了现实。

二、专业媒体机构如何应用播客

(一)将播客平台作为媒体正式作品的推广渠道

专业音视频节目制播机构可以将已经发布的作品上传到播客网站,利用播客的传播方式,扩大影响。需要注意的是,第一,节目的选择要适合网络传播,不要不分题材一律上传;第二,对适合的题材还要根据播客的特点,重新剪辑制作。目前常见的做法是视频机构将作品原封不动上传到播客平台,效果并不十分理想。播客有别于专业媒体机构的一个重要特点就是对拍摄技术没有过多讲究,一般拿起设备随手就拍。另外,播客作品一般都比较短小,几分钟甚至几秒钟,只要捕捉到关键要素,抓住其中的兴奋点,都可以成为广泛传播的节目。

(二)将播客内容作为媒体正式报道的补充

专业机构与专业人员的数量总是有限的,不可能遍布每一个角落,或者在某个空间保持 24 小时的关注。而播客的散在性却为这种时空上的空缺提供了补足的可能。现在录音录像设备早已经普及,稍微好一点的手机都有基本的拍摄功能,理论上播客的覆盖面是专业机构与人员的无数倍。因此,只要经过核实,播客内容也可以成为媒体正式报道的补充与完善。

汶川大地震时,正在都江堰游览的一位秘鲁游客用手中的 DV 拍下了地震发生瞬间的情景。虽然这段视频拍得非常随意甚至慌乱,没有一点专业水准,还有不少空镜头,但是却丝毫都不影响其传播价值。惊慌的人声,地动山摇、房倒屋塌的杂音,晃来晃去的镜头,都让这段来自地震中心的第一段视频,给人以震撼,真实地展现了地震来临时的现场情景。后来这段视频被中央电视台等专业媒体采用。

又如2009年6月5日,成都9路公交车燃烧事件发生初始,曾经网传司机弃车逃跑,引起网络公愤。同样是现场路过的一位旁观者,拍下了司机跳出驾驶室砸窗救人的视频。后来这段视频被媒体记者找到并正式发布,不实信息得以纠偏。

【新媒体故事】

优酷与土豆合并①

2012年3月12日下午消息,优酷网和土豆网今天共同宣布双方于3月11日签订最终协议,优酷和土豆将以100％换股的方式合并,新公司名为优酷土豆股份有限公司,土豆网将退市。

合并后,优酷股东及美国存托凭证持有者将拥有新公司约71.5％的股份,土豆股东及美国存托凭证持有者将拥有新公司约28.5％的股份。合并后的新公司将命名为优酷土豆股份有限公司(Youku Tudou Inc.)。截至美国东部时间3月9日收盘,优酷在纳斯达克股价收报为25.01美元,土豆股价为15.39美元,按土豆每股ADS兑换1.595股优酷ADS计算,土豆合并后的股价价值将达39.89美元,较目前的股价溢价为159％。

优酷创始人、董事长兼CEO古永锵指出:"我们将开创中国网络视频新纪元。优酷土豆将拥有最庞大的用户群体、最多元化的视频内容、最成熟的视频技术平台和最强大的收入转换能力,并将带给用户最高质量的视频体验。"

土豆创始人、董事长兼CEO王微表示:"这次合并将进一步强化我们的行业领先地位。土豆可为新公司带来家喻户晓的品牌、诸多正版影视和用户生成内容、庞大的用户群体,以及移动视频领域的广泛伙伴关系和专业经验。我们相信,优酷土豆可以为广大用户带来最佳的视频浏览、上传和分享体验。"

---

① http://tech.sina.com.cn/i/2012-03-12/17036827996.shtml

【特别提示】

除了内容形态差异,播客与博客在内容生产与传播机制上并无本质差别,因此也有人把播客称作音像博客。其在新媒体的应用上与博客相近,如何整合到采编环节,可参考博客应用的相关章节。

第七节　维基百科应用①

【学习导引】

> 我们来自这样一个传统:知识必须得到专家的保证、授权和批准,然后才能送到我们手里。无论这样的专家是教士、教授或报纸编辑,结果是一样的:知识必须要由专业人士来恩赐,必须是他们觉得可以接受的知识。
>
> ——保罗·莱文森

维基百科(Wikipedia)的出现,彻底打破了这个传统。维基百科是一个自由、免费、内容开放的百科全书协作计划,参与者来自世界各地,任何人都可以编辑维基百科中的任何文章及条目。其目标及宗旨是为全人类提供自由的百科全书——用他们所选择的语言来书写而成的,是一个动态的、可自由访问和编辑的全球知识体,也被称作"人民的百科全书"。截至 2011 年 11 月,已经有超过 3172 万的注册用户以及为数众多的未注册用户贡献了 282 种语言超过 2024 万篇的条目,没有一个条目是由受委任的专家撰写的,决定条目取舍和寿命的是体现在其中的知识,而不是靠官方的专家身份。

【知识目标】

——了解维基百科的基本概念及特性,理解维基百科的编辑原则。

---

① 本节内容参考 http://baike.baidu.com/viem/1245.htm 编写。

【能力目标】

——应用维基百科的编辑原则改进编辑流程。

一、维基百科的起源与发展

1995 年,沃德·坎宁安(Ward Cunningham)为了方便模式社群的交流建立了一个工具——波特兰模式知识库(Portland Pattern Repository)。在建立这个系统的过程中,创造了 Wiki 的概念和名称,并且实现了支持这些概念的服务系统。这个系统是最早的 Wiki 系统。从 1996 年至 2000 年间,波特兰模式知识库围绕着面向社群的协作式写作,不断发展出一些支持这种写作的辅助工具,从而使 Wiki 的概念不断得到丰富。同时 Wiki 的概念也得到了传播,出现了许多类似的网站和软件系统。

维基百科自 2001 年 1 月 15 日正式成立,由维基媒体基金会负责维持。其大部分页面都可以由任何人使用浏览器进行阅览和修改。英语维基百科的普及促成了其他计划(如维基新闻、维基教科书等)的产生,虽然这也造成了对这些所有人都可以编辑的内容准确性的争议,但如果所列出的来源可以被审察及确认,则其内容也会受到一定的肯定。维基百科中的所有文本以及大多数的图像和其他内容都是在 GNU 自由文档许可证下发布的,以确保内容的自由度及开放度。所有人在这里所写的文章都将遵循 Copyleft 协议,所有内容都可以自由地分发和复制。

"Wiki"一词来源于夏威夷语的"wee kee wee kee",原本是"快点快点"的意思。在这里 Wiki 指一种超文本系统。这种超文本系统支持面向社群的协作式写作,同时也包括一组支持这种写作的辅助工具。首先,我们可以在 Web 的基础上对 Wiki 文本进行浏览、创建、更改,而且创建、更改、发布的代价远比 Html 文本为小;其次,Wiki 系统还支持面向社群的协作式写作,为协作式写作提供必要帮助;最后,Wiki 的写作者自然构成了一个社群,Wiki 系统为这个社群提供简单的交流工具。与其他超文本系统相比,Wiki 有使用方便及开放的特点,所以 Wiki 系统可以帮助我们在同一个社群内共享某领域的知识。

二、维基百科的编辑原则

维基百科的一个重要原则是中立和不偏不倚。维基百科的创始人之一吉米·威尔士说,必须保持中立观点这个原则在维基百科中是绝对的和不可争辩的编辑原则。维基百科的管理员这样解释中立政策,"我们应该把争论中各方面的声音都公平地表达出来，而不是在文章中指出或暗示任何一方的观点是正确的"。

维基百科采用中立观点的原因是，维基百科的管理员和参与撰写者都认为维基百科是一个关于人类知识的综合性百科全书，并且由于维基百科的条目撰写是由集体来完成的，因此在撰写过程中不可能不出现争论。避免无休止的"编辑战"的最好方式，就是相信自己所要编写的"人类的知识"囊括了关于一个话题的所有不同观点和不同事实，同时这些观点和事实还会随着人类的认知能力和知识积累程度的改变而在人们的观念中发生变化。因此，维基百科的工作就是把这些不同的观点和事实以及它们的变化都记录下来，而不是加上"正确"和"错误"的判断，或根据这种判断来隐藏"错误"的观点和事实。

中立性曾是被传统媒体尤其是报纸推崇至上的新闻原则。但自亨利·卢斯创办《时代》周刊以来，中立性原则已经在某种程度上被传统媒体抛弃。最常见的指责是，媒体在选择报道什么、不报道什么时，就已经背弃了中立和不偏不倚的原则。事实上，由于传统媒体所能提供的容量、空间、时间的限制，让传统媒体去展现关于某个事件的所有事实、观点是不现实的，因此传统媒体的记者和编辑必须充当"把关人"的角色。而对于维基百科来说，则不存在这种限制，网络似乎为不偏不倚呈现各种事实和观点提供了可能性。维基百科的管理员强调，维基百科的中立原则并不是标榜自己的客观，而是指维基百科应该试图去描述争论，而不是参与争论。不管怎样，历史是客观的，不会改变，当技术能够使更多的人参与历史构建从而替代少数精英的分析时，历史应该更能回避主观。

维基百科的这一编辑原则，对专业媒体机构的采编活动具有很强的启示意义。在技术条件具备的情况下，报道的立场受容量（版面、播出时段等）影响的状况，应该有所改观。

【新媒体故事】

维基百科挑战《大英百科全书》

以《大英百科全书》为代表的专家驱动的百科全书，过去是、现在仍然是排他主义的，它不仅限制词条的数量，而且常常删除或删节编辑认为重要性已不如从前的词条。著名的科学杂志《自然》报道了 2005 年的一个研究成果。专家组检查了维基百科和《大英百科全书》中的各 42 篇文章,结果发现《维基百科》平均每篇文章有四处欠准确,而《大英百科全书》的这一数据为三次,两者差异并不大。这项调查似乎表明,维基百科是与《大英百科全书》同样好的信息来源,不过这一结论遭到后者的强烈抗议,要求《自然》收回文章。《自然》杂志以长篇答复解释了其研究方法和发现,拒绝收回那篇文章。

《大英百科全书》的强硬态度并没有一直坚持下去。2009 年初,据《悉尼先驱晨报》报道,《大英百科全书》总裁乔治(Jorge Cauz)表示,用户将很快可以编辑《大英百科全书》的现有词条,并自行创建新词条。不过用户提供的内容将受到百科全书编辑人员的审查。通过这一方式,《大英百科全书》希望融合传统百科全书的编辑专业性,以及维基百科式的透明性和开放性。

第八节　社会化媒体的影响与应用规范

【学习导引】

社会化媒体给传统专业媒体机构造成的冲击是显而易见的,迫使专业媒体机构不得不做出调整。不仅如此,在社会化媒体之间,也存在着激烈的竞争。与此同时,社会化媒体自身也存在诸多缺陷和问题,给传统新闻伦理和新闻实践带来诸多困惑。专业媒体在对社会化媒体做出应有的应对时,也必须规避相应的风险,按照新闻伦理、职业道德以及专业主义的精神,进行自我约束。

一、专业媒体机构的调整[①]

2011 年 11 月,美国 CNN 解雇了亚特兰大、纽约、华盛顿、洛杉矶和迈阿密办公室的 50 名员工,其中接近 1/3 是摄影记者。在发给员工的邮件中,CNN 高级副总裁杰克·沃迈克(Jack Womack)表示新的桌面编辑技术、用户产生内容和社会化媒体的兴起,正在削弱摄影记者的地位。

杰克·沃迈克在邮件中提到:"我们花了大量时间分析如何利用和部署在美国的所有摄影记者。我们已经注意到用户产生内容、社会化媒体、CNN iReport 用户和附属机构在突发新闻中的作用。用户参与的技术更加简单有效。

---

① http://www.cpanet.cn/cms/html/zixun/yejie/20111202/56659.html

小型相机现在已经拥有较高质量。越来越多的人已经掌握了这些技术。在经过上述分析之后,CNN 决定一些摄影记者将会离开我们。"

iReport 是 CNN 的一项首创。它允许和鼓励全球用户上传突发新闻事件的照片和信息。从某种意义来讲,它与 SNS、微博等社会化媒体较为类似。不过 iReport 也因不向提供照片的用户支付费用而受到一些指责。

二、社会化媒体在信息分享市场上的竞争①

JiaThis 是一家"社会化分享"聚合按钮提供商,为 40 多万家网站提供"收藏与分享"按钮服务,这个聚合按钮上整合了 QQ、新浪微博、开心网、人人网等一百多个社会化"收藏与分享"按钮。

JiaThis 通过 2011 年 9 月的分享数据,对四千多万用户对各种分享按钮的使用次数,进行综合分析统计,得出了以下数据报表(见图 6—5)。从 9 月排名出现整体稳定态势可以初步判断:长达一年之久的微博大战、社区之争在 9 月期间陷入僵持阶段。但同时社会化媒体圈内观望心理弥漫,新的争端一触即发。"SNS 类媒体和微博类"分享数据出现彼增此减、彼此相互转化的规律。

当节假日来临时,微博类媒体分享数据普遍略低于平日数值,而像 QQ 空间、人人网、开心网这一类 SNS 社区类媒体的分享量会在同一时期内呈现

排名	媒体名称	分享趋势	分享百分比	回点百分比	排名趋势
1	QQ空间		9.80%	40.23%	→
2	新浪微博		8.08%	26.96%	→
3	腾讯微博		6.85%	8.47%	→
4	人人网		3.32%	8.03%	→
5	开心网		2.67%	3.20%	→
6	搜狐微博		1.99%	0.77%	→
7	网易微博		1.98%	0.37%	→
8	淘江湖		1.79%	0.02%	→
9	百度搜藏		1.76%	1.05%	↓
10	豆瓣		1.67%	0.76%	→
11	百度贴吧		1.64%	0.60%	→
12	朋友网		1.60%	1.59%	→
13	MSN		1.56%	0.07%	→
14	百度空间		0.80%	0.43%	→
15	QQ收藏		0.73%	0.09%	→
16	鲜果		0.71%	0.01%	→
17	猫扑推客		0.71%	0.35%	↑
18	51社区		0.70%	0.01%	↓
19	天涯社区		0.69%	0.11%	→
20	飞信		0.68%	0.02%	↑

JiaThis社会化媒体排行榜 (2011年9月)

数据来源:www.jiathis.com/services　　Data Provided By JiaThis.com

图 6—5

① http://www.chinaz.com/news/2011/1107/218656.shtml

上升趋势。我们将上升媒体分享数与下降媒体分享数对比后发现：数据几乎等值。由此得出结论：在假期休闲时间，网民对分享行为的热衷度会由轻型的微博类媒体转向 SNS 社区类媒体。

【名词解释】

分享量：网民使用 JiaThis 分享工具将页面分享到某一社会化媒体的次数。

回流流量：分享到某一社会化媒体后，用户点击分享链接返回到分享页面的浏览次数。

分享数据比重：本月内，分享到某一社会化媒体的分享次数，占分享全部社会化媒体的分享次数总和的百分比。

回归流量比重：本月内，某一社会化媒体中所分享的网页链接浏览次数占所有社会化媒体中所分享的网页链接浏览次数总和的百分比。

【新媒体链接】

专业新闻机构如何规范使用社会化媒体①

日前，美联社一名摄影记者在"占领华尔街"运动中被捕，有员工将此消息通过社交网站推特先发布到网上。美联社高层在内部邮件中严厉指责这种行为是"胳膊肘外拐"，并重申规定：一切有新闻价值的消息、图片或视频都要首先提交给美联社，而不能自行在推特之类的社交媒体上发布。

以管理温和著称的美联社也下"重手"规范员工使用推特，反映了社会化媒体管理的重要性和紧迫性。规范使用社会化媒体不再是"要不要"的问题，而是"能不能"的问题。另一方面，舆论对美联社在这一事件中的理解和支持态度也表明，以自律规范的方式治理社会化媒体，正在成为社会共识。这同 2009 年 CNN 因微博政治言论不当开除一名高级编辑所引发的广泛争议形成鲜明对比。

在这起事件中，美联社执行总编辑卢·费拉拉写给全体员工的内部邮件措辞相当严厉："你们的首要任务是为美联社工作，而不是推特。"在管理素来温和的美联社，此般语气殊为罕见，其间透露出的无奈与焦虑也溢于言表。如今，推

---

① 本文是国家社科基金重大招标项目"中国媒体国际传播能力建设战略研究"阶段性研究成果，项目编号 09&ZD012，作者文建，新华社新闻研究所国际传播研究中心副主任。

特、Facebook、Youtube 等社会化媒体全面渗透新闻生产的各个环节,频频引发管理问题。这种无奈与焦虑,成为国内外众多新闻机构的共同心态。

(一)网络行为须有规范

美联社"震怒"的另一个原因,是该社此前不久刚刚更新了员工使用社会化媒体的有关规则。不得在推特上发布美联社尚未发布的新闻,即为其中重要内容。早在 2009 年,美联社就出台了员工使用社会化媒体的指导规范。相较旧版,2011 版的规定更加细致,对员工应该如何保护隐私、发表观点、发帖与跟帖、加关注与加好友、识别消息源等问题都有详细具体的指导。

同美联社一样,法新社也在 2011 年更新了社会化媒体使用规范,对记者编辑在虚拟空间的行为约束更加严格。事实上,用内部法规的方式管理员工的网络行为,已经成为国外媒体的共同做法。截至目前,路透社、英国广播公司、美国有线电视网、澳大利亚广播公司、《纽约时报》、《华盛顿邮报》、《洛杉矶时报》等国际一流媒体机构都先后出台了员工使用社会化媒体的管理规范。其中,《路透社网络报道守则》最为国内媒体所熟知(详见《中国记者》2010 年第 7 期),目前许多国内媒体的相关管理规范中都能找到路透社的影子。

(二)社会化媒体引发管理难题

社会化媒体全面渗透新闻生产流程,对传统的新闻实践、新闻伦理形成冲击,并频频引发管理难题。尤其是在以下四个方面:

1.如何识别谣言与陷阱,保证新闻的真实性

社会化媒体已是从业人员获取新闻线索的重要途径,但社会化媒体上消息的真实性和准确性却难有保障,甚至可谓陷阱重重。2011 年 12 月,英国知名 DJ 泰格·蒂姆·史蒂文斯的死讯在推特上疯传。后来,史蒂文斯本人通过推特说自己"还活着,而且活得很好"。事实是,微博对"名人死亡"的恶作剧似乎情有独钟。迄今为止在推特上"被死亡"的名人已有成龙、威尔·史密斯、贾斯汀·比伯等近十位。国内微博也经历了著名的"金庸被死亡"事件。如何识别网络谣言与陷阱,保证新闻信息的真实性和准确性,是新闻记者必须面对的挑战。而管理者所不得不面对的难题是,如何指导员工降低落入陷阱的风险,并妥善处理由此引发的一系列问题。

2.如何区分个人与职业身份,界定网络行为的边界

在社会化媒体上,新闻从业人员的个人身份和职业身份被空前紧密地"融

新媒体采编实务

合"在一起,二者的冲突也被无限放大。一方面,记者、编辑的私人账号很容易被认为用于工作用途,其个人行为也可能被认为是新闻机构授权的职业行为。另一方面,个人的言论和观点,也容易被误认为代表他所服务的媒体机构。很多时候,即便记者、编辑做了免责声明,一些读者,特别是带有敌意的批评者,也很难不把他的观点和态度同其所服务的媒体机构相联系。因此,在这个环境中,如何明确记者、编辑个人合法权益的理性边界,划清个人行为与其职务行为之间的界限,避免双重身份之间的冲突,是传媒管理机构、从业人员以及全体受众都不得不思考的一个紧迫问题。

3. 如何保护隐私和消息来源,避免侵权与纠纷

在传统媒体时代,记者可以通过适度透露细节的方式保护采访对象的隐私,通过采用匿名消息源的方式保证消息源不被泄露。同时,当记者自身安全可能受到威胁时,也可以通过笔名、化名等手段来实现自我保护。但是,社会化媒体提供的网状社交网络轻而易举地消解了这些屏障,新闻从业环境已经高度"透明化"了。在社会化媒体上,任何蛛丝马迹般的细节都可能暴露采访对象、新闻来源和记者自身的隐私,留下新闻伦理和从业安全的隐患。

4. 如何保持平衡公正,在虚拟空间维护传媒公信力

用公正公平的姿态报道有争议的新闻事件、不偏袒事件任何一方或任何利益团体,是新闻机构基本的职业操守。在社会化媒体上,记者编辑如果大部分时间都在接触某一政治或利益集团的消息源,公众就很难不猜测其报道的倾向性;如果记者编辑的"好友"或"关注"几乎都来自某一群体,读者也很难不担心其报道要偏向这个群体,而不利于与之对立的其他群体。因此,如何把新闻机构保持公平公正的一系列举措从现实世界延伸到虚拟的世界,也是传媒机构必须思考的一个问题。

(三)内部规范"以柔克刚"

1. 鼓励员工自律,倡导"柔性"规范

在社会化媒体这样一个全新领域,任何刚性的管理规则都会留下无数盲点,同时催生若干种规避措施。因此,国外媒体对社会化媒体的管理都大力提倡职业道德,强调从业人员自律,鼓励用新闻专业精神和社会责任感填补刚性管理规范的空白。《路透网络报道守则》在开篇时就声明这不是一个刚性的规范,只是对记者、编辑使用社会化媒体的一些"建议"。在行文措辞上,

这个《守则》也非常温和,时刻体现是一种朋友般的善意"提示",而非刚性的"要求"。

2.尊重网络特性,强调传统规范的延展性

这些媒体机构都反复强调,传统的新闻管理规范仍然适用于社会化媒体这个新的网络空间,无论新闻操作的工具和记者的工作环境如何变化,新闻管理的基本规定,比如保证新闻的真实性、交代新闻来源、新闻事实核查等,是始终如一的。《路透网络报道守则》说:"这一规则总体上是将现实世界的新闻原则延伸到互联网络中。交代消息来源、求证并核实等原则同在现实世界中毫无分别。当然,由于网络世界的虚拟性,情况有时会有所不同,但同其他任何报道一样,网络报道也要有防范风险的意识,不能使用无来源或无法查证的消息。"

3.注重针对性与操作性,措施详尽具体

总的来看,国外媒体机构出台的这些管理规范都十分具体,具有很强的操作性,这同我国一些媒体的管理规范主要强调"原则"、"精神"、"基本思想"有较大的区别。以路透社的管理规范为例,在每一条规定的下面,都有若干个提醒员工注意的具体事项及建议。

三、使用社会化媒体时一些值得借鉴的规范措施[①]

比较国外媒体的这些社会化媒体管理规范,我们可以发现,各种不同类型的媒体在使用社会化媒体时在以下七个方面有一些共同要求:

1.不损害传媒机构的声誉和商业利益。

2.上级主管知情。

3.公开透明地获取信息。

4.保持平衡、中立的立场。

5.职业行为与个人行为尽量分开。

6.不得透露传媒机构内部信息。

7.谨慎透露个人信息。

---

① http://news.xinhuanet.com/zgjx/2012—02/06/c_131393219.htm

【思考练习】

1. 社会化媒体的主要特点是什么?

2. 如何选择论坛话题并进行策划?

3. 如何应用博客补充媒体报道?

4. 如何将微博整合到媒体采编流程之中?

5. 社交网络与专业媒体的结合点在哪里?

6. 如何规范应用社会化媒体?

第七章
新媒体策划与创新

【学习导引】

新媒体的各种特质,为媒体策划提供了无限的想象空间。正如新媒体自身发展历程所展示的那样,创新是新媒体固有的特质。我们在了解相对成熟的网络媒体运作规律的同时,也需要关注到其他新媒体应用的最新变化。本章将从网络媒体的基本策划入手,结合组织架构与业务流程的重组,探讨新媒体的策划与创新。

【学习目标】

掌握新媒体策划的基本要求与方法,树立新媒体创新思维。

第一节　网络媒体常规策划

【情景导入】

新媒体编辑缺口巨大 需具备复合型媒体素质[①]

曾有业内专家预测,未来三到五年内,中国新媒体人才和媒体融合人才的缺口在 60 万到 80 万人之多。职酷网职业规划发展专家维基(Vicky)说,中国

---

① http://tech.qq.com/a/20110704/000036.htm,略有删节。

年轻一代对互联网的依赖程度越来越强。正是这种无处不在的互联网应用,让互联网和移动互联网这两类新媒体能够有广阔的发展空间。随着人们对新媒体的消费越来越多,新媒体市场将从资源扩张变成价值扩大,给用户带来更有价值的内容,而同时,又会有更多的消费者将钱花在新媒体上面。因此,整个行业的发展是非常有前景的。也正是因为这种前景,让很多不同规模和实力的企业进入该行业,人才的紧缺也随之而生。

有统计数据显示,中国电视、互联网、手机用户数量已是全球第一,而新媒体上市公司是传统媒体的 2~3 倍,2010 年我国新媒体的发展呈现出新一轮的整体上升势头。据职酷网后台统计数据显示,2011 年 6 月,全国互联网、计算机类人才新增职位需求为 339154 个,其中互联网/移动互联网类职位排名前三的是销售类、设计美工类、编辑类,手机软件开发及应用类人才的需求也很大。

【知识要点】

所谓网络媒体,是指基于因特网进行信息传播、提供商务或教育服务、展示公司或个人形象的网络站点,也就是通常所说的网站。它不应仅仅局限于传统大众传媒理念的网络化产物(如网络新闻媒体)或传统媒体开设的以提供新闻信息为主的网站,还包括其他以传播信息及信息增值服务为主的门户网站(ICP)。传播学研究和着眼的领域是呈现于因特网上的网络站点,是由众多网页构成的逻辑统一体,也就是通常所说的网站。①

网站策划是一个综合性极强的工作,涉及商业策划、平面设计、人机界面、程序语言和数据库等,总体上分为策划、前台和后台三部分。一般是由三种不同专业的人合作完成。策划是指网站(频道、栏目、专题)的整体定位、功能规划、应用分析、流程设计和内容架构组织(拓扑图)。前台是指网站页面的设计制作,包括版式规划、色彩应用、版面设计、切片输出、页面整合、动画和多媒体设计、交互环节设计和页面代码编写等。后台是指程序设计、数据操作、功能实现、管理界面和管理功能设计等。在专业化分工程度越来越高的情况下,作为网络编辑,主要承担的是策划职责,即对所要呈现的内容进行架构,功能以及效果的策划设计,制订出相应的文案,交由美编和程序员来实现。

一个网站的首页、频道、栏目以及各种专题不是简单的内容堆砌,而是需要编辑结合自身的学识和经验,站在用户立场进行严格详细的规划设计,才能够

---

① 梁晏婷:《网络媒体策划与编辑工作的性质与任务》,暨南大学新闻与传播学院。

体现出专业的水准并达到预期的目的。

一、首页

首页是网站的脸面,代表着网站的形象,也决定着浏览者对一个网站的观感和评价。因此专业网站均设置首页编辑负责维护。首页编辑需要了解以下内容:

(一)首页内容布局模式

1.导引式

如果网站各频道与栏目的内容充实而富有特点,那么网站首页更倾向于导引式布局。首页只选取适当的信息进行直接推荐,其他则要围绕向频道导引编排。通常会采用标题跳转频道首页的方式,将流量引至二级页面,以达到强化频道的目的。一般而言,这种方式适合于比较成熟且有一定流量支撑,但是首页与二级页面流量负荷不均的网站。导引式首页的好处是有利于频道的推荐;坏处是因为不能直接到达阅读页,用户的浏览体验会打折。特别是当频道首页的更新与网站首页推荐脱节的时候,会导致转链层次太多,出现让用户找不到阅读页的情况,是最忌讳的事情。

2.集纳式

对于大多数新建的网站来说,因为频道和栏目内容单薄,或者缺少足够的特色,无法吸引和留住来访者,因此习惯于采用集纳式首页,即将内容尽可能多地摆放到首页,进行标题直接到三级页的推荐。这样做的好处是让来访者可以一击到达阅读页,一览无余地进行浏览;坏处是首页负载太多的流量,长此以往,将不利于频道的建设,弱化频道的经营。

(二)首页标题格式

1.头条处理

不同的网站首页新闻标题的风格是不一样的,大体上分为有头条区和无头条区两种。以新华网和人民网为代表的官方新闻网站普遍采用有头条区的设置,即用显著区别于其他标题的方式来设置头条区(通常是一幅 Jpg 格式的图片)。这种头条区效果非常强烈,显得异常醒目,有些甚至达到夸张的地步。细究起来,主要是考虑到政治宣传的需要,有传统报纸版面设计方式留下来的明显痕迹。这种方式有好有坏,好处是在重大事件或者主题宣传的时候能够造成足够的气势。坏处一是需要把标题做成图片以后再上传,二是在新闻比较平淡的时候,选择什么来做头条是个让首页编辑伤脑筋的事情。

以新浪、搜狐为代表的商业网站则几乎全部采用无头条区设置,所有标题均采用统一字号,只是按照新闻的重要性和时效性有排序或者套色上的区别而已。这种形式,优点是不需要对头条做转图处理,只需要处理文字,在新闻比较平淡的时候,第一条新闻与其他新闻之间也不会显得过于突兀。当然,缺点是重大事件发生的时候,表现力不够强,渲染不出足够醒目的视觉效果。

2.标题字数

在很长一段时期内,为了强调整齐划一的页面效果,网站对首页标题字数有统一的要求,一般限制在 40 个字符(20 个汉字),不能多也不能少。因为经常出现为凑字数而"因形害义"的情况,既加重了编辑的负担,同时过度的齐整也会使页面显得僵化呆板,没有"透气"的空间。现在首页标题字数的自由度已经放得比较开了,多数网站首页更倾向于在不超过最高字数限制的前提下,保留一定程度的"参差美"。另外,有的采用单行标题,有的采用"标题+提要",这些不是标准要求,可自行选用。

(三)首页内容维护要求

1.更新时段

虽然理论上首页新闻更新是 24 小时进行的,但是根据访问者的浏览习惯和传统媒体的印刷出版周期,网站的新闻更新还是有规律可循的。一般上午 7 点到 9 点是首页内容更新的第一个高峰时段,当日主要的内容基本在第一个浏览高峰前更新完,内容选取范围主要是当日各报纸见报内容,以政经新闻和社会新闻为主。之后是根据各大网站的更新情况、本站原创即时稿件发稿情况以及用户点击情况,进行局部动态调整和更新。在晚 6 点至 9 点,则会增加相对柔性一点的报道如文体娱乐等方面的内容。

2.板块划分

首页板块从形式上分,主要是图片与文字,通常是由新闻标题和视点图片构成。标题要准确、简洁、有吸引力,视点图片则要强调冲击力。从功能上分,则有新闻与互动两大块,通观各大网站,除新闻内容之外,都为论坛、博客(微博)等提供了足够的展示空间。除此之外,就是按照内容分类进行划分,如时政、经济、社会、体育、娱乐、房产、汽车等。这些区域主要是各频道的内容推荐区,一般由各频道编辑负责推荐,但首页编辑需要监控,及时提出修改调整意见。

二、频道与栏目

(一)策划

频道是网站内容的主干,代表着网站内容的深度。频道首页当然不如网站首页那么庞杂,但是仍然需要仔细考虑内容的合理安排,做到主题明确,层次清晰。频道内部一般又分为要闻区和栏目区。要尽可能删除与主题无关的栏目,将频道内最有价值的内容列在栏目上,同时从访问者角度来编排栏目以方便其浏览和查询。

栏目作为频道下的子项目,其页面本身通常是由程序生成的一个按发布时间排列的标题列表,没有干预的余地。需要规划的只是在频道首页的呈现,类似于频道在网站首页的推荐。

(二)维护

频道的维护一般由频道责任编辑(主编)负责,内容更新可以比首页的进度稍慢一些,但是大体节奏也应与首页同步,以利于网站首页作引导式推荐。

三、三级页面

所谓三级页面,也就是浏览者最终到达的阅读页,是访问者获取最终信息的位置。三级页面除了信息正文以外,必须配置相关信息链接、网站精选内容推荐等,通过丰富的内链,建立起网页之间的链状网络结构。另外,正文的标题制作、关键词设置、调查设置、论坛互动和跟评留言等,也应制订相应的标准和规范,使页面功能尽可能保持完整。

四、网络推广

虽然网站的网络推广主要靠专职人员或团队来开展,但是作为网络编辑,仍然需要了解网络推广的一些基本规则,并实际参与一些具体的推广活动,这有利于提升内容编辑工作的成效。网站的推广有以下几种方式:

(一)搜索引擎注册与搜索目录登录

注册著名的搜索引擎站点是在技术上推广网站的重要一环。注册搜索引擎有一定的技巧,像 AltaVista、搜索客这样的搜索引擎,会自动收录提交的网址。而另外一些则需要在自己的网页中镶嵌一段代码。在提交页面的时候不要提交分栏框架(Frame)页面,因为大部分搜索引擎不识别 Frame,所以一定要提交有内容的主页面。Yahoo、搜狐等搜索目录网站采用手工方式收录网址,以保证收录网站的质量,在分类查询时获得的信息相关性比搜索引擎站点(靠软件自动搜索的)更强。由于搜索目录网站收录网站的人为因素相对较多,因此在提交网站时要注意遵守规则。如 Yahoo 要求注册站点描述不超过 25 个单词;要将网址提交到最合适的目录下面;要恰如其分地介绍网站,不要有虚假和夸张的成分。

(二)交换友情链接

交换友情链接是推广网站的一个重要途径。很多站点在相互进行广告链接交换时都有条件:要求访问量相当;坚持首页交换。通常把链接置于首页,广告交换的效果是最好的。

(三)即时通讯群组推荐

通过网络即时通讯平台加入不同的网络媒体群,通过建立友好而广泛的人际联系,随时进行信息推荐。

(四)根据搜索引擎热词排行榜调整新闻推荐和标题制作

各大搜索引擎都开放了网络热词排行榜,用于统计网络即时关注度的变化情况,在新闻选取时,可以此为参照,对新闻推荐和标题制作进行适时的调整和修改。

第二节　网络媒体创新策划

【情景导入】

网络新闻被业界认可

2005 年,美国最高新闻奖——"普利策"新闻奖开始吸纳互联网新闻作品参评,成为当年美国新闻传媒业十大新闻事件之首。在国内,网络新闻作品从第十六届(2005年度作品,2006年评比)开始第一次纳入中国新闻奖,该届新闻奖共评出13件网络新闻获奖作品。

与入选的传统媒体相同的是,入选的网络新闻的选题都具有重大政治意义和社会影响。与传统媒体不同的是,网络新闻作品突出体现了网络传播的特质。如新华网《总理记者招待会网上答问》专题以互动见长,在温总理记者招待会召开前三天,即公开向网民征集问题并将相关帖子在首页发布;在记者招待会上,温家宝回应了网民的提问。四川在线的获奖专题《网上重走长征路》则借鉴了网络游戏打通关的设计,将图文音视频封装到一个Flash文件中,大大增强了专题的趣味性和观赏性。

中国新闻奖要求参评作品必须原创,这个规定使新闻媒体主办的网站与商业网站的差异得以显现。第十六届中国新闻奖评选委员会委员、中国人民大学新闻学院副院长、博士生导师蔡雯教授说,这次评奖,至少传递给媒体网站三个信号:一是新闻的原创能力是媒体网站参与竞争的独门利器;二是与母体媒介新闻联动、资源共享是媒体网站发展壮大的有效策略;三是获得当地政府支持,致力于建设区域性或专业性的门户网站,有可能使媒介网站后来居上。

一、表现形式创新

好的内容也需要有好的创意形式来表现。一般来说,网站内部是一个错综复杂的结构,牵一发而动全身。因此当网站主题与风格确定以后,首页、频道和栏目以及三级页面的内容架构和页面风格就基本保持稳定,在一定的周期以内很少会做大的调整。虽然在极端的情况下,网站页面结构可能会做出重大的临时调整(如在美国宣布进攻伊拉克时,新浪整个首页都被相关专题覆盖),但是在网站的常规策划上,对页面布局进行创新的频率还是比较低的。

但是专题策划则不受此限制。因为专题结构相对独立,不对网站的整体架构产生影响,拥有较大的自由度和创新的空间,因此专题策划往往成为网络媒体进行创新策划的一个主要载体。从实践中观察,专题创新主要体现在技术创新上,即充分调用图文、音视频、动漫等手段,以不同寻常的方式对专题内容进行多媒体化的包装设计。

【实例分析】

美国明尼阿波利斯大桥垮塌事件多媒体报道专题[①]

2007 年 8 月 8 日美国明尼阿波利斯大桥垮塌,《明星论坛》(*Star Tribune*)所做的网络专题是就充分体现了网络媒体的技术特色。专题页面打开之前是一段幻灯片,是用一组质量不一的现场照片(有些明显是目击者所拍)配上现场同期声制作的,一下就把浏览者带入现场氛围。接下来专题的主画面也很简洁,但是却不简单——除了有一段事故简介文字之外,其主体是一个多媒体播放器,左边是一幅可上下拉动的现场照片(充当的是播放器按钮的作用),右边是一个视频框和文字框。左边的照片上,在场的每一辆车都被标上了序号,当鼠标点击相应的编号车辆,车辆驾驶员(当事人)的视频采访图像和文字采访记录就会在右边的显示框里自动显示和播放。这种报道模式完全突破了普通专题设计理念,不是对图文进行简单堆砌,而是以当事车辆为线索,挖掘每个当事人内心的感受,以贴近人物的叙事方式来展现灾难对于个体的影响。整体界面十分干净,但是信息却异常丰富。

图 7-1

---

① http://www.startribune.com/local/12166286.html

二、内容创新

如前所述,虽然专题的多媒体包装有助于内容的表现,但是有两个问题不得不面对。一是多媒体设计虽然很炫,但是通常会占用较多的网络资源。受带宽的限制,多媒体专题常常会受到下载速度限制,无法流畅播放,影响用户浏览。二是再华丽的形式,也需要有意思的内容为核心,毕竟从根本上说,网站内容仍然左右着网站流量,内容为王依然是网站成功的关键。所以,就算是新媒体,内容的创新仍然是核心的工作。一个意味深长的事实是,当初制作了明尼阿波利斯大桥垮塌事件网络专题的《明星论坛报》在 2009 年申请破产。

所谓内容创新,也就是面对同样的新闻事件,要寻找到不一样的报道内容。在新媒体时代,单从事件基本要素上挖掘独家报道已经是日益困难的事情,因此创新视角就成为内容创新的一个重要方法。"比不过速度比深度,比不过深度比广度,比不过广度比角度,比不过角度比温度(人性化)",只有这样,才可能在内容上体现出自己的特点。仍以前述美国明尼阿波尼斯大桥垮塌事件网络专题为例,关于此事件的动态消息就不是它关注的重点,甚至事件背景和原因的分析也不是它关心的目标,它就是以人物为中心,探察事件中人物的心理感受,体现出深厚的人文关怀。仅此一点,其实也就足够了。至于多媒体形式,不过是给这个报道主题锦上添花而已。形式与内容的微妙关系,由此可见。

【实例分析】

凤凰网专题·历史上两次大地震如何改变了日本[①]

日本 9 级强震发生后,各媒体的新闻战即刻打响。但是观察初期的报道,不难发现,多数媒体均将注意力聚焦在动态信息的捕捉上。强震、海啸以及核电站泄漏,多重因素导致围绕此一事件的信息相当丰富。但仅仅只是信息的堆积,很容易产生同质化的结果。凤凰网体现出其惯有的风格,在地震刚发生不久,即推出了"历史上两次大地震如何改变日本"网络专题,眼光不仅限于当下,而是敏锐地以历史的视野来观察强震对日本曾经产生过的影响。所谓以史为镜,如果不清楚 9 级强震会对日本以及周边国家产生什么样的影响,那么从历

---

① http://news.ifeng.com/history/shijieshi/special/dizhengaibianriben/index.shtml

图 7-2

史当中去搜寻一些线索和轨迹,或许会给当下提供一个参考。

凤凰网的这个专题,正是从日本历史上两次大地震如何改变了日本政治、经济和社会结构切入,阐述了灾难之于日本的影响,以及灾难中的日中关系和日美关系等,在一片忙乱中体现出一种沉稳淡定的气相。专题制作者对历史素材的搜集,对视角的选择,以及对观点的把握,都体现出相当的水准。其实专题大量的素材都是从其他媒体已经刊发过的报道上选取的,专题的页面风格凝重,表现方式也很朴素,没有什么花哨的多媒体手段。但正是这样一种创新的媒体视角,却为受众提供了一个有别于其他媒体的阅读体验。

门户网站雅虎的内容转型①

2010 年 7 月 8 日,雅虎推出了一项新闻博客服务 Upshot,这个服务以搜索和查询量为依据,通过用户行为数据指导编辑选择要报道的新闻内容。雅虎希望能推送出真正符合用户阅读口味的在线新闻服务。Upshot 的最大亮点,是编辑和作者将使用搜索数据挑选新闻,依据搜索引擎上最受关注的新闻内容做延伸和完整的深入报道。除了类似综合报道的新闻,Upshot 的撰稿人也会在

① http://www.21cbh.com/HTML/2010-7-19/0MMDAwMDE4NzM0MQ.html

每天提供最新消息,甚至独家报道,为读者深度剖析新闻事件的来龙去脉与影响。

门户网站向来凭借自己的强势地位,将上游的内容商推向"为人做嫁衣"的被动境地,内容供应方为了提高知名度,不仅将内容免费提供给网站,还得想方设法让网站将自己的内容放在醒目位置。但这种看似牢固的模式已被打破。一是网络渠道的多元化导致网站的竞争日益加剧,除了门户外,各种程序和软件都有直接向用户弹出新闻页面的功能,比如腾讯 QQ、Skype、迅雷、暴风影音等等。二是 SNS 社区与博客以及微博的兴起,使内容创作者可以绕过门户,直接将内容传送给用户,博主们完全可以通过 SNS 网络的朋友关系来传播内容,以好友身份联系在一起的博主之间的推荐,自然比网络编辑的推荐更加亲切。在这种模式下,作者与读者还可以直接沟通。此前通过聚合内容而获得强势中介地位的门户模式面临严峻挑战。也是在这样的背景下,雅虎收购了拥有 38 万特约写手的 Associated Content 网站,希望通过此举将网站原创内容的比例从 10% 提高到 20%。与此同时,雅虎还表露出收购全球最大博客网站 Huffington Post 的强烈兴趣,分析者认为这同样是为了获取高质量的原创内容。

第三节　新媒体创新

【新媒体故事】

2011 年 8 月 23 日晚间,分众传媒发布的 2011 财年二季度财报显示,其税前总营收达 1.96 亿美元,主营业务同比增长 48%,第二季度净利润为 4280 万美元,同比增长了 69%。分众传媒 CEO 江南春透露,互动屏幕将作为未来分众传媒的重点业务。据介绍,新一代分众互动液晶屏将于第四季度在北京、上海、广州、深圳、南京、杭州、成都七大城市亮相,预计明年推广到全国 20 个城市。"分众现已生产 3 万台互动屏幕,每个互动屏旁均设有 RFID 感应区,消费者用专用卡刷一下之后,相关广告、优惠信息就会以短信方式导入消费者的手机。我们相信这个举措让广告效果更可衡量。"分众传媒副总裁嵇海荣告诉南都记者,电子商务、快消品等行业的广告主对这个新业务寄予厚望,他们打算通过分众的新平台进行礼品派送。①

一、平台创新

社会化媒体已经从根本上改变了读者和新闻之间的关系，新闻再也不是受众被动接受的东西，而是由身处其中的媒体与受众共同分享、反馈、收集、交流。新媒体创新需要在更多的平台上展开，互联网、移动终端（手机报、Wap 网站、iPad、电子书、户外显示屏、微博营销平台等），都将成为创新的战场。在这种格局之下，媒体眼中的成品往往只是读者眼中的原材料。读者不仅仅分享内容，还会根据自己的理解对内容进行再加工。因此，在创新者眼中，不仅仅是如何"做媒体"，而是如何"创造媒体"。用苹果公司前 CEO 乔布斯的话来说就是"创造需求"。只有这样，才能抓住处于传媒剧烈演变中的受众。

以当下风头最劲的微博应用为例，随着微博的日益火爆，也带来了业界对"微博运营专员"的需求。"微人才"已经成为很多企业的"座上客"，并且薪酬可观。一个不能及时回应的官方微博，肯定不是一个好微博。虽然不少传统媒体纷纷开设官方微博，但依然有不少媒体没有对此引起足够的重视，对于如何运用微博，存在许多认识和管理上的误区。或者是由记者、编辑兼职管理，或者是由实习生承担此项工作。官方微博账号的维护与传统媒体的作息时间一样，也是 8 小时工作制，只在上班时间段维护。微博时代是一个快速的无间隙的传播时代，许多官方微博维护人员得到的授权不够，许多问题都需要请示上级才能作出回应，而上级领导时常很忙，于是媒体官方微博常常沦为编辑个人的平台。这与微博这种全新平台的运行规律完全不相适应。

"对于媒体机构来说，过分相信自己已有的品牌，而忽略微博世界的形象经营是一个大的误区。尽管专业媒体的品牌的确会使多数媒体在微博平台一开始处于较显著的位置，但这种天然优势未必会一直保持，孤芳自赏、漫不经心等，都可能消解原有品牌价值，甚至可能产生负面影响。在微博平台上进行媒体形象塑造，需要有一种基本思维，那就是，媒体应把自己想象为一个活生生的人，而不是冷冰冰的机构，只有用'人'的方式与网民互动，才能在这个社交空间中游刃有余。媒体微博既要保持机构形象，又要有人的温度，要在两者间找到一个平衡。"②

---

① http://epaper.oeeee.com/D/html/2011-08/26/content_1447617.htm
② 彭兰：《媒体微博要保持机构形象又要有人的温度》，《中国记者》2011 年 2 月 18 日。

因此，在新平台上的创新，一定不能照搬原有媒体的一套观念和运作模式，而必须针对新平台的特点和规律，进行专门的设计和安排。

云南曲靖承认铬渣污染监管不到位 称瞒报并非主观故意

http://www.scol.com.cn （2011-09-05 07:03:58） 来源：新华网

如何上四川在线手机版 wap.scol.com.cn 手机上微博：w.scol.com.cn 点击进微博

分享到： QQ空间 新浪微博 腾讯微博 人人网 更多 0

新华网云南曲靖9月4日电（记者颜牛）云南省曲靖市政府4日举行新闻发布会，回应社会舆论对曲靖市陆良县“铬渣污染事件”提出的5大疑问。

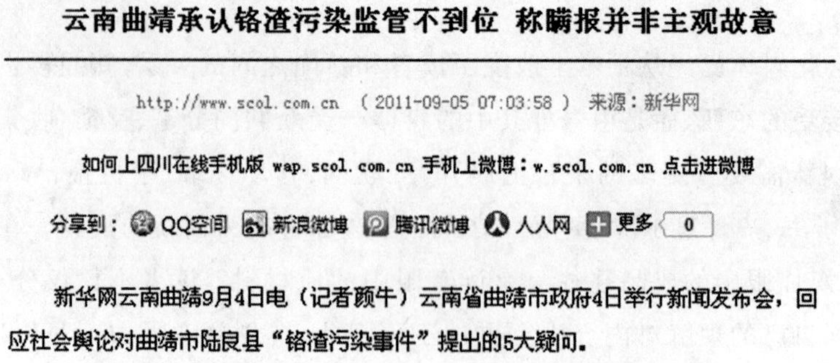

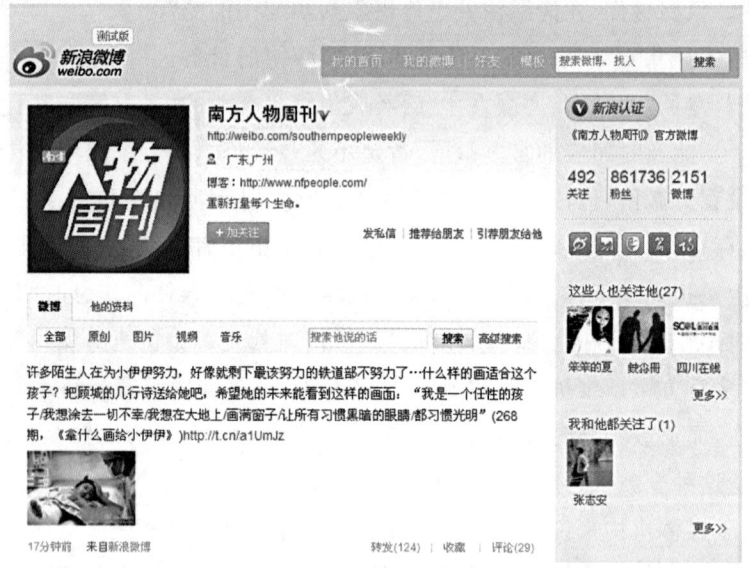

图7-3 现在网站新闻页上经常可以看见许多分享功能

图7-4 《南方人物周刊》微博保持了与其杂志相同的风格，突出对个体命运的关注

【实例分析】

专业博客网站《赫芬顿邮报》借力社交网络

《赫芬顿邮报》(*Huffington Post*)是2010年全球最值钱及最大的专业博客网站，用户自由分享并评论新闻是其最大特点。因为与社会化媒体的紧密互动而构建了一种新的传播模式。《赫芬顿邮报》在Facebook上有87000名粉丝，启动Facebook Connect后，网站流量与用户活跃度迅猛提高。2009年7月

至 9 月,Facebook 带来的流量增加 48%,达到 350 万次点击;网站总的评论数量从 170 万份飙升到 220 万条,其中 15% 的评论来自 Facebook。Facebook Connect 的连接让用户能够方便地分享新闻并且发表评论。

不仅传统媒体要向新媒体借力和转型,新媒体之间的相互融合也是提高传播效率、整合信息资源的有效方式。《赫芬顿邮报》借力社交网络这种做法并不是个案,现在越来越多的国内传统网站,与新浪微博、腾讯微博以及 QQ 空间、人人网等建立了分享机制,一键即可将有关内容分享到对应的平台,使得传播的网状结构更为复杂多样。

二、组织架构与流程创新

传统媒体在新平台的创新之所以成功寥寥,其中一个原因就是传统媒体的组织架构并不符合创新的需求。只有从整体上进行资源的重组和流程的再造,才有可能适应新媒体发展的要求,创造出全新的产品。因此,以全媒体为模式的媒体组织架构创新成为一种潮流。

(一)全媒体的基本概念

全媒体虽然在理论层面还没有确切的定义,但在现实中已经成为媒体创新的一种实践。所谓全媒体,指媒介信息传播采用文字、声音、影像、动画、网页等多种媒体表现手段(多媒体),利用广播、电视、音像、电影、出版、报纸、杂志、网站等不同媒介形态(业务融合),通过融合的广电网络、电信网络以及互联网络进行传播(三网融合),最终实现用户以电视、电脑、手机等多种终端均可完成信息的融合接收(三屏合一),实现任何人、任何时间、任何地点、以任何终端获得任何想要的信息。[①]

简言之,全媒体生产的新闻产品是一个复合体,其生产制作过程是调集各种媒体手段予以实施和推进的过程,各媒介自始至终紧密联系,相互影响,互为支撑。采编流程的高度融合,意味着除了各自技术呈现的特点(报纸组版印刷、网站网页发布、移动终端产品推送)不可替代之外,每一块内容的生产团队都需要突破各自既有的视野,参与到新闻产品制作的整体推进中来。

网络传播的先进性决定了报网的融合应以网络(移动网络)的运行规律为主导,跟随网络传播的进程安排内容制作。新闻发布之后,其生产流程并没有

---

① http://baike.baidu.com/view/1491255.htm

结束,从某个角度上讲甚至可以说才刚刚开始,许多信息在网络新闻的传播过程中继续发酵,信息不断叠加,不断丰富,对舆论的走向产生影响,在传播的展开过程中为内容的生产提供更加宽广的视角。全媒体的采编体制如交响乐队演奏,各个声部虽然交错奏鸣,但某个声部在停顿的时候,仍然要同步关注旋律的推进,跟随节奏运行。网站编辑部除了信息的快速发布、相关背景的补充、多媒体内容的制作和添加、网络互动内容的组织和发动外,还要帮助生产和收集可供报纸(手机报)采用的内容;报纸编辑部除了考虑报纸的特点部署自己的流程,也要随时跟进到网络内容的传播嬗变中来,捕捉网络(手机报)上新闻传播所激发出来的各种信息,既可以按照报纸内容的需要对新闻传播的流变施加影响,同时也可以直接参与到网络内容的生产中来。

(二)全媒体架构与流程设计

具体来说,信息第一时间通过网络和手机报等进行发布并不断滚动播报,丰富信息和形态(加上音视频动漫内容、超文本链接、互动内容),同时集纳网民的反映(通过新闻跟评、论坛、博客、微博等手段观察和分析舆论走向和网民的信息需求热点)。报纸的内容分为两个部分。一方面,报纸还是应当按照读者未知的前提来进行内容的组合,报道必要的因素(发生了什么),否则会有忽略不上网读者群体需要的风险(不要过分夸大已经被网络媒体报道这个状况的影响,实际上花钱订阅市场报的读者,与通过网络浏览新闻的用户之间,重合度是很小的)。报纸的另外一个部分,当然是后续的追踪,深度的解读。这一方面依赖于报纸编辑部对新闻事件的专业剖析和挖掘能力,另一方面,在高度融合的体制下,网民对新闻事件的反向干预——通过新闻跟评、论坛、博客等互动渠道发表的意见、看法,通过网络调查等手段收集并加以分析的数据,以及社会各个层面对新闻事件的评价和态度,这些都是报纸增加厚度的重要内容。比如,报纸可以从网络上的投诉报料获取线索,通过调查函件的发送和记者对有关政府部门的追踪获得某种程度的答复,给网民一个回应。一个策划类的报道可以在网站上先期进行议程设置,发专帖讨论,设置在线调查收集统计数据等,一方面试探民众的反映,一方面营造舆论,为最终的报道提供支撑。最终报纸见报的内容又再回到网络上予以呈现,这样实现相互交叉,层层推进。

要实现上述全媒体内容生产的目标,建立一体复合式编辑中心成为必然的选择。据世界编辑论坛上麦肯锡发布的研究报告表明,截至 2010 年下半年,北美有约 80% 的媒体建立了这种复合式编辑部,在欧洲和其他地区这个比例大约是 44%。全媒体一体复合式编辑部的架构类似通讯社,要求在一个平面办公。编辑部分为信息进入和发布两大部分。其核心位置是所谓"大编辑",由来自不同媒介有内容审核权限的人组成,负责产品的最终发布;其周围是美术设计、图片和音视频等多媒体编辑;再外围,左边是信息输入端,包括各采访部门和社会化媒体信息搜集处理部门,右边则是印刷、网络以及手机、平板电脑等输出终端(见图 7—5)。

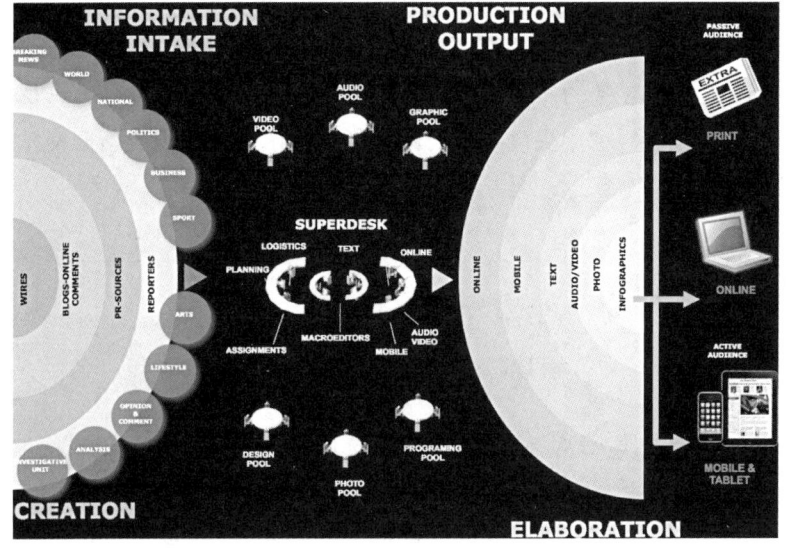

图 7-5　全媒体一体复合式编辑部示意图①

通过这个体系,初级的信息经过综合加工,最后成为适合不同介质发布的成熟的媒体产品。整个流程细密有序,快速紧凑,易于协调,资源利用率和工作效率都很高。

(三)国内几种媒体整合模式

1.全媒体新闻中心模式

以烟台日报传媒集团为代表。该集团将旗下三张主要报纸的采访部门合

---

① 源自 2010 World Editors Forum-McKinsey & Company newsroom barometer

并在一起,组建了全媒体新闻中心,相当于集团内部的"通讯社"。

2."报网合一"模式

以杭州日报报业集团为代表。《杭州日报》与杭州日报网共用同一个编辑部、同一批采编人员,同时运行两种媒体形态,创造了"报即是网、网即是报"模式。编辑部增加了网络采编流程,报纸、网络两套流程并行,每个选题的策划都同时考虑网络和报纸的呈现。

3."台网互动"模式

这是目前广电部门发展新媒体的普遍做法。2008年北京奥运会期间,中国广播网实现了中央人民广播电台所有奥运报道广播信号同步网上直播,创造了图文并茂、音视频同步多点互动直播的报道新模式,尝试了广播频率、门户网站、有线数字广播电视、手机广播电视、平面媒体五大终端的融合。央视网经过10年的运营完成了从"中央电视台的网络版"向"国内主流视频新闻网站"(即中国网络电视台)的转型。

【实例分析】

解读《烟台日报》全媒体模式[①]

烟台日报传媒集团从2008年开始在全国率先实施全媒体战略,组建全媒体新闻中心,通过建立完善多种媒体形态的组合,形成崭新的全媒体框架,再造内容生产流程,按媒体内在传播规律制作和发布产品,以求实现从"营销报纸"到"营销内容"的转变。

《烟台日报》的全媒体模式,是在报业集团层面建立的,即将旗下三张主要报纸和一家网站的采访部门合并,成立全媒体采编中心,所以稿件由中心统一采写,层级开发,集约化制作。个体流程是以滚动即时播报的形式,向统一的"全媒体采编系统"发布各类"初级新闻产品",经由这个系统,各媒体编辑各取所需对信息进行深加工,重新排列组合,生产出各种形态的新闻产品。这就是烟台日报传媒集团全媒体运作的基本流程。具体而言包括以下三个重要节点:

一是开放式新闻采集。全媒体记者既拿笔、相机,也扛摄像机,可采写文

---

① http://media.people.com.cn/GB/40628/11458374.html,略有删改。

字、拍摄图片,也可录制视频。全媒体记者以开放性视野,对新闻实施层级开发,根据媒体的不同定位和不同需求,策划采写不同稿件。

二是同一个平台发布。不管是记者、通讯员,还是报料人,所有从前端进来的信息都进入"全媒体采编系统"。该系统支持图文、音视频、短信等多种信息录入和远程写稿,通过公共稿库和特供稿库两条线向集团各媒体传输信息。其中,公共稿库面向所有媒体,特供稿库只传一家。特供稿主要是媒体自有栏目和自我策划稿件,以及新闻中心根据其定位和特色单独开发的新闻产品。"全媒体采编系统"实施新闻滚动发布,根据媒介的各自传播规律,依次向集团手机报⇒水母网⇒电子阅读器⇒光速资讯网⇒纸媒⇒内参⇒出版社等发布信息,力求从"第一时间采写"向"第一时间发布"转变。

三是编辑实行"前置化"策划和个性化编排。传统报业记者、编辑各司其职。全媒体背景下,由于新闻事件复杂化、多元化等因素影响,从现场到资料搜集,再到成文的整个过程,已不是记者一人所能完成,编辑需要提前策划、干预采访,拿到初步的新闻产品后,进行深入加工、补充改造,直到编排出适合不同风格的新闻产品。

《新民晚报》的全媒体业务创新[①]

2007 年 4 月 19 日,《新民晚报》和北大方正结成战略伙伴关系。双方将在中国数字报业实验室的架构下,就面向全媒体竞争需求的报业解决方案展开全线合作。双方的战略合作将围绕《新民晚报》数字报纸的数据格式、发布平台、数字化平台需求、商业模式以及可持续性的人力资源等方面展开深度合作。通过合作,《新民晚报》最终将数字报纸以及相关数字内容增值产品通过互联网、数字化阅读器等多种终端载体和形式进行传播、出版发行,并实现广告、发行的价值增值;同时,《新民晚报》的读者也将享受到新的内容产品消费阅读体验和丰富的个性化增值服务。《新民晚报》副总编辑陈保平表示,继 2006 年投资创建新民网之后,以《新民晚报》为核心、以新民网为全媒体业务平台的新民报系打造战略已经进入全新阶段。

《新民晚报》以新民网为全媒体业务平台的战略已经取得一定的成效,二者在采编资源的整合上具有各自鲜明的特点。尤为让人感兴趣的是,与其他媒体

---

① 《中国报业》2007 年 5 月 1 日。

网站简单借助新浪微博或者腾讯微博平台不同,新民网建立了自己的微博平台"上海滩"。

图 7-6

如果单纯从用户规模及活跃度上衡量,"上海滩"自然远远比不上新浪和腾讯的微博,但这种模式好就好在可以建立自己的用户数据,同时结合有特色的本地化信息资讯服务,增加本地用户的黏度。在这个基础上建立的"上海政务互动(微博)平台",几乎将本地所有政府机构和公用事业单位囊括其中,成为政府政务公开及与民间直接沟通的一个桥梁。这就比将内容放到商业微博上为其免费"打工"的目的性强得多,也有价值得多。

【思考练习】

一、判断题

1. 为了保持页面的整齐划一,首页标题必须按照标准字数制作。（　　　）

2. 为提高效率,网站频道可以边设计边完善。（　　　）

3. 网站三级页面应当多做内链。（　　　）

4. 网站的栏目应该按照所在频道的要求进行适当简化。（　　　）

5. 为了体现网络媒体的视觉冲击力,网站首页应当多采用 Flash 动画效果。

（　　　）

6. 首页标题可以增加提要。　　　　　　　　　　　　　　　（　　）

7. 栏目页面通常是由程序自动生成的一个按发布时间排列的标题列表。

　　　　　　　　　　　　　　　　　　　　　　　　　　　　（　　）

8. 技术创新是新媒体创新的唯一途径。　　　　　　　　　　（　　）

9. 频道内容更新应当与首页推荐保持一致性。　　　　　　　（　　）

10. 2010 年被称为中国互联网发展的"微博元年"。　　　　　（　　）

11. 所谓全媒体就是图文音视频以及动画等手段的整合运用。　（　　）

12. 首页标题的特点是题文不分开。　　　　　　　　　　　　（　　）

13. 网络传播的先进性决定,报网的融合应以网络的运行规律为主导。

　　　　　　　　　　　　　　　　　　　　　　　　　　　　（　　）

14. 网站首页信息应该越丰富越好。　　　　　　　　　　　　（　　）

15. 由于结构相对独立,专题策划往往成为网络媒体创新策划的一个主要
形式。　　　　　　　　　　　　　　　　　　　　　　　　（　　）

二、简答题

1. 新闻网站首页日常维护主要有哪些环节及主要职责?

2. 简述构成网站内容架构的基本层次。

3. 简述网站推广的几个常用手段。

4. 简述新媒体创新的主要路径和目的。

5. 任举一个新媒体创新平台的样式,阐述其基本特点。

三、综合练习

为新闻网站设计一个频道,包括频道主题定位、受众目标分析、栏目设置及
其目的、页面功能说明,并画出频道首页布局草框图。

第八章

新媒体传播政策法规

【学习导引】

中国新媒体的狂飙突进所带来的是传播格局翻天覆地的变化,从诞生到跨越式的成长,没有哪个行业经历了如此快速的演变。在这个过程中,出现诸多矛盾和问题是必然的,比如政策法规滞后,管理政出多门,媒体传播伦理丧失以及公民传播素养欠缺等等。所有这些,不仅对新媒体自身发展产生了阻碍,同时也对整个传播环境造成了影响。为了规范新媒体的发展,国家以及有关管理部门相继出台了一系列政策法规,新媒体发展的混乱局面逐步得到扭转。但是,新媒体进化的速度出人意料,而政策法规的配套总是落后于实践的步伐,因此,在法律调适范围以外,媒体仍然应当努力恪守基本的职业操守,遵守必要的传播伦理,这也是贯穿于日常编务工作中的一种职业要求。

【学习目标】

了解与新媒体有关的主要政策法规,树立基本的法律风险防范意识。

第一节 新媒体管理体系与法律环境

【知识要点】

在国内新媒体发展的过程中,政策法规的出台以及管理体系的调整可以说是在匆忙之中启动的。特别是互联网的跨媒体特征,给原来按照行业界限划分的管理体制带来了挑战。出于规范的要求,同时也不讳言是出于部门条块利益的考虑,对新媒体保有管理职权的部门很多。新媒体就像一个生命力极强的少年,精力旺盛,有美好的前途,却又四处惹祸。因此,想关心爱护的长辈很多,也是可以理解的。比如,网站的审批归原国新办网络局(现国家互联网信息管理办公室)及地方网管办管理,技术安全归原信产部(现工信部)及地方通讯管理局管理,新闻采编人员由新闻出版总署管理,新闻内容由宣传部门管理,非新闻内容由文化部管理,视频节目由国家广电总局管理,刑事犯罪信息由公安机关监管,涉及国家安全信息则由国安系统监管。

在这样一种管理体系下面,新媒体面临的法律环境是比较复杂的,仅仅针对互联网的相关法律法规就有数十个,其中有宪法与法律,有司法解释,有行政法规、部门规章和部门通知,还有地方法规和行业规范。而面对新媒体不断涌现的新应用,已有政策法规还将继续调整、修改,新的法规还会不断颁布。作为新媒体采编人员,应该对这些政策法规有基本的了解,树立相应的法律意识,这也是避免触碰管理和法规红线,保障媒体正常运行的基本要求。

一、常用法规及条款

涉及网络管理的法律法规虽然比较繁多,但实践经验表明,与日常编务工作密切相关的主要集中在与信息内容安全、版权保护以及名誉权保护等几个方面,主要条款摘录如下:

《互联网信息服务管理办法》

本办法主要是对网络信息服务提出基本规范,其中必须重点掌握:

第十五条 互联网信息服务提供者不得制作、复制、发布、传播含有下列内容的信息:

(一)反对宪法所确定的基本原则的;

(二)危害国家安全,泄露国家秘密,颠覆国家政权,破坏国家统一的;

(三)损害国家荣誉和利益的;

(四)煽动民族仇恨、民族歧视,破坏民族团结的;

(五)破坏国家宗教政策,宣扬邪教和封建迷信的;

(六)散布谣言,扰乱社会秩序,破坏社会稳定的;

(七)散布淫秽、色情、赌博、暴力、凶杀、恐怖或者教唆犯罪的;

(八)侮辱或者诽谤他人,侵害他人合法权益的;

(九)含有法律、行政法规禁止的其他内容的。

第十六条 互联网信息服务提供者发现其网站传输的信息明显属于本办

法第十五条所列内容之一的,应当立即停止传输,保存有关记录,并向国家有关机关报告。

《互联网电子公告服务管理规定》

本规定是规范 BBS 论坛服务的,重点把握第九条,即违禁信息范围界定,内容与《互联网信息服务管理办法》第十五条完全一致。

《互联网新闻信息服务管理规定》

本规定主要是规范新闻信息服务,对提供新闻信息服务单位的类别与审批途径有明确规定,需要重点关注:

第五条　互联网新闻信息服务单位分为以下三类:

(一)新闻单位设立的登载超出本单位已刊登播发的新闻信息、提供时政类电子公告服务、向公众发送时政类通讯信息的互联网新闻信息服务单位;

(二)非新闻单位设立的转载新闻信息、提供时政类电子公告服务、向公众发送时政类通讯信息的互联网新闻信息服务单位;

(三)新闻单位设立的登载本单位已刊登播发的新闻信息的互联网新闻信息服务单位。

根据《国务院对确需保留的行政审批项目设定行政许可的决定》和有关行政法规,设立前款第(一)项、第(二)项规定的互联网新闻信息服务单位,应当经国务院新闻办公室审批。设立本条第一款第(三)项规定的互联网新闻信息服务单位,应当向国务院新闻办公室或者省、自治区、直辖市人民政府新闻办公室备案。

《信息网络传播权保护条例》

本条例是网络版权保护诉讼主要引用的依据,其中需要重点掌握第五条和第六条,主要是对免于版权责任的几种情况的界定。对该条例第十四条到第十七条的内容也需要准确理解,这几条对于网友自主上传内容涉及的侵权行为及其处置程序作了清晰的界定,与第五条和第六条一样,是网站遭遇版权诉讼时需要经常引用到的条款。

《民法通则》司法解释和《中华人民共和国侵权责任法》

两个法规中,前者是对民事权益保护的一般性规定,后者在第三十六条专门针对网络侵权行为作了界定,因此都需要作详细的了解和掌握。

在行业规范中,则需要掌握《网络色情淫秽信息的 13 条标准》,用于鉴别低俗信息。

二、较常触碰到的风险

1.新闻来源超出规定范围,或者没有认真核对第一来源(被其他网媒"洗稿"蒙蔽)。这种情况除了被主管部门公开通报外,还将予以经济处罚。重点是时政和财经类新闻。

2.非新闻类的文字、图片,未经版权方许可,以新闻页面的方式进行转载,一旦被起诉,进入司法途径的话,必输;即使由版权机构协调,赔偿也很高。重点是自由摄影师拍摄的明星图片、杂志的版权作品以及知名旅游区的风景照片等。

3.转载的内容被判定有名誉侵权行为,要与首发媒体一起承担连带责任;论坛等互动空间如存在类似信息,也有可能涉及侵害名誉权。

4.转载的内容被互联网不良信息举报中心认定为低俗有害。

三、规避内容转载风险的主要途径

1.规范新闻来源,严格按照国新办指定三批可供转载名单操作,禁止超范围转载。

2.对来源合规但内容敏感的稿件要慎重。

3.合理引用相关法规中对"时事新闻"转载的版权免责认定法条。

4.控制美女图片的格调和尺度。

5.大力开发利用互动内容,对版权难以界定的内容以提供数据存储空间的方式(如论坛、博客、相册、日志等)规避风险;对有人身攻击的内容要审慎。

第二节　版权保护与风险规避

【情景导入】

2002 年 1 月 24 日,新浪向北京市第二中级人民法院提交起诉状,指控搜狐抄袭新浪短信频道的手机图片数百幅。2003 年 12 月 19 日,北京第二中级人民法院判决搜狐败诉,搜狐应当赔偿新浪人民币 21 万元,并在搜狐首页连续 24 小时刊登道歉声明。

【知识要点】

目前用于调节网络版权纠纷的主要依据是《信息网络传播权保护条例》,而在该条例中又主要集中在第五条和第六条的第二、七、八款,以及第十四至十七条,其内容如下:

第五条 未经权利人许可,任何组织或者个人不得进行下列行为:

(一)故意删除或者改变通过信息网络向公众提供的作品、表演、录音录像制品的权利管理电子信息,但由于技术上的原因无法避免删除或者改变的除外;

(二)通过信息网络向公众提供明知或者应知未经权利人许可被删除或者改变权利管理电子信息的作品、表演、录音录像制品。

第六条 通过信息网络提供他人作品,属于下列情形的,可以不经著作权人许可,不向其支付报酬:

(二)为报道时事新闻,在向公众提供的作品中不可避免地再现或者引用已经发表的作品;

(七)向公众提供在信息网络上已经发表的关于政治、经济问题的时事性文章;

(八)向公众提供在公众集会上发表的讲话。

这两条主要是针对通过编辑发布到新闻页面上的内容,因为经过编辑发布以及推荐以后,所转载信息的使用性质就发生了改变,成为网站主动实施的一种行为。因此编辑在转载有关内容的时候,应当按照法规的要求进行鉴别和选用。

第十四条 对提供信息存储空间或者提供搜索、链接服务的网络服务提供者,权利人认为其服务所涉及的作品、表演、录音录像制品,侵犯自己的信息网络传播权或者被删除、改变了自己的权利管理电子信息的,可以向该网络服务提供者提交书面通知,要求网络服务提供者删除该作品、表演、录音录像制品,或者断开与该作品、表演、录音录像制品的链接。通知书应当包含下列内容:

(一)权利人的姓名(名称)、联系方式和地址;

(二)要求删除或者断开链接的侵权作品、表演、录音录像制品的名称和网络地址;

(三)构成侵权的初步证明材料。

权利人应当对通知书的真实性负责。

第十五条 网络服务提供者接到权利人的通知书后,应当立即删除涉嫌侵权的作品、表演、录音录像制品,或者断开与涉嫌侵权的作品、表演、录音录像制品的链接,并同时将通知书转送提供作品、表演、录音录像制品的服务对象;服务对象网络地址不明、无法转送的,应当将通知书的内容同时在信息网络上公告。

第十六条 服务对象接到网络服务提供者转送的通知书后,认为其提供的作品、表演、录音录像制品未侵犯他人权利的,可以向网络服务提供者提交书面说明,要求恢复被删除的作品、表演、录音录像制品,或者恢复与被断开的作品、表演、录音录像制品的链接。书面说明应当包含下列内容:

(一)服务对象的姓名(名称)、联系方式和地址;

(二)要求恢复的作品、表演、录音录像制品的名称和网络地址;

(三)不构成侵权的初步证明材料。

服务对象应当对书面说明的真实性负责。

第十七条 网络服务提供者接到服务对象的书面说明后,应当立即恢复被删除的作品、表演、录音录像制品,或者可以恢复与被断开的作品、表演、录音录像制品的链接,同时将服务对象的书面说明转送权利人。权利人不得再通知网络服务提供者删除该作品、表演、录音录像制品,或者断开与该作品、表演、录音录像制品的链接

以上四条,针对的是网民自主上传的内容。所谓"提供信息存储空间服务",即指提供论坛、博客、空间、相册等服务,其要点在于相关内容由网民自主上传,没有任何编辑行为。对于这种信息,网站无法对其内容的真实性以及版权信息进行鉴别,因此该条例设置了一个"通知⇒删除⇒反通知⇒恢复"的程序,即权利人发现侵权,可以通知网站删除,网站删除之后通知原上传者,如原上传者能够提供不侵权的证据,网站可以恢复并通知权利申诉人,之后权利申诉人不得再就同一信息提出删除要求。这样一种程序设置,免除了网站大量存在的风险,在这个过程之中,只要网站按照程序要求及时进行处理,便不再承担其他法律责任。

【实例分析】

《新京报》诉浙江在线非法转载二审败诉[①]

新京报社于 2008 年将"浙江在线"网站诉至杭州中院,因该网站未经授权

---

① 《新京报》2010 年 7 月 3 日,略有删除节。

转载原告大量作品,原告要求赔偿损失 200 万元。《新京报》诉浙江在线非法转载 7706 篇报道,杭州市中级人民法院要求原告按一篇报道一个案件分案起诉,并以原告不同意分案起诉为由驳回《新京报》的起诉。因不服这一裁决,《新京报》上诉至浙江省高院。昨日,该院开庭审理并当庭裁决,维持原裁决,驳回新京报的上诉请求,维持杭州中院"分案起诉"裁定。

这是一个非常有代表性的案例,其意义已经超出了普通版权诉讼,揭示出网络媒体之间内容互换复杂的现实性及其纠结的法律关系。长期以来,党报集团之间相互转载包括子报范围内的稿件,一直是按照默认互换原则,下属网络媒体因袭这种惯例也成为自然而然的事情。商业网站或许还会向传统媒体(网站)支付一点信息使用费,党报集团所属网站之间则完全没有这样的约定。浙江在线和《新京报》分属浙江日报报业集团和光明日报集团,多年来相互之间的稿件互换也是因循这个做法。

应该承认,在网络媒体出现前几年,粗放式的发展导致转载行为极不规范,由于法规的滞后,大量版权内容被肆无忌惮地免费转载。在法规出台以后,明显的侵权行为受到遏制。但是网络媒体之间的内容互换,仍然存在灰色地带。就本案而言,诉称侵权的稿件中,有些是不受版权保护的新闻作品,有些是受保护的非新闻类作品,如果不加区别全部进行索赔,诉讼理由就是不符合法理要求的。而如果将版权作品从这七八千条稿件中分捡出来,是个时间成本和诉讼成本都很高的任务,新京报网不同意"分案起诉",也有这方面的考虑。另一方面,就算是版权作品,相互之间也同样存在互转的情况。就在《新京报》诉称浙江在线大量转载其稿件之后,浙江在线也随即反诉新京报网及关联网站大量转载其稿件。因此,网络媒体尤其是一些规模对等的网站之间内容互换,在不成文的约定中,实际上默认放弃了对版权作品的追偿权利。因为新闻作品不受版权保护制约,而版权作品相互之间都有转载,你支付给我,我再支付给你,在双方看来,除了增加统计以及往来账务负担,似乎没有更多的价值和意义。这就是目前国内网络媒体(包括其他新媒体)在版权保护上所面临的一个两难的选择。法院以《新京报》不同意"分案起诉"为由裁定其败诉,只是就诉讼程序而论,实际并没有触及版权保护的实质性问题,可以理解为一种折中的处理。而双方就此问题进行庭外和解,互不追究,或许是一种比较现实的选择。

新京报网 > 新闻

新京报社就"浙江在线指新京报侵犯其名誉权及违规转载"的声明

2010-07-01 17:32 新京报

已有151人阅读

声　明

浙江在线网络传媒有限责任公司（以下简称"浙江在线"）于2010年7月1日在其官方网站中撰文，声称该公司以新京报社侵犯其名誉权为由向杭州市下城区人民法院提起诉讼，并在起诉书中称"新京报及其关联媒体未经许可从浙江在线转载了8000余篇稿件。"

本报郑重声明，《新京报》及所属网站从未违规从浙江在线转载过稿件，浙江在线对新京报社的指责毫无事实依据。

众所周知，新京报诉浙江在线非法转载77 浙江在线选择在7月1日起诉新京报侵犯其名誉权"，有混淆视听、误导舆论之嫌。

本报期望浙江在线依法证集所谓的侵权证 浙江在线毫无依据的单方指责，本报保留追诉的权利。

> 本报郑重声明：《新京报》及所属网站从未违规从浙江在线转载过稿件，浙江在线对新京报社的指责毫无事实依据。

图 8-1　浙江在线从新京报网上抓取的新京报网否认侵权的网页截图①

图 8-2　浙江在线抓取的新京报网转载浙江在线稿件的网页截图②

①② http://zjnews.zjol.com.cn/05zjnews/system/2010/07/01/016725911.shtml

【相关链接】

近年来涉及网络侵权的知名案例

2004年,正东唱片诉世纪悦博案。正东唱片公司诉世纪悦博公司在其经营的网站上向公众提供了原告拥有版权的35首歌曲的下载服务。法庭终审判决认定,被告所提供的虽是链接服务,但该链接服务是人工选择、编排、整理的结果,而非计算机的自动链接服务,故应承担"帮助侵权"的责任。

2005年,步升诉百度案,国内首例因利用搜索引擎免费下载MP3被判侵权的案例。上海步升音乐文化传播有限公司称被告百度公司未经其许可,通过互联网提供下载服务,向公众传播其享有录音制作权的46首歌曲,严重侵犯了其权益。北京市海淀区人民法院一审判决百度立即停止在其网站上提供34首侵权歌曲的访问链接并赔偿原告6.8万元。

2006年,步升诉飞行网,内地首例P2P技术侵权案。北京市第二中级人民法院就上海步升起诉北京飞行网(Kuro)音乐软件开发有限公司一案公布判决结果:飞行网和其服务维护商舶盛舫安信息技术公司连带赔偿步升公司20万元及诉讼合理支出1万元。

2007年,全球四大唱片公司状告雅虎中国案。华纳、环球、百代、索尼四大唱片公司旗下的11家唱片公司诉称,雅虎中文网站向公众提供涉案的47张专辑共计233首歌曲的在线试听、免费下载及相关链接服务,且对歌曲信息进行搜集、整理、分类、编排,侵犯了原告对涉案歌曲所享有的录音制者权中的复制权、信息网络传播权以及相应的获得报酬权。北京市第二中级人民法院一审判被告删除有关搜索链接,并赔偿原告经济损失21万余元。

第三节 名誉侵害与风险规避

【情景导入】

全国首例网络言论引发的名誉侵权案宣判①

2006年8月17日,全国首例因网络言论引发的名誉侵权案在达州通川区

---

① http://shipin.newssc.org/system/2006/08/18/010095982.shtml

法院开庭审理，法院判定张某（网名：如花美眷）名誉侵权的民事责任成立，驳回了原告胡某（网名"天静小斋"）要求被告赔偿精神抚慰金 3000 元的诉求。

2006 年 1 月 16 日至 25 日，在达州信息港的论坛"凤凰山下"，网友"如花美眷"先后发出《天静小斋，请做个知耻的女人》等 4 篇帖子，在网上引起轩然大波。一时网上跟帖上万，网友纷纷将矛头指向天静小斋。"天静小斋"认为帖子中的话语对自己造成了伤害，要求对方道歉并删除帖子，但没有得到积极回应。2 月 20 日，"天静小斋"用其真实姓名胡某，以名誉权被侵犯为由将发帖人张某告上法院，请求法院判令被告消除影响、赔礼道歉并赔偿精神抚慰金 3000 元。

四川达州市通川区法院认为，虽然张某的帖子针对的是虚拟的天静小斋，且不知道天静小斋就是胡某，但这些帖子却使现实中胡某这个特定的人受到了侵犯，张某主观上存在过错，客观上实施了侵害他人名誉权的行为，造成了胡某名誉受损的后果，所以张某应当承担名誉侵权的民事责任。但法院认为被告已按照双方私下达成的《和解协议》履行了写道歉书的义务，所以驳回了原告提出的赔偿原告精神抚慰金 3000 元的诉求。

【知识要点】

网络侵害名誉权的判定依据主要是民法通则和《中华人民共和国侵权责任法》。涉案信息如果是属于编辑主动发布的内容，则网站是侵害的直接行为人，承担全部责任；如果是网络用户发布的内容，则要按照侵权责任法第三十六条规定，与网络用户承担连带责任。

民法通则司法解释中相关条规如下：

第一百条　公民享有肖像权，未经本人同意，不得以营利为目的使用公民的肖像。

第一百零一条　公民、法人享有名誉权，公民的人格尊严受法律保护，禁止用侮辱、诽谤等方式损害公民、法人的名誉。

第一百二十条　公民的姓名权、肖像权、名誉权、荣誉权受到侵害的，有权要求停止侵害，恢复名誉，消除影响，赔礼道歉，并可以要求赔偿损失。

法人的名称权、名誉权、荣誉权受到侵害的，适用前款规定。

《中华人民共和国侵权责任法》关于民事权益的范围是如此界定的：

第二条　侵害民事权益，应当依照本法承担侵权责任。

本法所称民事权益，包括生命权、健康权、姓名权、名誉权、荣誉权、肖像权、隐私权、婚姻自主权、监护权、所有权、用益物权、担保物权、著作权、专利权、商标专用权、发现权、股权、继承权等人身、财产权益。

对于网络侵权责任的认定,《中华人民共和国侵权责任法》是如此表述的:

第三十六条 网络用户、网络服务提供者利用网络侵害他人民事权益的,应当承担侵权责任。

网络用户利用网络服务实施侵权行为的,被侵权人有权通知网络服务提供者采取删除、屏蔽、断开链接等必要措施。网络服务提供者接到通知后未及时采取必要措施的,对损害的扩大部分与该网络用户承担连带责任。

网络服务提供者知道网络用户利用其网络服务侵害他人民事权益,未采取必要措施的,与该网络用户承担连带责任。

【实例分析】

演员战一诉搜狐和猫扑侵权 一审胜诉获赔[①]

晨报讯(记者 荀觅) 搜狐、猫扑、酷我三家网站发布战一的肖像并在无事实根据的情况下诋毁其为"陪侍小姐",侮辱、贬损了战一的名誉及人格尊严,给战一的名誉造成了负面的影响,被海淀法院判定赔偿经济损失 3 万余元。

在三家侵权网站中,搜狐网上的涉案信息是搜狐社区上的帖子,该板块并不对传输或存储的信息进行主动编辑、组织或者修改。法律未要求网络服务商对电子公告服务平台内的图片及信息有逐一审查的义务。但是,猫扑网、酷我网中的涉案图片及信息分别出现在"新闻频道"和娱乐板块"图片新闻"栏目,应属新闻信息,并非网友所为。法院认为,新闻报道应遵循真实原则,转载他人报道时,应预见报道可能存在的失实影响。两个网站没有提交证据,证明涉案信息的真实性,故两网站应系利用网络服务实施侵害战一人格权益的直接行为人。

此外,酷我公司在接到战一的通知后,提交证据证明其及时删除相关信息并回复了战一,而搜狐社区、猫扑网虽已删除涉案信息,但并未提交有效证据证明删除时间。最后,法院判决搜狐公司向原告战一赔偿 1.1 万余元;猫扑网所在的千橡公司及酷我公司分别在网站首页持续登载致歉声明三十日,并分别支付 1.5 万元和 1 万元赔偿。

---

① http://www.cnr.cn/gundong/201106/t20110628_508150527.shtml,略有删节。

此案三家被认定有侵权行为的网站，其情节有不同。其中搜狐涉案信息是在其社区的帖子上，属于网友自主上传行为，仅以此判断，搜狐社区只是为网民提供信息上传存储的服务商，而不是侵权的直接行为人，因此只承担连带责任。是否删除侵权内容，需要有确定的删除时间证据来证明。如果搜狐履行完有关程序，则是有可能减轻责任的。2011 年 8 月 23 日，战一以相同理由诉阿里巴巴及北京创融公司侵权一案，就被北京朝阳法院驳回，驳回的理由是被告提交证据证明，在收到原告律师函之前就已经删除了涉案帖文。在本案中搜狐公司未能提交有效证据证明删除时间，按照侵权责任法"网络服务提供者接到通知后未及时采取必要措施的，对损害的扩大部分与该网络用户承担连带责任"的规定，需要承担相应责任。至于删除以后是否需要通知到名誉受害人，以及如果没有通知到需要承担什么责任，倒是并没有明确的要求。

其他两个网站都是以新闻页面发布的，是网站直接提供的内容，属于侵害名誉权的直接行为人，应当承担全部的责任。至于及时删除以及回复受害人，虽然可以作为审判时酌情考虑的因素，但并不构成减责的要件。

第四节　软件知识产权保护与风险规避

有别于传统媒体，新媒体在日常采编活动中，需要大量使用各种软件。如计算机操作系统软件（如 Windows）、办公处理软件（如 Office）、图片与动画处理软件（如 Photoshop 和 Flash）等，都是属于知识产权保护的产品，需要购买正版得到授权许可后才能够安全使用。但是国内许多网络媒体对此并没有引起足够重视，往往出于成本控制考虑，要么完全使用盗版，要么即使购买版权，也并没有完全按照授权范围使用（通常一套软件是限定了用户数量的）。这是一个潜在的巨大风险，因为使用这些软件处理或者生成的产品都会打上版权信息的印记。理论上讲，版权公司如果要获取盗版侵权的证据，可以说易如反掌。一旦发生软件知识产权诉讼，将会付出不小的代价。

【案例分析】

微软和 Adobe 等起诉深圳豪佳盗版案 78 万和解[①]

2009 年 7 月 29 日 6 时 17 分,中国市场信息网在《国家知识产权战略纲要》发布一周年后,打击盗版再度成热点话题。日前,由奥多比、奥腾及微软三大软件公司联合起诉豪佳电子有限公司侵犯知识产权,在深圳市宝安区人民法院经调解得以结案,豪佳电子赔偿 78 万元与三大软件厂商和解,并承诺今后尊重权利人的知识产权。今年 7 月份以来,多起软件公司提请的反盗版官司胜诉。

2007 年 6 月及 8 月,深圳市知识产权局根据奥多比、奥腾、微软等权利人投诉,两次对豪佳电子进行检查,发现豪佳经营场所的计算机上盗版安装和使用了多套上述公司的软件产品。

2008 年 1 月 25 日,深圳市知识产权局对豪佳的盗版行为作出行政处罚,责令豪佳删除未经许可复制的软件,并处罚款人民币 10 万元。2008 年 11 月 26 日,微软、奥多比向宝安区法院就豪佳公司的侵权行为提起了诉讼。2009 年 2 月 20 日,奥腾也加入维权队伍。在此期间,根据权利人的申请,宝安区法院就涉案的微软 Windows 软件和 Office 软件采取了诉中证据保全措施。在抽查的豪佳公司的 15 台计算机中,均发现安装有微软 Windows 软件和 Office 软件。同时,豪佳公司承认其 200 台计算机均安装有微软 Windows 软件,并且 60% 到 70% 的计算机均安装有微软 Office 软件。豪佳未能提供绝大部分前述使用的微软软件获得合法授权的证明资料。

由上述案例可知,软件公司对大量存在的盗版行为其实心知肚明,并非一味听之任之。只不过出于多种原因考虑,这些公司并没有全面启动诉讼程序,在国内目前通常是选择性地起诉个别侵权公司,这就让许多使用盗版软件的媒体心存侥幸。

其实如果从长计议,这些该支付的成本还是应当支付的。天下没有白吃的午餐,不是不报,时候未到。毕竟网络媒体每天的产品产出量实在是惊人,等到数量积累到一定程度的时候再来解决,恐怕代价会大得让人吃不消。因此,要早作打算,以免夜长梦多,尾大不掉。

---

① http://www.ipr.gov.cn/hwwqarticle/hwweiquan/hwajgz/hwbqgz/200907/499568_1.html,有删节。

第五节　新媒体创新与法规完善之间的赛跑

【情景导入】

国内首起 IPTV 知识产权侵权诉讼①

2007 年 11 月 13 日,上海市第二中级人民法院正式受理了国内第一起 IPTV 知识产权侵权诉讼。北京星传影视文化传播有限公司状告上海文广及旗下百视通公司以及杭州申通投资有限公司三家公司侵犯其著作权。上海文广是国内第一张 IPTV 运营牌照的拥有者,百视通是上海文广旗下的新媒体公司,专门负责 IPTV 的具体业务运营,提供 IPTV 所需的软硬件服务。第三被告杭州申通是锦江之星文晖店的投资方。

原告诉称在杭州市锦江之星连锁酒店发现该酒店为客人提供 IPTV 视频点播服务,有一部名为《决战帝国》的电影也在点播服务之内,而这部电影是原告斥巨资从法国引进的,拥有该部电影的相关权利。文广、百视通、杭州申通三家企业没有获得相关授权,因此侵犯了星传的著作权。

一位传媒业内人士表示,根据《中华人民共和国著作权法》以及国家广电总局颁布的"39 号令",有关新媒体的著作权可以根据传输方式(如网络信息传播)、实现终端(如电视、手机)以及动作(VOD、全频道)等分为不同类型,相关新媒体运营公司只要获取其中一种便可,此案很可能是双方对著作权认定方面产生分歧。

但原告认为其拥有该部电影的 PPV(单次付费点播权)等相关权利,这正好符合 IPTV 交互式互动传播的特征,因此符合 IPTV 运营特性的信息网络传播权也在北京星传手中。

【知识要点】

新媒体不断推陈出新的应用,使得版权作品的传播技术手段层出不穷,新的技术特点,给作品使用的性质以及侵权行为的取证及认定都带来不少困难。

---

① http://www.p5w.net/news/cjxw/200711/t1339936.htm

法规对新的表现形式有一个逐步认识与厘清的过程。作为新媒体从业者,在防范侵权与追偿权益两方面都需要提高认识,一方面关注新技术运用对版权作品的影响,另一方面也要关注法律法规的修改调整。

【实例分析】

《新京报》诉 iPad 应用软件"中文报刊"侵权[①]

2010 年 8 月,新京报社授权代理《新京报》版权事务的派博在线发现 iPad 平板电脑上运行的"中文报刊"软件上刊载《新京报》内容,且每日实时更新。经查,"中文报刊"软件系由北京迈思奇科技有限公司开发。为此,派博公司提起诉讼,指称迈思奇未经派博在线或新京报社的许可即擅自使用《新京报》刊载之作品,严重侵犯了其享有的信息网络传播权、获取报酬权等著作权合法权益,索赔 60 万元。2011 年 4 月底,海淀区法院正式开庭审理此案。

截至 4 月中下旬,在苹果 APP STORE 上仍能找到可供免费下载的"中文报刊"软件,用户将该软件下载到 iPad 上,即可在线阅读超过 60 家国内报纸的全部版面和内容,而且在每一份报纸的每一个版面下都加载了独立的广告条。该软件在 iPad 新闻类免费应用软件中居畅销榜第 11 位。

此案凸显了传统媒体在面对新媒体传播时的一种尴尬。在庭审中,原告与被告均出示了公证书以证明各自观点。其中《新京报》一方提供的公证书时间为 2011 年 1 月,被告提供的公证书时间为 2011 年 4 月。在原告提供的公证书中,"中文报刊"页面中的广告栏单纯用于发布广告。而在被告提供的公证书中,原来单纯用于发布广告的广告栏,变成既可以显示链接地址又可以加载广告的功能框。被告据此声称,"中文报刊"的服务器并未存储《新京报》内容,"中文报刊"只是提供了一个新京报网的链接。

《新京报》有自己的网络版,如果仅仅是集成链接,让用户去《新京报》自身网站免费阅读,就和直接盗取文章性质完全不同,而这一修改,对于软件供应商来说,只需要在后台花点时候修改程序即可。在 iPad 这类新平台上的应用,不像传统互联网站有静态的页面呈现,多数是通过程序运行来实现阅读,而 iPad

---

① http://finance.qq.com/a/20110503/003535.htm,略有删节。

平台的封闭性使其对其他技术平台及设备的兼容性很差,因此相关版权纠纷的取证会比较困难。现行的法律法规如何才能将这类新的技术形态容纳进去,并准确界定其技术行为的性质,是亟待解决的问题。

【思考练习】

1.某图片公司与许多摄影师签约,承诺在网络上代理销售签约摄影师的图片。某新闻网站在通过其他媒体转载新闻的时候,一并转载了新闻照片,其中一批照片标有该图片公司图标。此后网站接到图片公司的律师函,要求对这批转载的照片支付费用,否则将提起版权诉讼。请问这家新闻网站如何应对?

2.某网民将明星照片上传到论坛,为明星拍照的摄影工作室认为网站侵犯了其照片版权,发律师函要求网站承担侵权责任。如何应对?

3.名为"牙疼妹妹"的网友在天涯杂谈发布 3 篇帖子,说张群是"无业人员",且"曾被上海警方治安拘留 15 日(在逃)"。帖子还公布了张群的真实姓名、家庭详细地址、座机号码和两个手机号,以及其女儿是领养的等信息。据公安部门提供给媒体的资料显示:张群,42 岁,无犯罪记录。张群称,他在网站上看到的这 3 个帖子,点击都在 5 万人次以上,他曾要求天涯杂谈删除帖子,但对方处理不迅速,后果已经造成。其后张群委托律师向法院递交诉状,要求海南省天涯在线网络科技有限公司赔礼道歉,恢复其名誉并赔偿精神抚慰金 80 万元等。请分析张群提起诉讼的依据。

4.2005 年 6 月 29 日至 2006 年 1 月 15 日期间,署名"秦尘"的用户在博客网中先后刊登了 5 篇针对另一用户沈阳的署名文章,题目有《秦尘:沈阳式路演该停停吧!!》《大过年的,沈阳发什么疯》等,沈阳认为文章中的内容对其名誉权构成侵害,因此将真名为张明的"秦尘"和博客网告到海淀法院,索赔精神损失费 1 万元。法院部分支持了原告沈阳的诉讼请求,认定被告张明的行为对沈阳的人格利益构成侵害,要求张明连续 30 天以"秦尘"的署名在博客网上刊登致歉声明,第二被告北京博客网公司对此须协助,否则法院会将判决书主要内容刊登到媒体上,费用由张明承担。对于沈阳提出的 1 万元精神损失索赔,法院认定因为侵权文章已经删除了,沈阳也没有举证给其造成的严重后果,因此不予支持。请简析此案中的法理关系。

5.马小姐是某媒体从业人员,因在采写一篇新闻稿时引起当事人的不满,她的个人资料被对方"整合"后放到了某论坛上。"从身高、体重等基本情况到学生时代的陈年旧事,应有尽有,我真不知道他们是怎么搞到的。"近日,马小姐在网上看到了"洗底"公司的广告,她很快与对方取得了联系。这家公司表示,"洗底"收费从 2000 元起,不固定。网上个人简历相对容易删除,收费低一些;而一些被别人恶意贴出来的照片以及官方公布的诸如交通违章积分、公务员考试成绩等信息就比较难搞定,收费比较高。请根据有关法律分析其中存在的问题及正确的处置途径。

参考文献

〔美〕保罗·莱文森著,何道宽译:《新新媒介》,复旦大学出版社 2011 年版。

郭海霞:《新型社交网络信息传播特点和模型分析》,《现代情报》2012 年第 32 卷第 1 期。

孙光海、陈立生著:《传媒博弈论》,三联书店 2008 年版。

李希光著:《转型中的新闻学》,南方日报出版社 2005 年版

陈彤、曾祥雪著:《新浪之道——门户网站新闻频道的运营》,福建人民出版社 2005 年版。

〔美〕梅尔文·门彻著,展江主译:《新闻报道与写作》,华夏出版社 2003 年版。

弥尔顿等著,顾孝华译:《西方新闻传播学名著选译》,上海社会科学院出版社 2008 年版。

〔美〕沃尔特·李普曼著,阎克文、江红译:《舆论学》,上海人民出版社 2006 年版。

〔美〕麦库姆斯著,郭镇之、徐培喜译:《议程设置——大众媒介与舆论》,北京大学出版社 2008 年版。

人民网舆情监测室著:《如何应对网络舆情》,新华出版社 2011 年版。

骆正林著,毕一鸣编:《社会舆论与媒介传播》,中国广播电视出版社 2012 年版。

劳动和社会保障部教材办公室编写:《助理网络编辑师》,中国劳动和社会保障出版社 2006 年版。

特别提示:本教材所引用的文献及条目的统一资源定位(URL)截止日期为 2012 年 4 月 9 日。

图书在版编目（CIP）数据

新媒体采编实务/王洁，王贵宏编著.--北京：中国传媒大学出版社，2012.12
（2021.7 重印）

ISBN 978-7-5657-0552-6

Ⅰ.①新… Ⅱ.①王… ②王… Ⅲ.①新闻采访 ②新闻编辑 Ⅳ.①G21

中国版本图书馆 CIP 数据核字（2012）第 178043 号

新媒体采编实务
XINMEITI CAIBIAN SHIWU

编　　著	王　洁　王贵宏	
责任编辑	欧丽娜	
封面制作	泰博瑞	
责任印制	李志鹏	
出版发行	中国传媒大学出版社	
社　　址	北京市朝阳区定福庄东街 1 号	邮　编　100024
电　　话	86-10-65450528　65450532	传　真　65779405
网　　址	http://cucp.cuc.edu.cn	
经　　销	全国新华书店	
印　　刷	北京中科印刷有限公司	
开　　本	730mm×988mm　1/16	
印　　张	15.5	
字　　数	225 千字	
版　　次	2012 年 12 月第 1 版	
印　　次	2021 年 7 月第 6 次印刷	
书　　号	ISBN 978-7-5657-0552-6/G·0552	定　价　39.00 元